U.S. BUSINESS LAW HANDBOOK

TATSUO YOSHIKAWA / HIROSHI IIDA

ハンドブック

アメリカ・ビジネス法

［第2版］

ニューヨーク州弁護士 吉川達夫　ニューヨーク州弁護士 飯田浩司 編著

第一法規

はじめに

ビジネスに利用できる米国法概説書を目指し、米国のそれぞれの法律のエッセンスを示す「POINTS」、キーとなる用語のシンプルな解説である「KEY LEGAL TERMS」、法律を説明する「Basic Rules」、ビジネスに関連するアドバイスをまとめた「Practical Advice」、理解度を確認する「REVIEW QUESTIONS」とそれぞれパートを分けて記述した。

多くの法律専門家に賛同していただき、本書をまとめることができたが、法務部だけでなく、米国駐在員や米国向け国際営業、ロースクール学生など様々な方による利用を希望するものである。また、USCPA（米国公認会計士）アイコンは、USCPA試験の試験科目及びその関連科目を示している（最新の試験科目についてはBoard of Examinersのオフィシャル資料を確認されたい）。

なお、英語における法律用語に対して日本語訳を与えた場合、日本語訳に相当する日本法の概念と一致することはないが、日本法における概念で考えてしまうことはやむをえない。そこで、まずは英語で理解を進めることを優先していただくためにも英語の法律用語を中心にまとめている。

本書の初版は、2013年に他社から出版されたが、2018年に第一法規から新たに出版されたものである。今般、改正法などを中心に改訂した第2版をまとめることになった。さらに、新たにビジネスを進める上で重要な個人情報保護法及び米国司法試験科目である証拠法を加え、不法行為法については大幅に内容を拡充した。第一法規の皆様には心から感謝するものである。

2022年1月
編著者代表　吉川 達夫

ハンドブックアメリカ・ビジネス法［第2版］CONTENTS

参考文献

吉川達夫、宮川裕光、森下賢樹『ケースブック アメリカ法概説』

レクシスネクシス・ジャパン、2007年

Robert W. Emerson, *Business Law (Barron's Business Review Series)*, Barrons.

第1章
米国の法律
The U.S. Laws

POINTS

- 米国法は、common law（コモン・ロー／英米法）に属し、判例法を中心とする。もっとも、これは米国には制定法がないということを意味するわけではなく、現実には相当数の制定法が存在する。
- コモン・ローという言葉は、①英米法、②判例法など複数の意味合いで用いられる。
- 英米法には、コモン・ローとは別の法体系として衡平法が存在するが、両者を合わせてコモン・ローとよぶこともある。
- 連邦制の下、州法と連邦法があるが、州のオールマイティな立法権を前提として、連邦は、合衆国憲法が明示的または黙示的に与えた範囲においてのみ連邦法の制定が可能である。
- 米国法の法的思考法は、過去の判例と問題となっている事案を比較することによって結論を導くというアプローチをとる。
- 法律教育においても、法律実務においても、legal research（法律調査）が重要となる。

KEY LEGAL TERMS

common law【コモン・ロー】 ①地方的な法に対する全国共通の法、②判例法、不文法、③英米法（英国法ないしそれを継受した国々の法全体⇔大陸法）。

equity【エクイティ，衡平法】 コモン・ローと独立して、大法官府裁判所を中心として形成されてきた法体系。

stare decisis【先例拘束性】 裁判所の判決は、それまでになされた自らや上位の裁判所の判例に拘束されるとする原則（= to stand by things decided）。

primary authority【第一次的法源】 裁判所が判決を下すときに依拠す

べき法源。
secondary authority【第二次的法源】裁判所が判決を下すときに依拠する義務はないが、第一次的法源がない場合や、第一次的法源をよりよく理解する場合に参酌する法源。

Basic Rules

1) 英米法と判例法主義

米国法は、英国法及びそれを継受した国々の法全体を指すcommon law(コモン・ロー／英米法)に属し、この英米法は、ドイツ法、フランス法や日本法が属するcivil law(大陸法)と対比される。もっとも、米国の中でも、ルイジアナ州法は大陸法であるナポレオン法典が基になっている。

英米法の特徴として、まず、大陸法が制定法主義をとっているのに対して、判例法主義をとっているということである。つまり、英米法では判例が法の中心であり、個々の紛争は、過去の類似の事案で示された判断に照らして解決されることになる。判例法主義の下では、裁判所の判決は、それまでになされた自らや上位の裁判所の判例に拘束されることを原則とする(stare decisis：先例拘束性)。米国法における判例は、単に米国の判例のみならず、過去に示されてきた英国の判例をも含んでいる。前述したコモン・ローという言葉はこういった判例法あるいは不文法を指す言葉としても使われる。

2) 米国法における制定法

米国にもstatute(制定法)の数は多い。ただし、英米法である米国法の中での制定法の位置付けは、大陸法の中での制定法の位置付けと大きく異なっている。大陸法における制定法は、法の中心であり、民法典に代表されるような包括的な規範であるのに対して、米国法における制定法は、判例法に対して補充的な意味合いを有し、個別・具体的な準則としての性格を有している。

3) Common Law(コモン・ロー)とEquity(エクイティ／衡平法)

英国ではコモン・ロー上の救済手段は、damages(金銭賠償)であったことから、これによって満足な解決を得られない者については、国王に直訴することによって、specific performance（特定履行）やinjunction（差止命令）を求めることが許されるようになった。これが15世紀後半には、コモン・ローの裁判所とは別に設置されたCourt of Chancery（大法官府裁判所。Court of Equity：エクイティ裁判所ともいう）で審理されることとなり、衡平法とよばれる独立した判例法体系が形成されることになり、これが米国にも伝承された。しかし、19世紀には、コモン・ローと衡平法の融合により、ほとんどの法域で裁判所の統合が図られた。もっとも、衡平法の原理・原則や用語は、これまで衡平法が扱ってきた分野において少なからず残っている。

4）連邦制

米国の法律を理解する上では、さらにfederalism（連邦制）を理解することが重要である。米国の連邦制は、連邦と州のdual sovereignty（二重主権）構造となっている。したがって、連邦と50の州はそれぞれ独自のjurisdiction（法域）を形成し、それぞれが独自の法体系を有している。これは、米国の13の州がそれぞれ主権国家として米国から独立したことに端を発し、これらの州の連合がやがて連邦国家に変遷していったという歴史的経緯と密接に関連している。

連邦制の下では、元来の主権国家であった州は、連邦としての統一的な対応が必要な限度において、自らの権限を連邦に委譲するにとどまり、その他の権限については、依然として州に留保されている（合衆国憲法修正第10条参照）。よって、州は、合衆国憲法または州の憲法によって禁止されていない限り、立法・司法・行政の三権について無制限の権限を有することになる。

例えば、立法権については、合衆国憲法が明示的または黙示的に与えた範囲において連邦によって行使されることになるが、この点、合衆国憲法第1条第8節は、以下の権限を連邦議会に与えている。

(1)課税、(2)借入れ、(3)州際通商等の規制、(4)帰化・破産に関する法律の制定、(5)鋳造と度量衡の設定、(6)証券・通貨偽造の処罰、(7)郵便、

(8)著作者・発明者の権利保障、(9)下級裁判所の設置、(10)公海上・国際法に対する犯罪の規定と処罰、(11)戦争の宣言、(12)陸軍の設置、(13)海軍の設置、(14)陸海軍の統制、(15)民兵の招集、(16)民兵の統制、(17)コロンビア特別区の立法、(18)上記権限の行使に必要かつ適切な法律の制定

このうち(3)のinterstate commerce clause(州際通商条項)の射程は、相当広く解釈されてきており、実際には、連邦の立法権限が及ぶ範囲は拡大している。もっとも、連邦への立法権の付与が、必ずしも州による立法を排除するものではなく、合衆国憲法や州憲法によって禁止されていない限り、州も立法可能であり、これによって、連邦法と州法が併存している領域が存在する。この場合、合衆国憲法第6条2項のsupremacy clause(最高法規条項)によって、連邦法が州法に優先する。また、連邦法が制定されたことによって、国家的一体性の必要からその分野の法規制はすべて連邦法によるとの趣旨であると解されるときは、preemption(専占)の法理によって、当該分野における州法は無効とされる。

図表1-1：連邦法と州法の関係

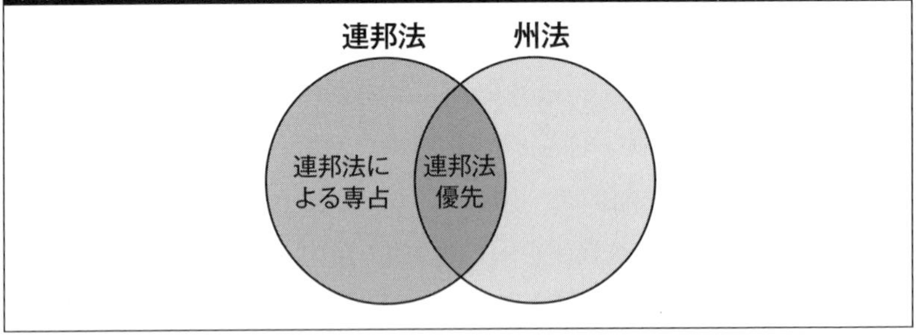

5) 米国法の法的思考法

大陸法に属する日本法の場合、問題となっている事案に関連する一般的、抽象的なルールを規定した条文を基に、その条文の解釈を通じてより具体的な規範を定立し、これを事実に当てはめることによって結論を導くことになる。これは法的三段論法とよばれる法的思考法であり、抽象から一般へとい

う演繹的なアプローチをとる。

これに対して、英米法に属する米国法では、問題となっている事案に類似する個別・具体的なルールといえる過去の判例と当該事案を比較することによって、結論を導くことになる。つまり、一般から抽象へという帰納的なアプローチをとる。

この米国法のアプローチは、制定法が存在する場合でも基本的には同じであり、制定法もある特定の個別ケースを想定した個別・具体的なルールとして捉え、さらに、その制定法を適用した過去の判例と当該事案の事実を比較することによって、結論を導くことになる。

6）Primary Authority（第一次的法源）とSecondary Authority（第二次的法源）

米国法のsource of law（法源）はprimary authority（第一次的法源）とsecondary authority（第二次的法源）に分かれる。

第一次的法源は、裁判所が判決を下すときに依拠すべき法源であり、これには以下のようなものがある。

・連邦判例法

・州判例法

・連邦制定法

・州制定法

・連邦行政命令（Rule：規則、Regulation：行政規則等）

・州行政命令

・地方公共団体の条例（Ordinance）

第二次的法源は、裁判所が判決を下すときに依拠する義務はないが、第一次的法源がない場合や、第一次的法源をよりよく理解する場合に参酌する法源であり、これには以下のようなものがある。

・Restatement（リステイトメント）

・論文・専門書

・注釈書
・辞典

このうちリステイトメントは、American Law Institute（アメリカ法律協会）が主要な法領域における米国の一般的な判例や最適と思われる法を条文の形でとりまとめたものであり、判例で引用されることも多い。現在、property（財産法）、torts（不法行為法）、security（担保法）、trusts（信託法）、conflict of laws（抵触法）、contracts（契約法）、judgments（裁判法）、agency（代理法）、foreign relations（対外関係法）、suretyship and guaranty（保証法）、law governing lawyers（法曹法）、unfair competition（不正競争法）、restitution（原状回復法）の分野でリステイトメントが公刊されている。

Practical Advice

1）Legal Research（法律調査）

米国法では、類似の事案についての過去の判例が重要となるので、法律教育においても、法律実務においても、法律調査の技術を習得することが不可欠となる。

伝統的な法律調査の方法としては、当該法域の判例の要旨を論点ごとにリスト化したdigest（ダイジェスト）とよばれる書物で関連する判例を探し、判例集で具体的な判例を確認し、分析を行うことになる。過去の判例は、その後の判例変更等によって、現在は拘束力を有していない場合もあるので、当該判例の先例としての有効性をShepard's Citationsに代表されるcitator（サイテイタ）とよばれる書物（判例の略号と有効性に関する記号によるリストで構成されている）で確認する。

現在は、LexisNexisやWestlawなどの有料の法律調査用のデータベースが提供されており、問題となっている事案に関連するキーワードを入力することによって、効率的に判例等の調査を行うことが可能となっている。

2) 第一次的法源を調査するための具体的な資料

第一次的法源を調査するための具体的な資料としては、以下のものがある。

なお、[ ]内の略号は、法源を引用する場合の引用形式として一般的に用いられている統一引用方法(uniform system of citation)による略号であり、この統一引用方法は、The Bluebookとよばれる書物に掲載されている。[…2d][…3d]はそれぞれの判例集の第2シリーズ、第3シリーズを意味する。例えば、Federal Reporterの第2シリーズ第222巻604頁に記載された判例であれば、当事者名等を添えて、Marshall v. Nugent, 222 F. 2d 604 (1st. Cir. 1955)のように表記する。

①判例

公式判例集と非公式判例集がある。

公式判例集は、活字が大きく使い勝手が良くない、刊行が遅い、カバーしている判例の範囲が限られているなどの難点があり、通常は、非公式判例集を利用する。

非公式判例集の代表は、West PublishingのNational Reporter Systemで、連邦及び州の判例を掲載している。

【連邦】

連邦最高裁判所

- 公式判例集：United States Reports [U.S.]
- 非公式判例集：Supreme Court Reporter [S. Ct.]

連邦控訴裁判所

- 非公式判例集：Federal Reporter [F.][F. 2d][F. 3d] (1880年以降の判例)
  Federal Cases [F. Cas.] (1880年までの判例)

連邦地方裁判所

- 非公式判例集：Federal Supplement [F. Supp.][F. Supp. 2d]

【州】

州裁判所(第一審、第二審、第三審)

- 公式判例集：州ごと(刊行していない州もある)

・非公式判例集：Regional Reporterとして以下の全米7つの地域別の判例集
Atlantic Reporter [A.][A. 2d]
North Eastern Reporter [N. E.][N. E. 2d]
North Western Reporter [N. W.][N. W. 2d]
Pacific Reporter [P.][P. 2d][P. 3d]
South Eastern Reporter [S. E.][S. E. 2d]
Southern Reporter [So.][So. 2d]
South Western Reporter [S. W.][S. W. 2d]

②制定法

【連邦】

・公式制定法集：States at Large（連邦議会の会期ごとに成立順に編纂）
United States Code [U. S. C.]（51編に分けられている）

・非公式制定法集：United States Code Annotated [U. S. C. A.]（注釈付き）

【州】

州ごとの公式制定法集

③行政命令

【連邦】

・公式規則集：Federal Register [F. R.]（行政命令の公報で毎日発行される）
Code of Federal Regulations [C. F. R.]（United States Codeに対応した編に分かれている）

【州】

州ごとの公式規則集

|R|E|V|I|E|W|Q|U|E|S|T|I|O|N|S|

1-1 連邦法と州法

Q ビジネスで重要となる契約法、不法行為法、会社法などの法律は連邦法か、州法か？

A 契約法、不法行為法、会社法は、主として州法である。この他、財産法、家族法、相続法、刑法（連邦法の犯罪を除く）なども主として州法である。

1-2 法の統一

Q 州法で規定されている領域においても、全米の法律を統一するという動きはないのか？

A 確かに州法で規定されている領域についても、統一することが望ましいと考えられている領域はある。この統一法を目指す試みとしては、National Conference of Commissioners on Uniform State Law（統一法委員会全国会議）が中心となって、uniform state law（統一州法（案））の起草を進めている。この統一州法は、各州に対する提案に過ぎず、それ自体は法律ではないが、各州がこの案に基づいた立法化を行うことによって、結果的に統一を図るものである。さまざまな統一州法（案）が起草されているが、その中でも統一法委員会全国会議とAmerican Law Institute（アメリカ法律協会）が中心となって1951年に起草したUniform Commercial Code（U.C.C.：統一商事法典）は、全米すべての州で採用されている（ただし、ルイジアナ州は、第2編、第6編及び第9編については採用していない）。もっとも、統一州法（案）をすべての州が採用したとしても、その解釈や適用については州ごとにそれぞれの州の裁判所が判断することになるので、仮に各州で異なった解釈が出ても、それを統一する機関はない。

〔飯田 浩司〕

References
砂田卓士、新井正男『英米法原理［補訂版］』青林書院、1992年
トニ・M. ファイン『アメリカ法制度と訴訟実務』レクシスネクシス・ジャパン、2007年

第2章

米国の訴訟

Litigation in the U.S.

POINTS

- 米国には、連邦と州の2つの裁判所制度があり、連邦裁判所のみが扱える事件、連邦裁判所と州裁判所のどちらでも扱える事件、他の専属裁判所のみが扱える事件がある。
- 裁判所が管轄権を行使するには、事物管轄権と対人管轄権が必要である。
- 証拠開示手続であるディスカバリーによって、相手方に証拠書類を開示させることができる。
- 陪審裁判を受けることは憲法上の権利であり、民事事件でも陪審裁判となる。

KEY LEGAL TERMS

jurisdiction【管轄権】 裁判所が事案の審理を行う裁判所の権限。
venue【裁判地】 事件が審理される地理的な場所。
service of process【送達】 訴状と召喚状を相手方に交付する手続き。
pleading【訴答手続】 当事者間で争点を明確にするため主張書面を交換する訴訟手続。
discovery【証拠開示手続】 近時はE-ディスカバリーによっても行われる。
trial【正式事実審理】 裁判所において行われる審理手続。

Basic Rules

1）米国の司法制度

米国には、連邦と州の2つの制度がある。連邦裁判所は、district court（連邦地方裁判所）、circuit court（連邦巡回区控訴裁判所）、U.S. Supreme Court（連邦最高裁判所）の三審制度である。控訴裁判所は、全米で11とワシントンD.C.に置かれている。writ of certiorari(サーシオレイライ／裁量上訴)とは、連邦最高裁判所が自らの裁量によって上訴を受理するかどうか決める(9裁判官のうち4名が賛成すればよい)ことで、上訴を認めた場合、事件移送命令書が控訴裁に送られる。

50州それぞれの州で裁判所制度が設けられている。第一審裁判所、控訴裁判所、最高裁判所の構造が原則であるが、アリゾナ州における死刑求刑事件は第一審から最高裁へ直接上告される二審制の制度を持つ州もある。州ではないがワシントンD.C.にも、Superior CourtとCourt of Appealsが置かれている。裁判所の名称は、州ごとに異なるので注意が必要である。例えば、ニューヨーク州では、trial court(第一審事実審裁判所)として、Supreme Courts、Court of Claims、Family Courts、Surrogate's Courtsが置かれ、ニューヨーク市外ではCounty Courtsが置かれている。ニューヨーク市内ではSupreme Courtsが民事と刑事事件を審理するが、市外ではSupreme Courtが民事事件を審理し、County Courtsが刑事事件を審理するのが原則である。また、ニューヨーク市内ではNYC Small Claim Courtsが置かれ、1万ドルまでの金銭債務事件の管轄がある。控訴裁判所は、Appellate Divisions of the Supreme Courtとよばれ、ニューヨーク州では4つ置かれている。最高裁判所は、Court of Appealsと称され、その名称から控訴裁判所と誤解される。また、多くの州で、交通違反事件などを扱うcity court(市裁判所)、family court(家庭裁判所)やsmall claims court(少額訴訟)といった限定的管轄権(下位管轄権)を持つ裁判所が設けられている。

連邦の特別な事項を扱う裁判所として、U.S. Court of International Trade(国際貿易裁判所)、U.S. Tax Court(租税裁判所)、U.S. Bankruptcy Courts(破産裁判所)、憲法、連邦法、政府との契約に基づく請求、公務員の給与、連邦犯罪で不当に有罪判決を受けた者への損害賠償請求など合衆国政府に対する請求を扱うU.S. Court of Federal Claims(合衆国連邦請求裁判所)が存在する。また、CAFC(U.S. Court of Appeals for the Federal Circuit：連邦巡回区控訴裁判所)は、特別な控訴裁判所として特許や関税の特定分野の控訴裁判所として1982年に設けられ、日本の知的財産高等裁判所のモデルとなった。

2）裁判管轄

連邦裁判所に専属管轄があり、州裁判所に管轄がないものとして、特許権や著作権、連邦倒産法第11章に関わる事件があげられる。注意すべきは、独占禁止法のように連邦独占禁止法と州独占禁止法がある場合、それぞれの裁判所に管轄がある。裁判権を行使するには、subject matter jurisdiction（事物管轄権）とpersonal jurisdiction（対人管轄権）が必要である。

①事物管轄権

事物管轄権とは、裁判所がある事項について裁判する権限のことである。連邦憲法は、連邦裁判所の事物管轄権について制限的に定めているが、これらは以下のとおりである。なお、連邦裁判所が専属的に管轄権を有する事項を除き、州の裁判所も管轄権を有する。つまり、連邦裁判所と州裁判所が同時並行して存在するものであり、これを「concurrent jurisdiction（競合管轄権）がある」という。例えば、州の裁判で連邦法の問題を含む訴えがあったような場合、連邦法を適用することになる。また、連邦裁判所は、合衆国憲法上の基本的人権が侵害された場合や、連邦憲法と連邦法が専占している場合、州裁判所による州法の執行に介入できる場合がある。

■ **Federal Question Jurisdiction（連邦問題管轄権）**

連邦裁判所が専属的に管轄権を有する事項は以下のとおりである。

- 破産事件、特許権、著作権に関する訴訟、合衆国に対する不法行為上の訴訟、領事や外交使節を被告とする訴訟、連邦刑事法に関する事件、海事事件

連邦裁判所は連邦法に関わる事件について管轄権を有する。

- 連邦法に基づく請求（例：連邦憲法や条約）

■ **Diversity Jurisdiction（州籍相違管轄）**

異なる州の市民間の訴訟、これを州籍相違管轄という（例えば、ニューヨーク州原告法人がカリフォルニア州被告と日本法人を被告として訴訟を提起する場合）。合衆国法典（28US1332）では、原告の誰もが被告と同一州であってはならないという（狭義の）州籍相違管轄では完全州籍相違

(complete diversity)と、訴額は7万5,000ドルを超える必要がある。なお、企業の州籍は、本社あるいは登記上の住所のいずれでもよい。なお、競合請求権確定訴訟(一つの債務に多数の権利者が請求している事件)では完全州籍相違は求められない(28US1335)。連邦裁判所における州籍相違管轄の場合、原則その連邦裁判所が存在する州の抵触法の規則によって決定される州の法律が適用される。なお、州籍相違があっても州裁判所に訴えることができ、連邦裁判所にremoval of a case(移送)を行わないと、そのまま州裁判所で審理される。

■ **Supplemental Jurisdiction(補充管轄)**

同じ事件から派生的に生じる事件で仮に州籍相違の要件を満たさない場合でも、すべての関連請求について補充管轄が認められるケースがある。

②対人管轄権

対人管轄権が成立するには、対人管轄の要件ならびに合衆国憲法修正第14条で規定されたdue process(法に基づく適正手続)が必要である。対人管轄の要件は、minimum contact(ミニマムコンタクト／最小接触理論)である。連邦最高裁判所判例では、「ある州の裁判所が州外の被告に対して管轄権を行使することがdue process条項上認められるためには、訴訟の維持がフェアプレイと実質的正義の伝統的概念に抵触しないミニマムコンタクトが必要である」と示した[1]。ミニマムコンタクトとは、地域内にいない者に対する裁判権の行使にあたっての理論である。具体的には、支店の設立や当該地域において、または当該地域に向けた取引活動などがあるときに認められる。

裁判管轄は、継続的体系的なコンタクトを要求するgeneral jurisdiction(一般的裁判権)と被告と法廷地の接触から生じ、または弱いコンタクトしかない場合において被告の活動から生じたときに接触と関係する請求に限って、管轄権が行使されるspecific jurisdiction(特定管轄権)によって認められる。

日本のメーカーが台湾に材料(バルブ)を輸出し、台湾の部品メーカー(タイヤチューブ)が米国に輸出した自動二輪車のタイヤに関わる欠陥に関するPL訴訟事件において、日本の事業者に管轄があるか連邦最高裁判所で争われたアサヒメタル事件がある。この事件では、多数説でミニマムコンタクト

1) International Shoe Co. v. Washington, 326 U.S.310 (1945).

は認められたが、stream of commerce（通商の流れ）だけでなく、米国に向けた“purposeful direction”（意図的な行為）があることで初めて裁判管轄が及ぶことを要件としたため、結局ロングアーム法によるこの日本の事業者に対する管轄権行使が否定された[2]。

裁判権を有する裁判所が事件を審理できる特定地域をvenue（裁判地）という。基本的には当事者の便宜が図られて決定される（なお、契約書における裁判地規定もvenueという）。自分に有利な裁判地を選んで裁判を行うことをforum shoppingといい、ある事案を審理するための適切でより便宜な他の法定地がある場合、一方の当事者によるforum non convenience（フォーラム・ノン・コンビニエンス）の申請によって却下される法理がある。日本の裁判において、外国での裁判によることが証拠を集めやすいとか、他国での訴訟競合が起きているとして、日本での裁判管轄を認めなかったケースがある[3]。

3）裁判の流れ

民事手続においては、pleading（訴答手続）は、trial（正式事実審理）に先立ち当事者間で争点を明確にするため主張書面を交換する訴訟手続が行われる。

complaint（訴状）が訴答手続の最初の訴答となり、裁判所に提出して裁判が開始される。訴状とsummons（召喚状）がservice of process（送達）される。さらに、日本の被告に対しては、訴状とともにnotice of lawsuit and request for waiver of service of summons（正式送達放棄要請書）が送付され、これにサインして同意すると送達について争うことができなくなる。日本では訴状の送達を裁判所が特別送達で行うが、米国では原告弁護士が郵送や手渡しなどで行う。なお、正式送達は送達条約に基づき行うことを要求するもので、日本語訳の添付を求めることもできるため、時間的余裕を得ることができる。正式送達は、日本も批准しているハーグ送達条約（民事訴訟手続に関する条約及び民事又は商事に関する裁判上及び裁判外の文書の外国における送達及び告知に関する条約）または、民訴法上の送達であれば日米領事条約第17条(1) (e) (i)により送達を求めることになる。

2）Asahi Metal Industry Co. v. California Supreme Court, 480 U.S.102 (1987).
3）最高裁第三小法廷平成9年11月11日判決　ファミリー事件・預託金返還請求訴訟

訴状に対して、answer（答弁書）を提出して、裁判を進めるか、対人管轄不存在や送達不適法などといった理由でmotion to dismiss for lack of personal jurisdiction and insufficient service of process（却下申立）を行うことができる。却下申立の理由として、demurrer（訴答不十分抗弁／防訴抗弁）がある。これは、原告主張事実が仮に真実だとしても、法律上主張が成り立たないといったものである。その例としては、当該裁判所に事物管轄権がない、statute of limitation（時効）となっている、といったものがあげられる。被告は、答弁書においてaffirmative defense（積極的抗弁）を行う。これは、訴訟において請求が根拠付けられている事実を前提にして、新たな事実を主張して抗弁を行うことである。また、被告はcounterclaim（反訴）するかの検討をすべきである。

トライアルは、日本の証人尋問に近い事実審である。トライアルを避けることができるsummary judgment（事実審理なし判決）を求めることもできる。重要な事実について争いがなく、法律問題のみで判決ができる場合に申立てによってなされ、陪審もない。また、J.N.O.V.（motion for judgment notwithstanding the verdict：評決無視判決の申立て）が認められると、陪審による評決とは反する判決が出されることがある。

裁判においては、日本の訴訟準備手続に類似のstatus conference（訴訟進行会議）があり、訴訟が進むとsettlement conference（和解日時）が設定される。

判決に不服の場合には控訴できる。控訴審では法律判断を行うが、事実認定は地裁が最終となるのが原則である。日本の場合、地方裁判所と高等裁判所が事実審であり、最高裁判所のみが法律審となる。

判決の正式表示方法は、以下のとおりである。

Sumitomo Shoji America, Inc. v. Avagliano, 457 U.S. 176 (1982).

原告を前、被告を後ろに表記するので、この事件は、「米国住友商事対Avagliano氏」となり、英数字によって、どこの裁判所でどこに判例が収録されているかわかる。U.S. とは、United States Reports、米国連邦最高裁判所判例集の略字、これは457巻176ページに判例があることを示す。

図表2-1：訴訟の流れ

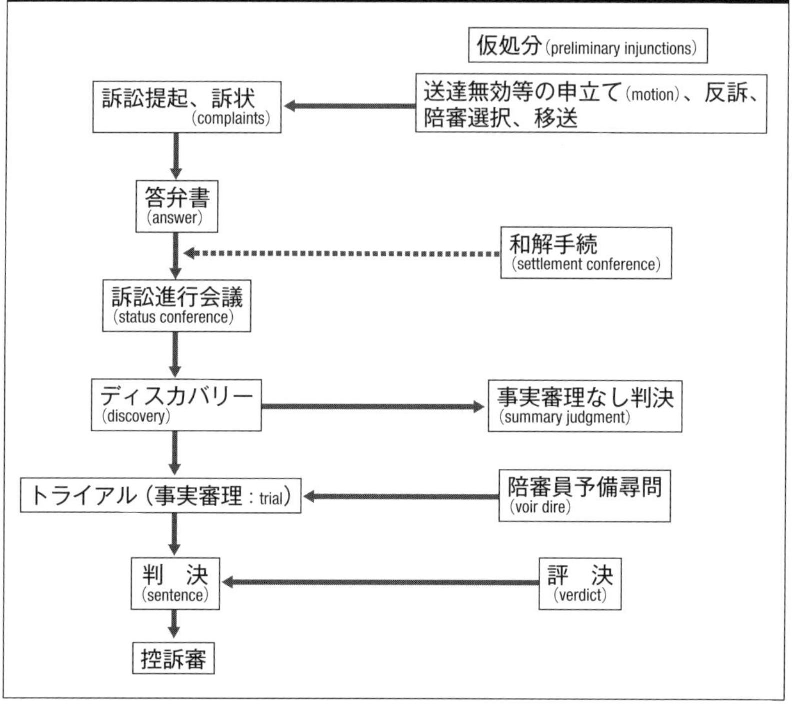

4）裁判で適用する法律

conflicts of laws（抵触法）とは、州が異なるinterstate commerce（州際通商）の問題について、どこの法律を適用するかを決定する法理論である。裁判手続は、管轄裁判所の属する法が適用される。ニューヨーク州で提訴されると、裁判所は、裁判手続を提訴されたニューヨーク州法で行うが、契約の解釈については当事者が合意した準拠法を尊重する。

5）Discovery（ディスカバリー／証拠開示手続）

ディスカバリーは、トライアルに先立ち訴訟に関連する証拠を収集する手続きである。以下に主要なものを説明する。相手方の不当な要求であれば回答する必要はないが、日本の裁判所でよく行われている「不知」を多く使用して回答しないことは認められない。ディスカバリーに先立ち、discovery conference（ディスカバリー協議）が行われる（時期、内容、制限、費用などを取り決める）。証拠開示が十分でなかったり、意図的に開示しないと、制裁的な判決が出されることもあり、証拠隠滅については制裁が加えられる。例えばアーサーアンダーセン事件において、アンダーセン事務所がエンロン社の会計粉飾事件が開始した直後に書類を破棄するように指示したことが判明し、証拠隠滅として起訴された。一方、ディスカバリーを乱用することは、裁判官からの制裁対象となる。

■ Deposition upon Oral Examination or Written Question（証言収録書）

相手方から証言を取得するものであるが、裁判官は立ち会わない。質問は広範囲にわたり、数日にわたって行なわれる。米国日本子会社に対する訴訟で米国部長が日本に帰国しているような場合には日本の米国大使館で行われる。質問は100を超える大量な数であるのが通常で、事件に関与した経緯や人物について聞く。

■ Written Interrogatories（質問書）

相手方に書面による質問をすることで、かなり広範囲で膨大な質問がなされる。

■ Production of Documents（文書提出命令）

相手方に広範囲な書類の提出命令を行うことができる。例えば、紛争となった契約書の写し、契約に関するEメールの写しなどを求める。

■ Request for Admission（事実の認否請求）

request for admissionでは、事実の認否を求める。例えば、訴訟に関係した社員の雇用関係や訴訟前の会議の有無といった事項について確認を求めるものである。

■ eDiscovery（E-ディスカバリー／電子証拠開示）

従来は証拠開示が書類で行われていたが、企業における情報がデータ化され、ディスカバリーも電子的情報の要求が増えてきた。2006年にFRCP（Federal Rules of Civil Procedure：連邦民事訴訟規則）において、電子データ証拠が整備された。対象は、電子メール、チャット記録、Word

やExcelファイルである。これらを提出する場合のファイルフォーマットについては注意が必要である。

■ **Attorney-Client Privilege（弁護士顧客秘匿特権）**

弁護士と依頼者間のやりとりは、attorney-client privilege（弁護士顧客秘匿特権）として、訴訟において開示する必要はない。ただし、この秘匿特権の保護がなくなる行為が行われると開示対象になってしまう。また、営業秘密といった機密文書は、protective order（開示制限命令）によって秘匿が維持されるが、相手方弁護士はみることができる。

■ **Litigation Hold（訴訟文書保存）**

litigation holdとは、訴訟や行政からの調査が行われる可能性が生じたときに、電子的情報を含む関連書類の廃棄等を一時的に禁止する社内における命令のことをいう。しかし、この命令で実際に証拠隠蔽行為を誘因することにもなりかねないので、注意が必要である。

6）Jury（陪審）

米国では、陪審は憲法で保障されており、民事事件においても当事者が請求すれば陪審裁判が開かれる。陪審員は、有罪か無罪かのみを決定するのが原則である（民事では損害賠償までも決定し、近時刑事事件において、これ以外の事項が認められる最高裁判所判決がある）。裁判官からinstruction（説示）が行われ、決定をverdict（評決）という。刑事事件の場合は、全員一致が求められるが、民事の場合は多数決による場合がある。陪審審理にあたって陪審員の選定があり、これを陪審員忌避手続という。偏見や当事者等との関係の有無を調べるためにvoir dire（予備尋問）が行われる。当事者の申立てにより陪審員は除かれる（dismissalという）。challenge for cause（理由を示して忌避する場合）とperemptory challenge（理由不要の忌避）とがある。刑事事件を起訴するかどうか決定する機関はgrand jury（大陪審）といわれる。

7）裁判と仲裁

米国は訴訟の国といわれるが、すべての紛争が裁判で解決されるわけではない。ADR (alternative dispute resolution：裁判外紛争解決手続)として、mediation (調停)とarbitration (仲裁)がある。調停は、meditator (調停員)を立てて、解決のための和解交渉を行う。調停員を立てずに当事者間のトップ同士で話し合うことを義務付ける契約も多くみられる。仲裁は、専門家を立て、非公開でさらに陪審員なしで行うことができるため、取引契約でも仲裁合意を行う契約も多くみられる。米国ではトリプルAといわれるAmerican Arbitration Association仲裁機関が利用されることが多い。

> Example 2-1：**American Arbitration Associationによる規定例**
>
> Any controversy or claim arising out of or relating to this contract, or the breach thereof, shall be settled by arbitration administered by the American Arbitration Association under its Commercial Arbitration Rules, and judgment on the award rendered by the arbitrator(s) may be entered in any court having jurisdiction thereof.

Practical Advice

1) 米国弁護士の起用方法

米国から訴状を受け取ったら、まず弁護士の起用を検討することになる。日本で渉外対応できる法律事務所、外国法律事務所の日本事務所、あるいは米国の法律事務所 (ニューヨークといった事務所のメインオフィスあるいは本拠地でない場合、訴訟地におけるブランチオフィス)のいずれかを起用することになる。訴訟地の弁護士であれば費用が安く済むと考えるかもしれないが、自分の馴染みの弁護士が訴訟地にいるわけではないので、過去に案件を行った訴訟弁護士を起用することが難しく、訴訟指揮に影響する。

米国弁護士はロースクールを卒業して、各州 (ワシントンD.C.特別区)が実施するbar exam (司法試験)を受験して合格するとその州の弁護士になれる。全米に弁護士は約100万人近くおり、巨大法律事務所では、1,000人以上の弁護士がいるが、訴訟専門や会社法といったように専門が細かく分かれており、どの弁護士に案件を依頼するかが重要となる。

米国において、通常弁護士費用はhourly charge (時間制)で請求され、案件による一括制は少ない。訴訟対応によって時間、コストに大きな差を生む。

訴訟指揮をいかにして行うかが腕の見せ所となる。

2）防訴抗弁か答弁か

訴状が送達された際、送達方法に瑕疵がある場合や裁判地を争う（州裁判所から連邦裁判所へ）といった防訴抗弁か答弁を提出するか現地弁護士からオプションを示されたとき、どうするかを慎重に検討すべきである。防訴抗弁によって時間稼ぎをすることができ、和解交渉に持ち込むチャンスもできるが、多少の時間を要して実際の裁判が始まれば、防訴抗弁が本当に必要だったか、弁護士費用のみが天文学的数字に上がることにもなりかねない。

3）ディスカバリーの対策

eDiscoveryの導入によって、ますますディスカバリー対策が必要になってきた。コンピュータやサーバに保存した電子情報も（適用除外がされない限り）開示の対象になり、膨大なデータからきちんと提出書類を選び、会社機密情報といった適用除外でないかを確認した上で法廷に提出することになる。この一連の作業を弁護士で行うとすると膨大なコストになるので、抽出を専門業者に委託することも行われている。一方、企業においては書類（Eメールを含む）の保存ルールを策定しておくことも重要である。

4）証拠隠滅

ディスカバリーが開始されると、その広範な要求と数の多さに愕然とすることになる。自分に都合の悪い証拠を隠したり、廃棄したりすることは決して行ってはならない。裁判所は、証拠を持っているのに隠しているとみなされる場合、証拠が破棄されたと判断される場合、あるいは抽出作業が不十分であると判断される場合、厳罰（罰金、当該文書に関する請求を認めない、関連文書が廃棄されたことを陪審に伝えるなど）が科される。ディスカバリーで適時に証拠を出せなかった違反としての賠償金として合計14.5億ドル（補償的賠償6億ドルと懲罰的賠償8.5億ドル）の支払いが命じられた事件もある[4]。

4) Coleman (Parent) Holdings, Inc. v. Morgan Stanley & Co., 2005 WL 679071 (Fla. Cir. Ct. Mar. 1, 2005).

|R|E|V|I|E|W|Q|U|E|S|T|I|O|N|S|

2-1 国際宅配便で届いた裁判訴状

Q 日本に米国から裁判訴状が送付されてきた。翻訳文もなく、特別送達でない国際宅配便による事実上の送付であるが、どうすればよいか？

A 答弁書を作成するか、管轄、送達等を争うか、反訴の必要がないかを検討する。答弁書を提出する場合でも、答弁期限の延長を求める。州裁判所の訴訟であれば連邦裁判所への移送を検討する。外交ルートによる正式送達でなく、翻訳も添付されていないのであれば、送達を争うことができる。

2-2 州裁判所における日本企業に対する訴訟

Q 米国ニューヨーク州に設立された法人から、日本の企業に対してニューヨーク州裁判所で契約違反に伴う損害賠償を求める裁判を提起された。外国法人である日本企業への訴訟であるから連邦裁判所に移送すべきであろうか？

A 州籍相違があり、訴額の要件を満たせば、連邦裁判所に管轄権がある。ところが、連邦裁判所に訴えることができる事案であっても、州裁判所で訴訟を提起することができる場合がある。被告は、州裁判所に訴訟が提起された場合、連邦裁判所に管轄権がある事件であれば、移送できる。一般的に州裁判所より連邦裁判所の方が国際ビジネスを理解しているため問題解決に適するとか、地元の原告により対等な立場となるといった評判がある。一方、移送により、弁護士費用のコストも増し、直ちに審理入りしないため時間がかかることになる。その間に和解交渉を目指すこともできる。

〔吉川 達夫〕

第3章

契約法

Contracts USCPA

POINTS

- 契約法は、主として、州の判例法としてのコモン・ローであるが、動産売買契約に関しては、U.C.C.（Uniform Commercial Code：統一商事法典）第2編がルイジアナを除くすべての州で、それぞれの州の制定法として採用されている。したがって、動産売買契約については、各州のコモン・ローに加えて、U.C.C.の規定が適用される。
- 契約が有効に成立し、法的拘束力を持つための主要な要素として、①相互の合意があること、②約因があること、③当事者に（契約）能力があること、④適法性があることがあげられる。
- 契約の成立に関する抗弁として、①錯誤、②強迫、③不当威圧、④詐欺／悪意不実表示、⑤過失不実表示などがある。
- 契約違反に対する一般的な救済手段は、損害賠償であるが、損害賠償では救済が不十分な場合は、特定履行や差止命令などの衡平法上の救済方法が認められることがある。

KEY LEGAL TERMS

consideration【約因】 契約を構成する約束に拘束力を与える根拠であり、約束に対して交換的に取引された約束（反対約束）、または作為や不作為（履行）。

statute of frauds【詐欺防止法】 詐欺の防止を目的として、特定の契約について、書面による証明を必要とする制定法。

parol evidence rule【口頭証拠排除の法則】 最終的かつ完全な合意書面を作成した場合、その内容に反する合意があったことを他の証拠を用いて証明することを許さないとする法則。

damages【損害賠償】 他人の行為によって身体や財産等に被害を受けた者の損失を補償すること。

Basic Rules

1) Contract（契約）とは

契約とは、1つの約束または1組の約束であって、その違反に対して法が救済を与えるもの、または、その履行を法が何らかの形で義務と認めるものをいう[1]。

契約が有効に成立し、法的拘束力を持つためには、以下のような要素が満たされる必要がある。

・Mutual Assent（相互の合意）があること
・Consideration（約因）があること
・当事者に（契約）Capacity（能力）があること
・Legality（適法性）があること

約束が一方当事者側にしかなく、この約束と約束以外のもの（行為等）が互いに約因になっている契約のことをunilateral contract（一方的契約）、約束がそれぞれの当事者にあり、この約束と約束が互いに約因になっている契約のことをbilateral contract（双方的契約）とよんでいる。

2) Mutual Assent（相互の合意）

相互の合意は、一方当事者のoffer（申込み）とこれに対する相手方当事者のacceptance（承諾）によって成立する。

■ Offer（申込み）

申込みが有効となるためには、以下の要件を満たす必要がある。

・確定的な内容であること
・約束や契約関係に入る旨の意思の表示があること
主観的な意思ではなく、客観的な状況が判断の基準として用いられる。
・被申込人に伝達されること
1人にまで特定する必要はないが、少なくとも一定の要件を満たす人の集団に伝達されていることが必要である。

1) Restatement (Second) of Contracts § 1 (1979).

広告、商品の展示、価格の見積り、カタログの送付、メニューの表示等は、一般的には申込みの前段階であるinvitation to offer（申込みの誘因）であるが、契約として十分な内容を含み特定の者に向けられたときは、契約として成立することもある。

◧ 申込みの失効 ◧

申込みは以下の場合には失効する。

(i) 申込人の行為による失効―Revocation（撤回）

申込人は、承諾がなされる前であれば、原則としていつでも申込みを撤回できる。これは、一定期間撤回しない旨を申込者が述べている場合や承諾期間の定めがある場合であっても同様である。ただし、以下のような場合は、撤回できない。

- Option Contract（オプション契約）

  申込人が承諾期間を定めることについて、被申込人が対価等（後述する約因）を支払った場合はオプション契約となり、承諾期間満了前に申込みを撤回することができない。

- U.C.C.上のFirm Offer（確定申込）［U.C.C.§2-103］

  商人が、動産の売買契約について、一定期間、申込みを撤回しない旨を署名付きの書面で明示した場合、その期間は申込みを撤回することができない（詳細は第4章「売買法」参照）。

(ii) 被申込人の行為による失効―Rejection（拒絶）

被申込人が申込みを拒絶した場合、申込みは失効する。被申込人が申込みの条件を変更して申込人に再申込みするcounter offer（反対申込）は、申込みの拒絶と被申込人からの新たな申込みとして扱われる。

（例）

「この自動車を1万ドルで売りたい」＝申込み

「9,300ドルなら買う」＝拒絶＋新たな申込み

(iii) 期間の徒過

申込人が申込みの存続期間（承諾可能期間）を定めた場合、申込

みは当該存続期間を過ぎれば失効する。申込みの存続期間が定められていない場合は、合理的な期間を過ぎれば申込みは失効する。

(iv) その他

申込人・被申込人の死亡または能力の喪失があった場合、目的物が滅失した場合、申込内容が違法となった場合も申込みは失効する。

■ Acceptance（承諾）

被申込者であり、かつ申込みの存在を知っている者のみが承諾を行うことができる。承諾の内容は、申込みの内容と完全に一致する必要がある（mirror image rule：鏡像原則。一致していない場合は、前述の反対申込となる）。もっとも、U.C.C.ではこの鏡像原則は適用されない（詳細は第4章「売買法」参照）。

承諾は、双方的契約の場合は約束でなされ、一方的契約の場合は行為でなされる。単なる沈黙は、原則として承諾とはならない。

◧ 申込み、（申込みの）撤回、（申込みの）拒絶、承諾の効力発生時期 ◧

承諾については、mail box rule（発信主義）がとられており、承諾を発信した時点（郵便の投函時等）で効力が発生するが、申込み、撤回、拒絶については、いずれも到達主義がとられ、相手方が通知を受け取った時点で効力が発生する。

3）Consideration（約因）

◧ 約因とは ◧

約因とは、契約を構成する約束に拘束力を与える根拠であり、約束に対して交換的に取引された約束（反対約束）、または作為や不作為（履行）をいう。

図表3-1：双方的契約の例

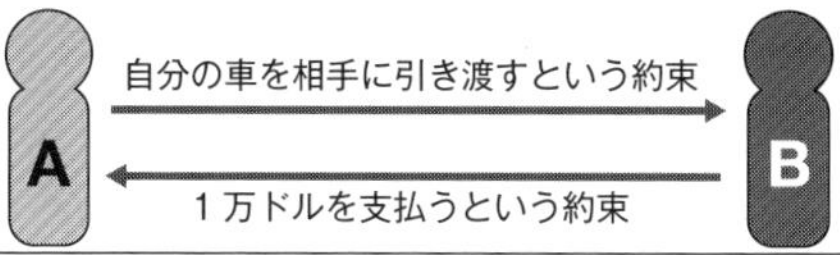

Aの車を1万ドルでBに売るという契約の場合、Aの「自分の車を引き渡すという約束」とBの「1万ドルを支払うという約束」が交換取引されており、

約因の要件を満たす。

図表3-2：一方的契約の例

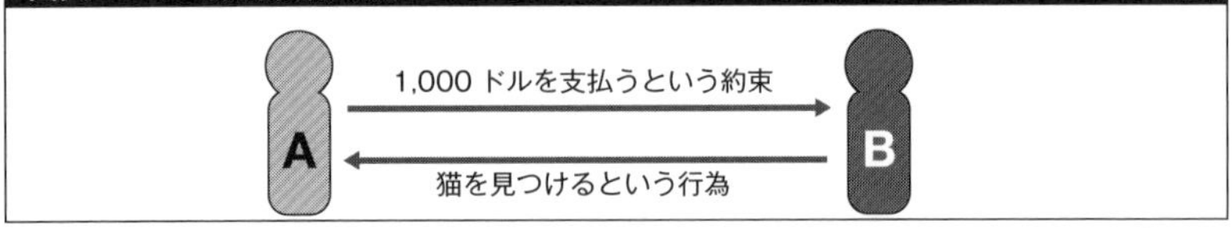

Bがもし迷子になったAの猫を見つけてくれたらAは1,000ドルを払うという契約の場合、Aの「1,000ドルを支払うという約束」とBの「猫を見つけるという行為」が交換取引されており、約因の要件を満たす。

図表3-3：約因がない場合の例

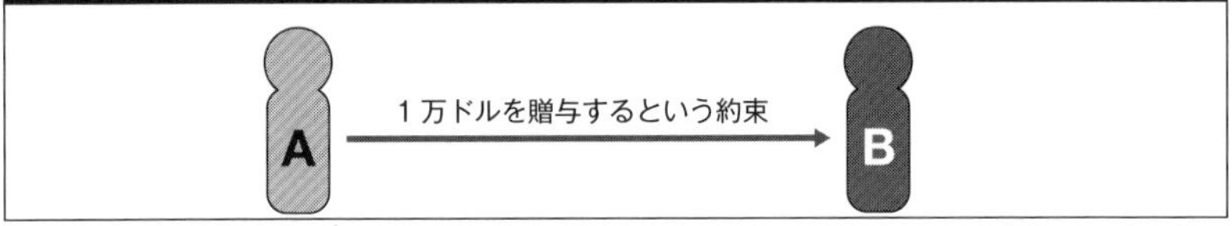

AがBに単に1万ドルを贈与するという約束は、何らの反対約束も行為も交換取引されていないので、約因の要件を満たさない。

◧ 約因の相当性 ◧

約因は、何らかのlegal value（法的価値）があるものが交換取引される必要はあるが、交換取引されるものが客観的に等価であることまでは要求されないので、客観的には些細なものであってもよい（peppercorn theory：胡椒の実の法理）。

■ Past Consideration（過去の約因）

一方当事者の約束と相手方当事者の過去になした行為や約束（過去の約因）が交換取引されている場合、約束の時点での交換取引はないので、原則として約因の要件を満たさない。

■ Moral Consideration（道徳的約因）

道徳的義務は、原則として約因には当たらない[2]。

■ Pre-Existing Duty Rule（既存義務の原則）

すでに当事者に課されている義務については、原則としてこれをあらためて約因とすることはできない。なお、既存義務の原則は、契約の修正や

2) Mills v. Wyman, 20 Mass.(3 Pick.) 207(Mass.1825).

変更の際にも適用されるが、近時は、契約の修正や変更の際に約因を不要とする州があることに加え、U.C.C.でも契約の修正や変更に約因を不要とする [U.C.C. § 2-209 (1)] (詳細は第4章「売買法」参照)。

■ **Illusory Promise (擬似約束)**

外見上は約束のようにみえるが、一方当事者だけが履行をするかしないかの選択権を有し、法的に拘束されていない擬似的な約束をいう。擬似約束は約因には当たらない。

■ **Promissory Estoppel (約束的禁反言)**

約因の要件を満たさない場合であっても、以下の要件を満たす場合は、約束的禁反言の法理によって、約束に拘束力が認められる。

- 約因の存在しない一方的約束がなされたこと
- 相手方または第三者がその約束を信頼して不利な地位の変更を行ったこと
- 約束者の側に、そのような不利な地位の変更が行われることを合理的に予想できたこと
- もし、救済がなされないならば、不正義であると考えられること

具体的には、寄付の約束[3]、退職給付の約束[4]などの場面で、約束的禁反言が認められた例がある。

4) Capacity (能力)

契約が有効に成立するためには、当事者が法的に能力を有していることが必要であり、この能力が欠けた者による契約は、無効または取り消しうることになる。

■ **Minor / Infant (未成年者)**

多くの州で18歳未満の者を未成年としている。未成年者が締結した契約は、未成年者によって取り消すことができる。取消しの場合、未成年者は現に存する限度で相手方から受け取ったものを返還すれば足りる。

ただし、necessity (生活必需品。食料、衣料品、住居、教育等) に関する契約等については、未成年者もその合理的な価額については返還責任を負う。

3) Salsbury v. Northwestern Bell Telephone Co., 221 N.W.2d 609 (Iowa 1974).
4) Feinberg v. Pfeiffer Co., 322 S.W.2d 163 (Mo. Ct. App. 1959).

未成年者は、成人に達した後、合理的な期間が過ぎれば、当該契約を取消しできず、この場合、当該契約をratification（追認）したものとみなされる。また、未成年者は、成人に達した後、合理的な期間内に自ら追認することもできる。

■ **Mentally Incompetent Person / Insane Person（精神障害者）**

・Adjudicated Insane（裁判所が宣言した精神障害者）

裁判所が無能力の宣言をした場合、当該精神障害者が締結した契約は無効となる。

・裁判所による宣言がない精神障害者

裁判所による認定がない精神障害者の締結した契約は、取り消すことができる。ただし、未成年者の場合と異なり、相手方の原状回復が求められる。

■ **Intoxicated Person（酩酊者）**

酩酊の程度がひどく、それによって契約の条件や性質を理解することができなかった場合、酩酊者は、契約を取り消すことができる。

5）契約の成立に関するDefense（抗弁）

■ **Mistake（錯誤）**

・Mutual Mistake（共通的錯誤）

両当事者に契約の対象物について重要な錯誤がある場合、いずれの当事者も契約を取り消すことができる。

・Unilateral Mistake（一方的錯誤）

一方当事者のみに錯誤がある場合、契約は原則として有効である。ただし、錯誤のない当事者が相手方当事者に錯誤があることを知っていたかあるいは知りうるべきであった場合、錯誤のある当事者は、契約を取り消すことができる。

■ **Duress（強迫）**

不当な強迫によって、やむなく契約を締結させられた場合、強迫された当事者は、当該契約を取り消すことができる。また、極度な強迫があった場合は、契約は無効となる。

■ **Undue Influence（不当威圧）**

強迫には当たらないが、一方当事者が弱い立場にあることを利用して不当な説得を行って契約を締結させた場合、不当な説得を受けた当事者は、契約を取り消すことができる。具体的には、親と子、医師と患者、牧師と教会員、弁護士と依頼人などのように上下関係や支配関係がある場合に、立場の強い者から立場の弱い者に対して起こりうる。

■ **Fraud / Intentional Misrepresentation（詐欺／悪意不実表示）**

以下の要件を満たす場合、詐欺となる。

・重要な事実について不実表示がある。

自らに不利な事実を隠したり、相手方に開示しないことも不実表示に当たりうる。

・相手方を騙すscienter（故意）がある。

故意はないが、真実かどうかについてのreckless disregard（無謀な無視）がある場合も、他の3つの要件が満たされる限り、詐欺／悪意不実表示となる。

・相手方が当該不実表示を信じたことに合理性がある。

・相手方に損害がある。

詐欺／悪意不実表示については、以下の場合に応じて効果が分かれる。

(i) Fraud or Misrepresentation in Inducement（誘因の詐欺／不実表示）

契約交渉中に起きる詐欺の場合、騙された当事者は、当該契約を取り消すことができる。

(ii) Fraud or Misrepresentation in Factum or Execution（文書作成の詐欺／不実表示）

サインをする直前に契約書面を差し替える等、契約書面自体に関して詐欺がある場合は、文書作成の不実表示として無効となる。

■ **Negligent Misrepresentation / Innocent Misrepresentation（過失不実表示）**

上記の詐欺の要件のうち故意の要件を欠く不実表示は、過失不実表示として、不実表示を受けた当事者は、当該契約を取り消すことができる。

6) Legality（適法性）

契約がillegal（違法）であったり、public policy（公序）に反したりする場合、契約は無効となる。

違法な契約の例として、犯罪や不法行為をする契約、犯罪を告発しないことに対価を支払う契約などがある。

7) Statute of Frauds（詐欺防止法）

契約は、口頭であっても有効に成立することが原則であるが、特定の契約については書面によって証明されなければ、裁判所による救済を求めることができないこととされている。これは、口頭による詐欺を防止するためのもので、その起源は、1677年の英国での制定法（詐欺防止法）に端を発しており、この考え方は、ルイジアナ州を除くアメリカ各州に引き継がれている。対象となる契約は、以下の契約である。

- 婚姻を約因とする契約
- 契約締結後1年以内に履行が完了しない契約
  期限の定めのない契約についても、1年以内に履行が完了する可能性があれば、これには当たらない。
- 土地の売買または土地に関する権利の売買契約
- Executor（遺言執行者）またはAdministrator（遺言管理人）が、故人の債務を自らの財産から弁済するという契約
- 500ドル以上の物品売買契約［U.C.C.§2-201］
- 債務保証契約

書面については、署名が必要とされるが、必ずしも両当事者の署名がある必要はなく、債務者の署名があれば足りる。また、詐欺防止法には、全部履行あるいは一部履行がなされている場合はその限度で書面がなくても契約が拘束力を持つことなどの例外がある。

8）Unconscionability（非良心性）

前述の強迫、不当威圧、不法性等には当たらないが、契約当事者の取引上の交渉力に著しく差異があり、弱い当事者に、実質的に選択の余地がなく、かつ契約内容が不当に不利な場合、非良心性の法理によって、契約の強制力が否定される。具体的には、人身に対する派生的損害賠償を排除する条項などがこれに当たる。

9）Parol Evidence Rule（口頭証拠排除の法則）

口頭証拠排除の法則とは、final（最終的）かつcomplete（完全）な契約書等の合意書面を作成した場合、その内容に反する合意があったことを他の証拠を用いて証明することを許さないとするものである。parol（口頭）という語が用いられているが、口頭証拠のみならず、文書証拠も同様に排除される。これによって、契約書作成以前に、契約書には記載されなかった合意や契約書の内容と矛盾する合意があったとしても、これらの証拠は排除されることになる。口頭証拠排除の法則は、契約書作成以前の証拠を対象とするものなので、契約書が作成された後になされた合意についての証拠は排除されない。また、この口頭証拠排除の法則は、以下のような証拠については適用されない。

・契約の不存在や契約の無効を証明する証拠
　例として、約因の欠如、錯誤、強迫等に関する証拠がある。
・契約書の曖昧な文言の意味を解釈するための証拠
・契約が有効となるための停止条件を示す証拠

10）Third-Party Beneficiary（第三受益者）

第三受益者とは、契約の当事者ではないが、自己の利益のために契約が締結された者をいう。また、こういった契約のことをthird-party beneficiary contract（第三者のための契約）という。

図表3-4：第三受益者

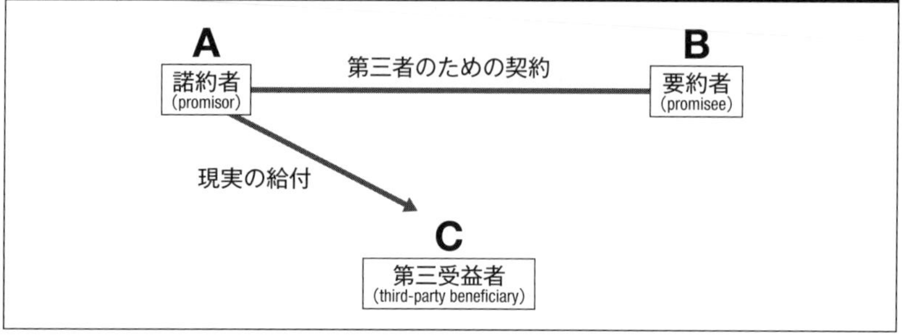

この第三受益者は、以下のように分類される。

(i) Intended Beneficiary（意図された第三受益者）

意図された第三受益者は、当事者に履行を強制することができる。意図された第三受益者であるかこの後に述べる付随的な第三受益者であるかは、契約書の文言から、要約者が当該第三受益者に直接権利を授与することを目的としているのか否か、あるいは主として要約者本人が利益を得ることを目的としているのか否かで判断する。意図された第三受益者は、さらに以下の2つに分類される。

・Creditor Beneficiary（債権者としての受益者）
要約者が受益者に対して負っている債務の履行として第三者のための契約が締結される場合である。

・Donee Beneficiary（受贈者としての受益者）
要約者から受益者に対する贈与として第三者のための契約が締結される場合である。

(ii) Incidental Beneficiary（付随的な第三受益者）

契約によって、偶発的、付随的に利益を受ける第三受益者であり、意図された第三者の場合と違い、当事者に履行を強制することはできない。

意図された受益者は、諾約者に対して履行を請求することができ、諾約者がこれに応じない場合は、諾約者を訴えることができる。なお、諾約者が要約者に対して主張できる抗弁については、第三受益者に対しても主張することができる。

さらに、債権者としての受益者は、受益者と要約者間の契約を根拠として、要約者に対して履行を請求し、これに応じない場合は訴えを起こすことができる。これに対して、受贈者としての受益者は、要約者に対して履行を請求することはできない。

11）Assignment of Rights（権利の譲渡）とDelegation of Duties（義務の委譲）

■ Assignment of Rights（権利の譲渡）

権利の譲渡とは、契約上の権利を第三者に譲渡することを意味する。権利を譲渡する債権者をassignor（譲渡人）、権利の譲渡を受ける第三者をassignee（譲受人）とよんでいる。

図表3-5：権利の譲渡

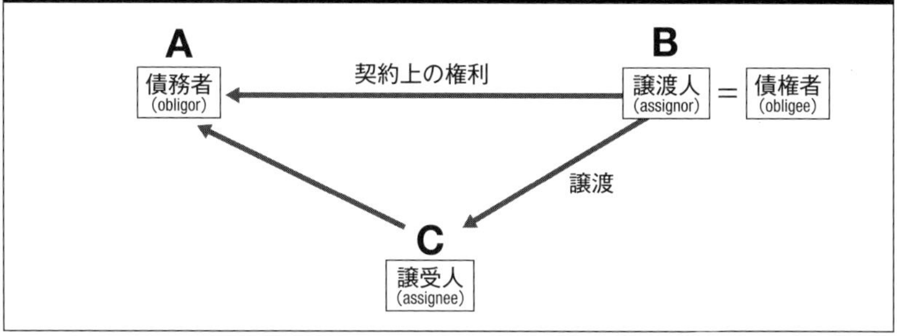

原則として、すべての契約上の権利は譲渡可能であり、全部譲渡のみならず一部譲渡も可能である。ただし、例外として、以下の場合は譲渡できないとされる。

- 債務者の義務またはリスクをmaterially（実質的）に変更する場合
  （例）労務がunique（個性的）であるpersonal service contract（個人的労務提供契約）、requirement contract（必要量購入契約）
- 法律により譲渡を禁止あるいは制限されている場合

(例) 賃金債権

・当事者が譲渡を禁止した場合

具体的には、契約書の譲渡禁止特約などが該当するが、多くの州ではこれに反した譲渡も無効ではなく、損害賠償を求めうるにとどまるなどの制限を加える傾向にある。

権利の譲渡がなされると、譲受人は譲渡人に代わって契約の当事者となり、債務者に対して直接権利を主張できることになり、一方、譲渡人は、権利を失う。債務者は、譲渡の事実を知れば、譲受人からの請求を拒むことはできないが、契約の本来的な抗弁をもって譲受人に対抗することができる。なお、約因を伴った権利の譲渡は、取消しできないのに対して、約因を伴わない譲渡は、原則として取消しできる。

権利の譲渡が二重になされた場合の優劣関係は以下のように決する。

(i) 取消可能な権利の譲渡の場合

先になされた譲渡が取り消しうる譲渡である場合は、これに続く譲渡が自動的に先の譲渡を取り消すことになる。

(ii) 取消不可能な権利の譲渡の場合

多くの州で、先になされた権利の譲渡が後になされた権利の譲渡に優先するのが原則とされている。

■ Delegation of Duties (義務の委譲)

義務の委譲とは、契約上の義務を第三者に移転することをいう。義務を委譲する債務者をdelegator(委譲者)、委譲を受ける第三者をdelegateまたはdelegatee(被委譲者)、債権者をobligeeとよぶ。

図表3-6：義務の委譲

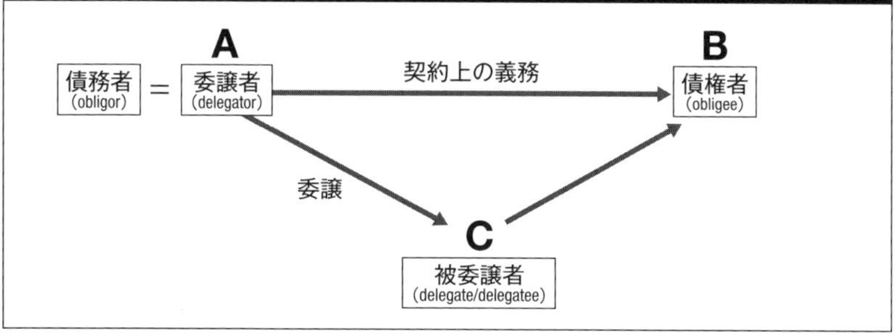

原則として、すべての契約上の義務は委譲が可能であるが、例外として、以下の場合は譲渡できない。

(i) 個性的な判断、スキルを含む義務を対象とする場合

(ii) 義務者に特別な信頼が置かれている場合

(iii) 受任者の履行が債権者の契約上の期待を本質的に変える場合

(iv) 委任に関して契約上の制限がある場合

委譲の効力について、債権者の承諾は必要なく、債権者は、委譲可能な義務の被委譲者による利用を受け入れる必要がある。委譲者も依然として契約上の義務を負うので、債権者は債務不履行の訴えを委任者に起こすことも可能である。もっとも、委譲者が完全に契約上の義務から免除されることに債権者が同意することも可能だが、これはnovation（当事者代替契約）の申込みと解釈される。権利者は、被委譲者に対して債務の履行を強制することができないのが原則であるが、被委譲者が履行を約し、これに約因が伴っている場合は、assumption（任意的承継）として、権利者は被委譲者に対して債務の履行を強制することができる（言い換えれば、これは委譲者と被委譲者との間で債権者を受益者とする第三者のためにする契約を締結したことになる）。

12）Condition（条件）

契約上の義務の発生や消滅が、将来の不確定な事実にかかっている場合があり、これらはcondition（条件）とよばれている。

■ **Condition Precedent（停止条件）**

停止条件とは、ある事実が発生することによって義務が発生するような条件をいう。

（例）Aが銀行から融資を受けられたら、Bから家を購入する。

■ **Condition Concurrent（同時条件）**

それぞれの当事者の義務が互いに相手方の義務の履行の停止条件になっている場合をいう。

■ **Condition Subsequent（解除条件）**

解除条件とは、ある事実が発生することによって義務が消滅するような条件をいう。

（例）Aが買手を見つけるまで、Aの家をBに貸す。

条件は、当事者が明示的に定める場合（express condition：明示的条件）と当事者の行動または取引の性質、あるいは法の見地等から認められる場合（constructive condition / implied condition：擬制条件／黙示的条件）がある。例えば、一方当事者の履行が他方当事者の履行よりも先になされるべき場合は、先の履行は後の履行の停止条件とされ、また同時に瞬時に行える履行の場合、それぞれの履行は他方の履行に対する同時条件とされる。

条件の付いた義務の発生や消滅が確定するためには、条件がsatisfaction（成就）するか免除される必要がある。

13）Discharge of Contract（契約の消滅）

契約は、以下のような事由によって消滅する。

- Performance（履行）
- Breach of Contract（契約違反）
- 解除条件の成就
- Mutual Rescission（合意解除）
- Modification（変更）
- Accord & Satisfaction（代物弁済）

- Novation（当事者代替契約）
- Impossibility（後発的履行不能）
- Impracticability（実行困難性）
- Frustration（契約目的の達成不能）

■ **Performance（履行）**

当事者によって履行またはtender of performance（履行の提供）がなされれば、履行義務は消滅する。

■ **Breach of Contract（契約違反）**

当事者の不履行が重大である場合、不履行にない相手方当事者の履行は免除される。

■ **Mutual Rescission（合意解除）**

両当事者の合意によって、契約を解除することができる。

■ **Modification（変更）**

前述のとおり、契約の内容を変更するには、原則として約因が必要である。

■ **Accord & Satisfaction（代物弁済）**

本来の義務とは別の義務の履行によって契約を解消することとするaccord（合意）とsatisfaction（その満足としての履行）をいう。

■ **Novation（当事者代替契約）**

既存の契約上の義務の債権者、債務者以外の者を当事者として加える新旧すべての当事者による契約であり、この契約によって、既存の契約は消滅する。

■ **Impossibility（後発的履行不能）**

契約成立後でかつ履行前に、客観的に義務の履行が不可能になった場合である。判例が認められてきたものの例として、履行の違法化、履行に必要な特定人の死亡または能力喪失、履行に必要な特定物の滅失などがある。

■ **Impracticability（実行困難性）、Frustration（契約目的の達成不能）**

予期し得ぬ出来事によって、義務の履行が極めて困難になった場合（実行困難性）や予期し得ぬ出来事によって、契約の目的を達し得なくなった場合（契約目的の達成不能）も履行を免責されることがある。

14）Breach of Contract（契約違反）とそのRemedy（救済）

契約違反とは、履行義務の履行期が到来しているにもかかわらず、正当な理由なくして履行しないことをいう。契約責任は、厳格責任、言い換えれば、無過失責任として位置付けられている。

契約違反に対する救済としては、損害賠償、特定履行、差止命令などがある。

①Damages（損害賠償）

■ **Compensatory Damage（填補損害賠償／補償的損害賠償）**

契約違反に対する最も一般的な救済方法は、現実に被った損害についての損害賠償である。救済の場合に保護の対象として考慮される被害当事者の利益には、expectation interest（履行利益）、reliance interest（信頼利益）、restitution interest（原状回復利益）があるが、このうち履行利益（契約が履行されていればその履行が被害当事者に与えたであろう利益）の賠償が原則となる。

◧ General Damage（通常損害）とSpecial Damage（特別損害）◨

填補損害賠償の対象となる損害の範囲には、通常損害と特別損害が含まれる。通常損害とは、約束した履行自体の価値を基礎として算定する損害であり、契約当事者の個人的事情にかかわらず、契約違反によって通常生じると考えられる客観的な損害である。特別損害とは、違反当事者の行為によって直接生じた損害ではないが、特別な状況が加わったことによって生じた損害についての賠償であり、原告の個人的事情に関わる、ある程度主観的な性格の損害である。代表的なものにlost profits（遺失利益）がある。

特別損害が損害賠償として認められるためには、契約締結時点で違反者にそのような損害が発生することについてのforeseeability（予見可能性）があることが必要である（Hardley rule：ハドレー準則）。

◧ Consequential Damage（派生的損害）◨

派生的損害とは、契約違反から派生的に生じる身体や財産の損害であり、具体的には、欠陥商品の引渡しによって買主に生じた負傷や、不適切な屋根の修繕によって生じた天井や床の破損などがこれに当たる。

Incidental Damages（付随的損害）

付随的損害とは、ある契約違反に合理的に付随する損害であり、具体的には、代替品を調達する場合の調達費用、買主の契約違反のために必要となった物品の保管費用や返送費用がこれに当たる。

■ Punitive Damages（懲罰的損害賠償）

懲罰的損害賠償とは、損害填補だけにとどまらず、再発防止の観点から課される損害賠償であるが、不法行為の場合と異なり、契約違反に関しては、通常、認められていない。

■ Nominal Damages（名目的損害賠償）

名目的損害賠償とは、契約違反や権利侵害があったことは認められるが、実質的損害の発生が認められない場合、名目的に被告に課される極めて少額な損害賠償のことをいう。一種の宣言判決として利用される。

■ Liquidated Damages / Stipulated Damages（損害賠償額の予定）

損害賠償額の予定とは、契約当事者があらかじめ契約違反があった場合の損害賠償額を約定することをいう。この損害賠償額の予定があれば、契約違反があれば、現実の損害額にかかわらず、被害当事者は当然に損害賠償額として予定された金額の賠償請求ができ、具体的な損害の証明を要しない。損害賠償額の予定が有効になるためには、予定された損害額が、予期しうる将来の損害との関係で合理的であることが必要である。不合理に過大である場合は、違約金とみなされ、効力を有さない。

②Specific Performance（特定履行）、Injunction（差止命令）

一般的な救済方法である損害賠償では救済が不十分な場合は、特定履行や差止命令などのequity（衡平法）上の救済方法が認められることがある。特定履行は、契約違反をしている当事者が契約に基づく義務を履行し、または履行を完成させることを命じるものであり、差止命令は、特定の行為を行わないよう命じるものである。裁判所による特定履行や差止命令のdecree（判決）に被告が応じない場合は、被告は法廷侮辱により拘禁、罰金に処されることになる。特定履行は、契約の対象がunique（個性的）であり、損害賠償では不十分な場合にのみ認められる。例えば、特定の不動産や著名な絵画などの売買がこれに当たる。個人的役務の提供は、個性的ではあるが、これについての特定履行を認めると、合衆国憲法が禁止する奴隷的拘束を許す結果になってしまうので、法政策的見地から認められない。

Practical Advice

1) 契約変更と書面性

口頭証拠排除の法則は、契約書作成後の合意についての証拠を排除するものではないが、契約書ではさらに契約書作成後の契約の変更についても、以下の例のように書面によるべきこととする条項を設けるのが一般的である。

> Example 3-1：**amendment clause 英文契約例**
>
> This Agreement may be amended, supplemented or modified only by a written instrument duly executed by or on behalf of each party hereto.

このような契約の変更を書面に限定する条項については、一般的には拘束力はないといわれている。それは、このような条項があっても、口頭で契約を締結できるという原則から当該変更条項自体を口頭で変更する（黙示的な変更を含む）ことができ、その上で新たな契約内容について口頭で合意をすることができると考えられるからである。契約の変更を書面に限定する条項の有効性についての制定法を設けている州もあるが、これらの制定法の効力も限定的である。もっとも、契約の変更を書面に限定する条項は、少なくとも契約締結時の当事者の意思を表したものであることには変わりなく、口頭での契約の変更の有効性を判断する際の解釈にも重要な影響を与えるので、こういった条項を契約書に設けるべきことに変わりはない。

2) 口頭証拠排除の法則と完全合意条項

契約書においては、口頭証拠排除の法則との関連で、通常、以下のような entire agreement clause / merger clause / integration clause（完全合意条項）を設ける。

Example 3-2：entire agreement clause 英文契約例

This Agreement (including all Attachments hereto) contains the entire agreement of the parties with respect to the subject matter of this Agreement and supersedes all previous communications, representations, understandings and agreements, either oral or written between the parties with respect to the subject matter of this Agreement.

こういった完全合意条項がない場合、裁判所は当該契約書が完全かつ最終的な契約であるとして、口頭証拠排除の法則を適用するか否かを判断することになるが、その場合、通常の契約当事者であれば、問題になっている契約書作成以前の合意内容を契約書に書いておくか否かが判断の基準となる。書いておくということであれば、口頭証拠排除の法則が適用され、当該証拠は排除されることになる。

また、完全合意条項がある場合も、当該契約書は完全かつ最終的な契約であると推定されるが、反証を妨げるものではないので、契約書が完全かつ最終的でないことを示すような記載が契約書の他の部分にあると、口頭証拠排除の法則が適用されなくなるおそれがある。

3）権利の譲渡と義務の委譲

契約の多くは双方的契約であるので、通常、権利の譲渡と義務の委譲は密接に関連する。契約条項でよくみられるのは、以下の例のように権利の譲渡や義務の委譲を相手方の書面による同意がないと行えないとするものである。

Example 3-3：no assignment clause 英文契約例

Each party shall not assign any rights, interests or obligations of this Agreement without the prior written consent of the other party, and any attempt by a party to do so will be null and void.

単に権利の譲渡を禁止するだけの条項の効力については、本来の契約当事者間で契約違反の問題が生じるだけで、譲渡人と譲受人との間での譲渡自体は有効とであるとの考えがあるので、譲渡禁止条項の効力を譲受人にも可能な限り及ぼすためには、上記の例のように譲渡が無効である旨の記載を含めておくことが望ましい。

また、「Each party shall not assign this Agreement without the prior written consent of the other party.」のように、契約の譲渡という言葉を使っているものもあるが、裁判所によっては、これを義務の委任の禁止に関する条項であると解釈する場合もあるので、注意を要する。

|R|E|V|I|E|W|Q|U|E|S|T|I|O|N|S|

3-1 約因

Q 写真家のDebbieは、写真撮影のためEdwardの小型飛行機をチャーターしたところ、撮影の目的地に近づいたところで、Edwardが当初の料金の値上げに応じないと目的地には行かないと言い出した。引き返すわけには行かないので、やむを得ず値上げを了承した。Debbieは、値上げ分を含めて支払わなければいけないか？

A 契約の変更の場合も、約因が必要であり、既存義務の原則によって、すでに当事者に課されている義務について、これをあらためて約因とすることはできない。約因がない場合、変更は契約としての効力を生じない。Debbieは値上げによって新たに値上げ分を支払うことになるのに対して、Edwardは既存の義務以外に新たに約束や履行をすることになるわけではなく、約因がない。よって、変更は契約としての効力を生じず、Debbieは値上げ分を支払う必要はない。なお、前述のとおり、近時は、契約の変更の際に約因を不要とする州があることに加え、U.C.C.でも契約の変更に約因を不要とする（詳細は第4章「売買法」参照）。

3-2 口頭証拠排除の法則

Q Henryは、不動産会社Irene Inc.との間で同社所有の別荘を売却する契約を締結した。しかし、当該契約は、HenryがIrene Inc.によって強迫されてやむなく調印したものであり、Henryは、強迫の現場に居合わせたJamesを証人として出廷させたいと考えている。契約に完全合意条項がある場合、当該証人の出廷は認められるか？

A 口頭証拠排除の法則とは、最終的かつ完全な契約書を作成した場合、契約書作成以前に、契約書には記載されなかった合意や契約書の内容と矛盾する合意があったとしても、これらの証拠は排除されることになる。もっとも、その場合でも、契約の不存在や契約の無効を証明する証拠については、この法則によって排除されない。強迫があったことについての証人は、契約の不存在や契約の無効を証明する証拠に該当するので、排除されず、出廷は認められる。

〔飯田 浩司〕

References

樋口範雄『アメリカ契約法［第2版］』弘文堂、2008年
望月礼二郎『英米法［新版］』青林書院、1997年
丸山英二『入門アメリカ法［第3版］』弘文堂、2013年
砂田卓士、新井正男『英米法原理［補訂版］』青林書院、1992年
Tina L. Stark, *Drafting Contracts*, Vicki Been et al. eds., Aspen Law & Business, 2007.

第4章

売買法（統一商事法典第2編）

Sales (U.C.C. Article 2) USCPA

POINTS

- U.C.C.（Uniform Commercial Code：統一商事法典）は、モデル法であり、第2編において売買の基本ルールを規定している。
- U.C.C.第2編では、商人間の取引に適用される特別ルールがある。
- 全米の各州において、州法としてのU.C.C.が制定されている。

KEY LEGAL TERMS

Uniform Commercial Code（U.C.C.）【統一商事法典】商事取引モデル法。各州において独自の州法であるU.C.C.が制定されている。

Uniform Electronic Transactions Act（UETA）【統一電子取引法】電子商取引に関するモデル法でNY州以外の全ての州が法制化している。

Basic Rules

1）U.C.C.（Uniform Commercial Code：統一商事法典）

1952年に最初に作成され、その後修正されたモデル法であり、法律ではないので注意が必要であるが、実質的にアメリカの商事法の地位を与えられている。すべての州が若干の修正を加えてU.C.C.を州法としている。例えばニューヨーク州では、New York Uniform Commercial Codeとよばれる（ルイジアナ州は例外、第2編だけ採用していない）。U.C.C.には、リース（第2A編）、バルクセールス（資産譲渡、第6編）、Investment Securities（投資証券、第8編）など商品の売買でない規定もある。

第2編は、商人間の取引だけでなく商人と非商人との商取引にも適用されるsale of goods（商品の販売）に関する規定である。商品の定義には、製造されていない製品や生まれていない動物、穀物なども含まれる［U.C.C.§2-107］。市販ソフトウェアは含まれるが、サービスや不動産は含まれない。2003年の修正は、どの州も採用しなかったため、2011年に撤回された。

2）Merchant（商人）に適用されるU.C.C.特別条件

U.C.C.の適用がある契約では、商人には非商人とは異なる特別な義務が課されている。

商人間においては、契約を確認する書面で、発信者にとって十分な内容のものが合理的期間内に送付され、その内容を知りうる場合、詐欺防止法の要件（後述）が適用されない。ただし受け取ってから10日以内に異議の申し出がなされた場合、この適用はない［U.C.C.§2-201］。

held open（オープン条件）での商人による書面による商品を購入あるいは販売するというfirm offers（確定申込）は、約因がない場合においても申込期限内は撤回できず、期限が定められていない場合、合理的な期間は撤回できない。ただし、撤回不能は3ヵ月を超えてはならない［U.C.C.§2-205］。

商人間における申込みに対する追加条件は契約の一部となる。ただし、(1)申込みが明確に申込条件での承諾に制限される場合、(2)重大な変更を伴う場合、(3)拒絶通知がすでになされるか、通知から合理的な期間内に拒絶された場合は適用されない［U.C.C.§2-207(2)］。これは“battle of forms”（書式による戦い）とよばれ、相手方に対して、自分たちの書式を送り合うことが行われる要因になる。相手方から書面が送付されてきたとき、同意するつもりもないからそのまま放置してよいというわけではない。

商人に対しては、権原保証責任の特別条項が規定されている。特別な合意がない限り、同種製品の売買を定期的に行っている売主が商品について第三者から侵害等の請求権がなく引き渡されることを保証するものの、買主が売主にspecification（仕様）を示した場合、仕様から生じるそのような請求に対して買主は売主に責任を被らないよう補償する［U.C.C.§2-312(3)］。

当該種類の製品を販売する商人による売買契約については、製品にmerchantability（商品性）があることが黙示的に保証される（implied warranty：黙示保証）［U.C.C.§2-314(1)］。商品性があるとは、物品が通常使用される通常の目的に適するものであり、最低限、(1)当該契約が行われる取引において異議なく合格し、(2) fungible goods(代替可能物品)であれば公正な中等品質であり、(3)その製品が使用される通常目的に適合し、(4)それぞれの単位、あるいは全体の単位において、種類、品質、数量が契約に認められた変動の範囲内であり、(5)契約が要求するとおりに適切に包含され、包装され、ラベルが付され、(6)コンテナあるいはラベルがもしあれば、その確約あるいは確証に適合していなければならない。さらに、排除されない限り、取引や業界によって他の黙示保証が生じることがある[U.C.C.§2-314(3)]。

3) 契約の成立

①Statute of Frauds(詐欺防止法)

詐欺防止法とは、詐欺の防止を目的として、書面による契約がない限り、裁判所が救済を与えない、とする規則である。U.C.C.では、商品の売買契約において、一定金額以上の契約は、書面がないと履行を求める側は要求ができないとされる[U.C.C.§2-201]。2003年改正で500ドル以上から5,000ドルと増額されたが、州法を修正した州はない。

1個1ドルの部品を400個売買する契約を口頭で約束した場合、この売買は書面なく成立するが、その後口頭で200個追加することを合意したとしても、契約を立証するためには書面が必要となる[U.C.C.§2-201]。

②申込みと承諾

申込みの方法は、口頭や文書などいかなる形式でもよい[U.C.C.§2-206]。なお、コモン・ローでは、オプション契約には約因(consideration)が必要とされ、申込みを承諾前に撤回することができる(詳細は第3章「契約法」参照)。

申込みに対して商人でない者から、明確かつ時宜を得た承諾の意思表示または相当の期間内に送付された文書による確認において、追加または変更を加える条項が記載されていても、承諾が追加または変更条項への同意を条件とする旨が明言されていない限り、承諾の効果を生じる[U.C.C.§2-207(1)](商人の場合は上述)。ただし、変更条件についてはさらなる同意が必要である。コモン・ローにおいては、申込みに対して異なる条件を追加した場合は反対申込となってしまうので契約は成立していないことになる。申込みと承諾の条件は完全に一致していなければならない。これをmirror image rule（鏡像原則）という。

承諾の伝達方法は、一般に合理的とされている手段で状況からみて合理的な手段であればよいとされる。これは、コモン・ローが契約の性質によって承諾が約束あるいは行為によって定められる点とは異なる（詳細は第3章「契約法」参照）。なお、商品を購入したいという申込みに対して、商品を直ちに出荷することが承諾となる。さらに、この商品が代替品（条文上は、non-conforming goods：不適合品）である場合でも買主が受領したら契約は成立する、ただし売主が買主にaccommodation（便宜）であることを適時に伝えて代替品を提供した場合、承諾とはならない［U.C.C.§2-206］。

契約が成立するためには、数量が合意されていることが最低限必要である［U.C.C.§2-201(1)］。

③約因

伝統的な契約法においては、契約が履行可能であるためには約因が必要とされているが、U.C.C.では売買契約を変更する場合においても約因は必要とされない［U.C.C.§2-209(1)］。

④価格

価格を決定しないで契約を締結した場合、U.C.C.では特段の取決めがない場合、引渡時点の合理的な価格とされる［U.C.C.§2-305(1)］。

⑤条件付売買

U.C.C.においては、sale on approval（承認条件付売買）とsale or return（返品条件付売買）が定められている［U.C.C.§2-326］。承認条件付売買では、買主が承諾するまで売買が成立していないので、所有権は移転しない。返品条件付売買では、担保取引として担保権が成立していない限り、買主の債権者が原則製品に権利を有することになる。consignment sales（委託売買）においては、所有権が留保されていても担保目的でない限り、担保権とならずに承認条件付売買とされる。

⑥解釈

U.C.C.においては、履行の性質を知っている当事者が履行を繰り返し行うことになっており、異議を申し立てる機会が認められている場合、異議なく認められたら売買契約の意味を決定するために関連性を持つとするcourse of performance（履行経過）［U.C.C.§2-208］、共通の基準を構築する過去の行為となるcourse of dealing（取引経過）、usage of trade（業界慣習）［以上U.C.C.§1-205］といった解釈条項が設けられている。

4）売主による保証

①Warranty of Title（権原保証責任）

売主が移転される物品に完全な所有権を持ち、買主が物品売買契約締結時に知らない担保等の他の権利がないことを保証する［U.C.C.§2-312(1)］。

本保証責任については、排除あるいは変更することができるが、明示的な文言によるか、買主が販売する者が所有権を持っていない、あるいは第三者が権利を有するということにつき知るべき理由がある状況でなければならない［U.C.C.§2-312(2)］。

②Express Warranty（明示保証）

明示保証は、以下の事項が取引の基礎となった場合に生じる。これらは、(1)売主が買主に対してなした物品に関しての事実の表明や約束、(2)物品の説明、(3)サンプルや見本である［U.C.C.§2-313(1)］。

売主は、正式にwarranty（権利保証）やguaranty（事項の保証）といった用語は使われる必要はないものの、物品価値の表明や売主の意見や推奨については、保証されたとはみなされない［U.C.C.§2-313(2)］。

③Implied Warranty（黙示保証）

黙示保証には、物品の売主が製品にmerchantability（商品性）［U.C.C.§2-314(1)］（上記）とfitness for particular purpose（特定目的適合性）［U.C.C.§2-315］がある。特定目的適合性とは、売主が契約時に買主の物品購入目的と買主が売主による適切な物品を供給する能力や判断を信頼していることを知っている場合、製品は特定の目的に適合しているという黙示保証がある。ただし、保証責任が排除されている場合は別である。

④保証責任の成立や排除

明示保証責任の成立や排除は、当事者にとって合理的な文言や行動により成立する。ただし、完全合意条項などで、こういった成立がないことを明確にしている場合は別である［U.C.C.§2-316(1)］。

商品性の保証責任を排除・変更するには、口頭ないし書面で商品性という用語を使用した特定の排除文言をconspicuous（明瞭）に示すことが必要であり、これが理由で保証制限条項はすべて大きなフォントや大文字で規定される［U.C.C.§2-316(2)］。ただし、業界で通常使用される、“as is”（現状有姿）や“with all faults”（契約不適合があったとしてもそれを問わない条件で）といった表現がある場合、黙示保証の制限の表現として、特別な状況でない限り有効とされる［U.C.C.§2-316(3)］。

契約上の保証責任は、privity of contract（直接の契約関係）において効力を有する。ところで、U.C.C.では保証責任の利益を受ける者の範囲において3つの選択肢を用意して、各州の選択に委ねている［U.C.C.§2-318］。

選択A：第三者を買主の家族、同居人、ゲストに限定、損害も身体損害に限定

選択B：合理的に使用されると考えられる自然人の身体障害に範囲拡大

選択C：すべての者へ拡大

Example 4-1：**各州におけるU.C.C.§2-318**

ニューヨーク州 New York Uniform Commercial Code 2-318 ／ Bからの一部修正である。

A seller's warranty whether express or implied extends to any natural person if it is reasonable to expect that such person may use, consume or be affected by the goods and who is injured in person by breach of the warranty. A seller may not exclude or limit the operation of this section.

カリフォルニア CA Codes ／ 2-318条が規定されていない。

デラウェア州 U.C.C.§2-318 ／ B案である。

A seller's warranty whether express or implied extends to any natural person who may reasonably be expected to use, consume or be affected by the goods and who is injured by breach of the warranty. A seller may not exclude or limit the operation of this section.

商品が契約条件に合致せず、受領拒否できるような場合、売主が契約不適

合を修補するまで商品の危険は売主にあり、受領を拒否した場合、たとえ危険負担が移転した場合でも危険負担が当初から移転しなかったものとされる［U.C.C.§2-510］。

5）契約の履行

①Perfect Tender Rule

売主による契約の履行は、契約書どおりに履行されていなければならない。これをperfect tender ruleという。この場合、買主は全量の拒否、全量の受領、あるいはコマーシャルユニット［U.C.C.§2-105に定義］を受領し、残量を拒否できる［U.C.C.§2-601］。

②F.O.B.

U.C.C.においては、独自の引渡条件としてF.O.B.の規定を置いている［U.C.C.§2-319］。しかし、国際取引で使用されているIncoterms® 2020規則におけるFOBの規定と異なるので注意が必要である。

U.C.C.とIncoterms® 2020規則におけるFOBの違い

U.C.C.の規定においては、F.O.B. the place of shipment及びF.O.B. the place of destinationの両方が規定され、後者の場合売主が仕向地までの運送を行い、危険負担も仕向地で移転する。一方、Incoterms® 2020規則におけるFOB取引は、船による引渡しであり、出港地における買主が用意した船への積み込み時に危険負担が移転する。

6）契約の無効と違反に対する権利

①契約の無効

一方の当事者が契約の履行を請求した場合、契約の無効を主張して履行責任がないことを示すことができる。なお、unconscionability（非良心性）は、エクイティの法理を規定したものである［U.C.C.§2-302］。

②違反に対する権利としてのReject（拒絶する）

installment contracts（分割給付契約）の規定［U.C.C.§2-612］あるいは契約上の合意による救済制限規定［U.C.C.§2-718, 719］による場合を除いて、物品または引渡しの提供が契約に適合しない場合、全部拒絶、全部受領、あるいは商業的な単位分受領して残余を拒絶できる[U.C.C.§2-601]。つまり、U.C.C.においては、完全履行原則を基本ルールにしつつ、合意によりこの原則を変更できるとしている。

7)その他のモデル法

①UETA(Uniform Electronic Transactions Act:統一電子取引法)

電子商取引に関するモデル法で、NY州以外全州が法制化した(2021年6月にイリノイ州がサインすることで49州、ワシントンD.C.など。NY州は、New York Electronic Signatures and Records Actが制定されている)。同法が電子サインの規定を置いており、法が書面を作成することを要求している場合においても、UETAによって電子サインが要件を満たすとしている(第7条)。UCCと同様にモデル法がそのまま州法となっているわけでなく、カリフォルニア州のように他の州法が認めている場合に限り電子記録や電子サインができるとしている州もあり、注意が必要である。

②UCITA(Uniform Computer Information Transactions Act:米国統一コンピュータ情報取引法)

コンピュータで読み取れる情報(プログラムを含む)を扱うモデル法であるが、バージニアとメリーランドの2州のみ法制化しており、統一法であるとはいえない。

8)CISG(国際物品売買契約に関する国際連合条約/ウィーン売買条約)

CISGは、営業者が異なる国に存在する当事者間(事業者のみであり、消費者への適用はない)の物品売買契約について、「これらの国がいずれも締約国である」場合に適用される売買条件に関する条約であり、米国と日本は加盟している。CISGとU.C.C.において異なる規定について重要な点は、以下のとおりである。

①価格

U.C.C.において、価格の合意は契約成立の要件とはならないが、CISG

においては価格が合意されることが契約成立の要件である。

②契約成立

CISGにおいては、承諾に異なる条件が含まれれば契約は成立しない。ただし、その条件がmaterial（重要）でなければ成立する。一方、U.C.C.では承諾に異なる条件が含まれていても契約は成立する。

U.C.C.では500ドル以上の売買契約は書面で作成されなければならないが、CISGにおいてはそのような制限はない。

Practical Advice

1）条文の確認は正確に

Terms & Conditionsは略してT&Cとよばれる。注文書などの裏面に記載された規約のことである。こういった規約を確認することは当然であるが、相手方がこちらから出した注文書の条件に追加や修正を加えて注文請書を発行したり、まったく異なる規約で承諾してくる場合がある。このようなケースで契約が成立しているかどうかについて、米国法ではコモン・ローとU.C.C.で契約の成立についてのルールが異なる。なお、U.C.C.では商人間かどうかで結論が多少異なる。まず、コモン・ローでは契約は成立しない。U.C.C.では契約が成立するが、商人間であれば追加条件は例外を除き契約の一部となる。商人でない場合、契約は成立するものの変更条件についてはさらなる同意が必要である。

2）CISG（国際物品売買契約に関する国際連合条約）と契約書

米国や日本はCISGの締結国である。動産売買の国際契約において、両当事者がCISGの締約国における事業者であれば、当事者が適用を排除しない限り、CISGが自動的に適用される。また、日本法を準拠法として合意した場合もCISGを含んだ日本法とされる。したがって、CISGの適用を回避するため、契約書では準拠法条項においてCISGを排除する場合がある。

Example 4-2：**CISG排除英文契約例**

The provisions of the United Nations Convention on Contracts for the International Sale of Goods shall not apply to this Agreement.

|R|E|V|I|E|W|Q|U|E|S|T|I|O|N|S|

4-1 **申込みに対して追加条件を加えた場合の契約の成立可否（商人間）**

Q 従来の仕入先に、従来使用していた規約が裏面に印刷された注文書を発行したところ、相手方から特別条件を加えた注文請書が送られてきた。同意するつもりもないのでそのままにしておいたが、U.C.C.によれば契約は成立しているか？ なお、両者は商人とする。

A 特別条件を含んだ内容で契約は成立する。U.C.C.によれば、申込みに対する追加条件は契約を重大に変更しない限り（リスクを増大させるという意味）契約の一部となる。もし受け入れられないのであれば、合理的な期間内に拒絶を行わなければならない。

4-2 **申込みに対して追加条件を加えた場合の契約の成立可否（商人と非商人間）**

Q 商人と非商人間で中古自動車の売買が交渉された。商人である売主が非商人である買主に中古車売買を申し込んだところ、買主は「承諾するが、新品タイヤをつけて欲しい」との記載があった。U.C.C.によれば契約は成立しているか？

A 成立する。商人と非商人間における動産の売買において非商人が行った追加または変更を加える条項が記載されていても、非商人による承諾となり、新たな条件については契約の条件にならない。追加条件については売主の同意が必要である。なお、本文では売主が商人で買主が非商人であるが、買主が商人、売主が非商人の場合も同様である。

4-3 **確定申込**

Q 商人である売主は、120日間買主に製品を販売することができる、と書面で申込みをした。買主は100日後に購入すると承諾通知を行ったが、契約は成立するか？

A 成立する。U.C.C.によれば、オープン条件での商人による書面による商品を購入あるいは販売するという確定申込は、約因がない場合においても申込期限内は撤回できず、撤回不能は3ヵ月を超えてはならないとU.C.C.に規定がある［U.C.C.§2-205］。あくまでも撤回されない限り、3ヵ月を超えても買主は承諾期間内に承諾することができる。

4-4 **契約成立の要件における追加条件**

Q 肉屋が問屋に「A5品質の牛肉10キログラムを2週間後に購入したいが販売できるか」と電話したところ、同日問屋は肉屋に「1キログラム当たり50ドルで販売できる」と確約するメールを送付した。ところが肉屋は返事をしなかった。メールから2週間後に問屋が牛肉を引き渡したが、U.C.C.によると受領拒否できるか？

A 受領拒否できない。口頭契約が成立し、相手型に書面を送付した場合、メール受領後10日以内に異議を唱えていない場合でもStatute of Fraudsの要件を満たすこととされる。なお、買主が仮に個人であったらstatute of fraudsによって、500ドル以上の売買契約は、買主からの書面が必要となる。

〔吉川 達夫〕

第5章
担保取引法

Secured Transaction USCPA

POINTS

- 担保を目的とする取引としては、質権、所有権留保、譲渡担保、リースなどさまざまな法形式があるが、形式にかかわらず担保としての実体があればU.C.C.第9編が適用される。
- U.C.C.第9編の担保物となるのは、personal property（人的財産権）とfixtures（不動産定着物）で、不動産は規律外である。人的財産権には動産のほか、知的財産権やのれん等の無体財産権を含む。
- 債権者・債務者間では、attachment（担保権の設定）により効力を生じるが、第三者に対して担保権を主張するためには、ファイナンシング・ステートメントの登録などperfection（完全化／第三者対抗要件具備）のための所定の手続きが必要である。
- PMSI（売買代金担保権）は、U.C.C.第9編において原則的なルールの例外としてさまざまな優先的取扱がなされている。

KEY LEGAL TERMS

security interest【担保権】 債権の履行や金銭の支払いを受けるための担保として債権者が担保物に対して有する権益。

personal property【人的財産権】 U.C.C.第9編にこの文言の定義はないが、一般的な定義としてはownership（所有）を観念しうる不動産以外の財産で、movables（動産）のほか知的財産などintangibles（無体財産）を含む。

fixtures【不動産定着物】 例えば、暖炉が建物に造りつけられて暖炉も建物の所有権の一部と扱われうる場合のように、物品が不動産に固定的に付着して、不動産法上その不動産の一部としての権益が観念されるようになった場合、その物品を不動産定着物という。

collateral【担保物】 担保物とは、担保の目的とされた財産をいう。

debtor【債務者】 従来法での担保権設定者（債務者）のよび方は、動産抵当におけるmortgagor、動産質におけるpledgorなどさまざまであったが、U.C.C.第9編ではこれらすべてを単にdebtorとしている。

secured party【担保権者】 担保権者（債権者）も同様で、U.C.C.第9編ではこれらをすべてsecured partyとしている。

attachment【担保権の設定】 担保権設定者（債務者）と担保権者（債権者）との間で、担保権を成立させることをいう（U.C.C.第9編（担保取引）で使用される場合、attachmentを「差押え」とするのは誤訳）。

perfection【担保権の完全化】 担保権を第三者に対しても主張しうる状態にすることを称して完全化という。したがって、これを効果から機能的に訳すと、第三者対抗力の具備ということになる。

purchase money security interest（PMSI）【売買代金担保権】 物品購入資金のために設定された担保権。例えば、小売店から冷蔵庫を割賦で購入するに際し、代金の支払いを担保するためにその冷蔵庫に対して売主のために担保権を設定するような場合、あるいは購入資金を銀行などから借り入れた場合に、その借入返済を担保するために銀行のために購入品に担保権を設定するような場合の担保権のことをいう。

lien creditor【リーエン債権者】 U.C.C.第9編におけるリーエン債権者［U.C.C.§9-102 (a)(52)］とは、差押え等により当該担保物に対して優先弁済権を取得した者、債権者への弁済のために担保物の譲渡を受けた者のほか破産管財人等を含む。

Basic Rules

1）概説

U.C.C.第9編が起草される以前の法の下では、質権、譲渡担保、所有権留保、売掛金担保などさまざまな担保手段が編み出され、発展してきた。このため、登録が必要となる担保手段ごとに異なる登録システムがあったり、担保としての実質は同じであるにもかかわらず、法形式の違いにより無効有効の判断が担保権の種類ごと、あるいは州ごとに異なるなど、1人の債務者の現状を調べるために多くの労力と予測不確実性をはらんでいた。そこで、こうしたさまざまな担保手段をsecurity interest（担保権）という単一の概念で包摂し、法形式の違いによる相違を解消させ、統一的なシステムを構築することにより、担保取引をより低コストで確実性のあるものとするべく作られたのがU.C.C.第9編である[1]。1960年代には全州で採用され、さらに1998年の大改正版も全州で採用された。その後2010年には基本的な考え方を踏襲しつつ実務上の不都合を改善するための微修正が行われ、これも全州で採用された。本稿では条文の引用は2010年版による。

U.C.C.第9編においては、所有権が担保権者と債務者のいずれにあるかは重視されない［U.C.C.§9-202］。担保権について所有権理論と担保権理論のどちらをとるかといった論理演繹的なアプローチではなく、差異を設けることに意味があるような場合にはこれを認める、といった機能的なアプローチをとっている。

またU.C.C.第9編は、消費者向け割賦販売や消費者金融において用いられる担保権にも適用がある。ただ、消費者が絡む法律関係には特有の問題があり、一般的な商法で規律することが必ずしも適当でない場合もあるため、U.C.C.第9編は各州における小規模金融法などの規制立法に取って代わることを企図するものではないとされている［U.C.C.§9-201(b)］。したがって、対消費者の担保権に関しては各州の規制立法も参照する必要がある。

2）Collateral（担保物）となるもの

典型的には以下のようなものが担保物となる。

■ Goods（物品）［U.C.C.§9-102(a)(44)］

consumer goods（消費者向け商品）［U.C.C.§9-102(a)(23)］、equipment（機器）［U.C.C.§9-102(a)(33)］、farm products（農畜産物）［U.C.C.§9-102(a)(34)］、inventory（在庫）［U.C.C.§9-102(a)(48)］、及びfixtures（不動産定着物）［U.C.C.§9-102(a)(41)］。

■ 証券、証書類（準無体財産）

document（倉庫証券、船荷証券などの権原を化体するドキュメント）［U.C.C.§9-102(a)(30)］、instrument（為替手形、小切手、株式、債券など

1）初版における9-101オフィシャルコメント。

のインストルメント）[U.C.C.§9-102(a)(47)]、chattel paper（動産抵当証書）[U.C.C.§9-102(a)(11)] など。

■ **Intangibles（無体財産）**

account（売掛け）[U.C.C.§9-102(a)(2)]、general intangibles（一般無体財産）[U.C.C.§9-102(a)(42)]。これにはgoodwill（のれん）や知的財産などを含む。ただし、知的財産権のうち連邦法に定めのあるものは連邦法に従うため、U.C.C.第9編の適用外である。

■ **Proceeds（担保物の代替物）**

担保物を売却、交換、その他処分したことにより受け取ったもの（売買代金など）。

3）U.C.C.第9編の適用となる取引

U.C.C.第9編は、人的財産権または不動産定着物に担保権を設定することを意図してなされた、すべての取引に適用となる [U.C.C.§9-109(a)]。合意に基づくもののみが対象であり、法定担保物権（制定法やコモン・ロー上さまざまな担保権がある。例：修理をした職人や材料供給者のその物に対する担保権、賃借人が賃貸目的物内に有する財産に対する賃貸人の担保権）は対象とならない。担保の実質の有無により判断され法形式による区分ではないため、例えば、リースについてはそれが本来のリースであれば適用範囲外であるが、担保を意図してなされたリースであれば適用される。どのような場合に当事者が担保を意図したのかは、個別具体的な事実関係に基づく判断となる。

連邦法上の担保権にU.C.C.第9編の適用はない。不動産に関する権利も対象外である。また、給与債権、不法行為による請求権（商事を除く）などその性質上担保物として不適当なものもU.C.C.第9編の適用から除外される。

4）Attachment（担保権の設定）

U.C.C.第9編においては、債権者・担保権者と債務者・担保権設定者の間では、以下の要件をすべて充足したときに担保権が成立する [U.C.C.§9-203 (b)(1)-(3)(A)]。

(i) 書面によることが原則。記載事項は以下のとおり

- 担保権を設定する旨の規定
- 担保物の表示
- 債務者の署名

(ii) 債務者が担保物に対して権利を有すること

所有権を有していることが典型であるが、所有権があることは必須要件ではく、所有権留保にみられるように売買契約締結時に制限的な財産権を取得することなどで足りる。

(iii) 債権者から債務者に対するValue(価値)の供与

ここにいう価値とは、一般の契約有効要件である約因があればよく、既存の請求権の担保とすることでも構わない。

◧ 書面性と債務者の署名 ◧

担保権を設定する契約は、原則書面によらなければならない。当該書面には、担保権を設定する趣旨の規定と担保物の合理的な特定、そして債務者の署名が必要である。この署名の要件は、担保権が設定されたことについて証拠を保存することにより後日の紛争を防ぐ趣旨であり、statute of frauds(詐欺防止法)としての実質を有している。例外として、債権者(担保権者)が担保物を占有する場合や後述の管理が認められる場合は、書面によることを要しない。この場合は、債務者が既存の担保権の存在を隠して同一担保物に何重にも担保権を設定してしまい、後日紛争となるような事態が想定しにくいからである[2]。

◧ 担保設定契約 ◧

担保権の設定契約の内容については、デフォルト後の救済手続において債務者に認められる諸権利などを除き[U.C.C.§9-602]、契約自由が原則であって、U.C.C.第9編の規定と異なる定めをすることは可能である。普通は、担保権を生ぜしめる旨の規定のほか、債務の金額やその返済の条件、担保物の滅失毀損の場合の取決め、保険の付保、債務者の表明保証などが記載される。なお、被担保債務については、将来発生する債務を含めることも認めら

2) ブラッドフォード・ストーン著、渋谷年史訳『アメリカ統一商法典[初版・第2刷]』木鐸社、1998年、417-418頁。

れている。

◧ **担保物の表示** ◧

担保物の表示は、対象、範囲が合理的に特定できるものでなければならない。将来取得する財産を担保物とすることも認められており（典型的には在庫。消費者向け商品については認められていない）［U.C.C. § 9-204(a)］、floating lienともよばれる。

5）Perfection（完全化／第三者対抗力の具備）

担保権について次のいずれかの手続きをとると完全化・第三者対抗力を具備することになる。上述のとおり、担保権が債務者・担保権者の間で設定されても、これを第三者に主張するには完全化が必要ということであり、担保権の存在について第三者に知らしめるという公示の意味がある。第三者との優先劣後については後述するが、一般的に担保権は完全化することによって、担保権者はその後に生じた債務者の他の債権者や債務者から担保物の譲渡を受けた者との関係で保護されることになる。

■ Filing（登録）

ほとんどすべての担保物は、U.C.C.第9編によるファイナンシング・ステートメントを登録することにより対抗力を具備できる［U.C.C. § 9-310］。担保権者が担保権を譲渡した場合には、譲渡人たる担保権者の登録の効力はそのまま引き継がれ、譲受人があらためて登録し直す必要はない。なお、飛行機、自動車、知的財産権など、他の法律や条約に基づく登録が必要なものもある。

■ 担保権者による担保物のPossession（占有）等

担保物を占有することで対抗力が具備できる場合もある［U.C.C. § 9-313(a)］。この方法による場合は、現実に占有を取得することが対抗力具備の要件であり、かつその占有が継続していなければならない。物理的な占有が観念できない担保物の場合にcontrol（管理）［U.C.C. § 9-314］という方法もある。

・金銭は高度の流通性を有しているため、登録によって対抗力を具備することはできず、占有による。かつては手形、小切手、株式なども登録による完全化は認められていなかったが、現在はファイナンシング・ステートメントの登録によってもよいことになった。

・信用状や預金など、完全化の方法として管理のみが認められる担保物もある。

■ 自動完全化（automatic perfection, or perfection by attachment）

一定の場合には、担保権の設定のみで対抗力を具備することがある。

・消費者向け商品の売買代金担保権（PMSI）は、担保権の設定と同時に対抗力を備える［U.C.C.§9-309(1)］。例えば、家電製品の売主が販売代金の支払いの確保のために、当該商品に担保権の設定を受けるような場合である。このように扱われるのは、そうした商品は償却が早く経済的利益の額が僅少なため、登録を要求するコストに見合わないこと、仮にそうした登録があってもわざわざ調べる第三者は少ないと思われるためである。消費者向け商品かequipment（機器）かの区別は、それが個人利用目的であれば前者、事業目的であれば後者である。なお、ここにいう消費者向け商品には、特別法による登録が要求される自動車などは除外される。

・後述のとおり、物品に対する売買代金担保権の場合は、20日間一時的対抗力が認められている［U.C.C.§9-324(a)］。

・船荷証券などのドキュメント、為替手形、株式などのインストルメントについては、担保権は設定から20日間一時的な対抗力が認められる場合がある［U.C.C.§9-312(e)］。

6）Financing Statement（ファイナンシング・ステートメント）の登録

形式的な記載要件としては、債務者・担保権者の名称、担保物の表示である［U.C.C.§9-502(a), 504］。担保権者はもちろん、債務者の署名は記載要件ではない。アメリカでは出生届や運転免許証等の公的文書における債務者の名前が、通称含め複数あることが稀ではない点注意を要する。債務者の名前の記載が法に定めた要件に合致しないと完全化の効力が否定されるおそれがあるので、この点に関する州法の確認と債務者の名前の調査は慎重に行う必要がある。

ファイナンシング・ステートメントは州所定の登録所において行う。後述の準拠法との関連で、どこに登録すべきかは十分調査する必要がある。間違った場所に登録すると対抗力が認められないためである。登録時期は、担保権の設定の前でも後でも構わない。これは、notice filing（通知のための登録）という考え方がとられていることによる。通知によってある財産に対して担保権の存在の可能性があることが公に知らされることが目的であり、担保権の存在を示すものではないということである。したがって、担保設定契約書をファイナンシング・ステートメントに代替することは可能であるが、契約書の登録が求められているのではなく、あくまで必要なのはファイナンシング・ステートメントという通知の登録である。

ファイナンシング・ステートメントを登録できるのは、担保権者がその権限を債務者から与えられた場合であるが、債務者が担保設定契約に署名することにより、その権限が与えられたものと扱われるため［U.C.C.§9-509(b)］、契約書を作成していればこの点が問題になることはあまりない。

ファイナンシング・ステートメントは、登録日から原則5年間を経過すると失効する［U.C.C.§9-515(a)］。対抗力を失うだけなので、優先権のある第三者に対して劣後するということを意味する。失効6ヵ月前以降失効前に継続ステートメントを登録すれば、効力を維持することが可能である。継続は何度でもできる。

当初のファイナンシング・ステートメントの登録後、事情の変化でこれを修正したり、新しく登録し直す必要が出てくる場合があるので注意が必要である。例えば、債務者が州外に移転した場合は、移転の日から4ヵ月以内に移転先の州で登録をしておけば完全化の効力は維持されるが、その期限内に登録をしないと当初から完全化していなかったものとみなされてしまう［U.C.C.§9-316(a)(2), 316(b)］。また、債務者の名称が変わった場合にも、ファイナンシング・ステートメントを修正しておくべきである。さもないと、ファイナンシング・ステートメントがseriously misleading（著しくミスリーディング）として、その効力を否定されるおそれが生じるからである[U.C.C.§9-507(b)]。

7) 債務者・債権者の権利義務

◧ デフォルト前 ◧

default(デフォルト)とは、「債務不履行」と訳されることが多いが、U.C.C.第9編にこの定義はなく、より正確にはデフォルトを構成するものとして当事者が契約上定めた一定の事実ないし条件のことをいう。担保設定契約において典型的には担保されている債務の不払いであるが、これに限らず担保物の滅失毀損や表明保証違反などが定められることが多い。

デフォルト前は、債務者は担保物の危険を負担するとともに、担保物の維持管理に必要な合理的なコストを負担する[U.C.C.§9-207]。なお、債務者が、担保物を処分しそのproceeds(代替物)を使用すること(例えば、在庫を担保とする場合に、債務者が在庫を販売し、その資金を用いて新たな仕入れをする)を認める契約も可能である[U.C.C.§9-205]。

担保権者は、担保権の譲渡、放棄が自由にできる。また、ファイナンシング・ステートメントの継続も可能である。担保物を担保権者が占有する場合は、担保物の維持管理に関して注意義務を負う。担保権者が担保物の維持管理のために要した費用は、債務者に請求することができる。債務者が担保物を売却するなど処分した場合でも、完全化がなされていれば担保権者はその購入者に対しても担保権を主張できる。この場合において、別段の定め(上記の在庫を担保とする場合の約定など)がない限り、また当該代替物が特定可能な限り、これに対しても優先権を主張することができる。

◧ デフォルト後 ◧

担保権者は、判決を得て担保物を差し押さえ、execution sale(強制競売)により債権の満足にあてることができるほか、裁判所の関与なく担保権を私的に実行することも認められている。これらの救済方法は、いずれか1つのみが認められるのではなく、選択的に行使が可能である[U.C.C.§9-601(c)]。担保権の実行方法としては、債権者が担保物を取得してこれを債権の満足にあてる方法[U.C.C.§9-620]と、担保物を売却するなど処分してその売却代金を債権の満足にあてる方法[U.C.C.§9-610]がある。担保物が債権の場合には、第三債務者から回収することもできる[U.C.C.§9-607]。また、デフォルト後は、担保権者が担保物の占有を取得することが認められている[U.C.C.§9-609]。占有取得は平穏を乱すような態様で行ってはならないことから、債務者が任意に協力しない場合は裁判所の関与が必要となる。物理的に移動させることに費用がかかる工場内の大型設備など、担保物の性質によっては、これを債務者のもとに残したまま使用を禁じ、担保権者が支配権を取得した上で処分することも可能である。

債務者は、担保権が実行される前であれば、債務と費用を全額返済して担保物を受け戻すことが可能である。また、同一担保物に劣後する担保権者も、同様に受け戻すことが認められている[U.C.C.§9-623]。

◧ 担保権の実行 ◧

担保権の実行方法には、担保権者が担保物を取得する方法と担保物を処分する方法がある。

■ Acceptance of Collateral（担保権者による担保物取得による担保権の実行）[U.C.C.§9-620-622]

担保物を取得することにより担保権を実行する手順はいくつかあるが、通常担保権者は、債務者と他の担保権者に対して担保権の実行をしたい旨通知をなし、その通知が送付された日から20日以内に他の担保権者から書面で異議がなされないことが必要である[U.C.C.§9-620(a),(c)]。ただし、この方法は一部弁済（被担保債務が完全消滅していない）の場合には認められず、その場合は債務者がこの実行方法によることにつき、デフォルト後に同意していることが必要となる。担保権者が担保物を取得すると、債務者の担保物に対する権利が担保権者に移転し、当該担保権者に劣後していた他の担保権は消滅する[U.C.C.§9-622]。

担保物が消費者向け商品の場合には特則がある。債務者が購入価格ないしは債務の60%以上の返済を行っている場合、別段の定めのない限り、担保権者は担保物の占有を開始してから90日以内に担保物を売却しなければならない。その趣旨は、債務者がそれだけの返済をしている場合には余剰が生じることが通常だからである。

■ **Disposition of Collateral（担保物処分による担保権の実行）**

［U.C.C.§9-610-619］

担保物の処分は典型的には売却であるが、リース、知的財産権の場合のライセンスなども可能である。処分の過程においては、処分時期など手続面、価格その他実体面いずれにおいても経済的合理性がなければならない。売却は、競売によってもよいし、私的な売却でもよい。実行にあたって、担保権者は債務者、保証人、他の担保権者に対して通知をしなければならない。担保物売却により、担保権者の債権を満足して余剰があった場合には、劣後する担保権者に分配し、その後なお余剰があればこれを債務者に清算する。逆に不足が生じた場合には、別段の定めがない限り債務者は不足分につき引き続き債務と責任を負う。

8）担保権者と第三者との優先順位

U.C.C.第9編は主として、(1)担保物を債務者から購入した者、(2)債務者の他の債権者（担保権者の場合もあれば一般債権者の場合もありうる）との関係で、担保権者がどこまで保護されうるかのルールを定めるものである。また、担保物の性質によって異なる取決めをすることもある。そこで、まずは問題となっている利害対立が誰との間なのか、担保物が何かを明らかにし、どのルールが適用されるかを参照することになる。

①担保権者同士

同一の担保物に対して競合する担保権を有する者同士のルールは、以下のとおりである。

- 両者とも完全化していなければ、先に担保権の設定を受けた方が優先する［U.C.C.§9-322(a)(3)］。
- 一方のみ完全化していれば、完全化した方が優先する［U.C.C.§9-322(a)(2)］。
- 両者とも完全化していれば、先に完全化した方が優先する［U.C.C.§9-322(a)(1)］。

◧ PMSI（売買代金担保権者）の例外 ◧

以上に対して、物品（及びソフトウェア）のPMSI（売買代金担保権者）について、完全化（対抗力具備）の先後を問わず優先権が認められるという重要な例外がある［U.C.C.§9-324］。これは、U.C.C.第9編以前の従来法を追認したものであるが、その趣旨は、売主が財産を売るにあたり、交換で受け取るはずの金銭が実際に手に入るまでは、その財産に対する権利（担保権）を維持することができ、その財産に対する他の権利者に対しても優先するはずだと信じているのが当事者の合理的な期待であるから、公平の観点からそれを保護すべきという考えである[3]。

在庫以外の物品の場合、債務者が担保物の占有を開始した時点、あるいはその時点から20日以内に完全化をすれば、完全化の先後を問わず、同一の担保物に対する他の担保権者に対しても優先するという、いわば超優先権が与えられる。なお、物品のうち消費者向け商品については、前述の自動完全化（自動対抗力具備）により、登録などがなくとも、完全化の先後を問わず、同一の担保物に対して他の担保権者に対しても優先することになる。

在庫の場合には20日間の猶予期間の適用がなく、(1)担保権者は債務者が担保物の占有を取得すると同時かそれ以前に登録等対抗力を具備し、(2)同種担保物に対して先に登録を済ませた他の担保権者に対して通知をすれば、対抗力具備の先後を問わず、同一の担保物に対して他の担保権者に対しても優先する。

②担保権者と他の債権者

担保権者とそれ以外の債権者との間での基本ルールは、以下のとおりである。

- **対一般債権者**

  担保権者は、担保権を有しない一般債権者に優先する。

- **対リーエン債権者**

  リーエン債権者による差押えよりも後に完全化した担保権者は、リーエン債権者に劣後する［U.C.C.§9-317(a)(2)］。ただし、売買代金担保権で上記の20日の猶予期限以内に完全化した担保権者は、差押えの先後にかかわらず優先する［U.C.C.§9-317(e)］。

3）ブラッドフォード・ストーン著、渋谷年史訳『アメリカ統一商法典［初版・第2刷］』木鐸社、1998年、454-455頁。

・対破産管財人

U.C.C. 第9編では、定義上破産管財人もリーエン債権者に含まれているので、担保権者の完全化の時期と破産手続申立時期の先後でいずれが優先されるかが決まる。

③担保権者と担保物の購入者

担保権者と当該担保物の購入者との間での基本的なルールとしては、通常のビジネス過程で購入した者の保護と、消費者向け商品を消費者から購入した消費者の保護の2つが特に重要である。

◧ 物品（農畜産物は除く）を通常のビジネス過程で購入した者 ［U.C.C. § 9-320(a)］◨

このような購入者は、担保権の完全化の有無や担保権の存在についての購入者の知・不知を問うことなく、担保権の負担のない権利を取得する。この規定は、事業者から物品を購入する場合においても事後的に担保権を主張されるおそれがあったのでは怖くて誰も買わなくなってしまい経済活動に支障があることから、事業者からの購入者を保護するものである。なお、通常のビジネス過程での購入に当たるのは、その物品を事業として通常取り扱っている売主からの購入である場合（ディーラーからの購入が典型）であり、売主が商人であればよいということではない。

◧ 消費者向け商品を消費者から取得した消費者 ［U.C.C. § 9-320(b)］◨

取得者自身が消費者であり（自己使用目的での購入）、有償取得であって、担保権の存在について知らない場合は、ファイナンシング・ステートメントの登録による完全化前に取得していれば、担保権の負担のない完全な所有権を取得できる。

担保権が消費者向け商品のPMSI（売買代金担保権）は、上述のとおり担保権の設定と同時に自動完全化（自動対抗力具備）が認められているが、その自動完全化があっても、ファイナンシング・ステートメントの登録をしておかなければ、善意の有償取得消費者には負けてしまうということになる。

Practical Advice

1) 真正リースと担保目的リースの違い

法形式ではなく実体によって担保と判断されればU.C.C.第9編が、リースであればU.C.C.第2A編が適用となる［U.C.C.§2A-102］ため、ある取引がtrue lease（pure lease：真正のリース）かリースに見せかけた担保なのか実体上いかに区別されるかが問題となる。

まずリースとは、対価を得て物品を使用、占有する権利を一定期間移転することであり、売買や担保目的取引などは含まないと定義されている［U.C.C.§2A-103(1)(j)］。U.C.C.第2A編起草時のコメントによれば、リースと担保の区別は当時（1980年代）の判例法上明らかではないとある。しかしながら、その後判例法に表れた文言から抽出される判例法の考え方をまとめると、契約締結時に当事者が当該契約の経済性を算定するにおいて、リース期間満了時点に物品が相当の経済的価値があることを前提として、物品がlessor（リース業者）に返還されることを予定していたかどうかを問題とし、その場合にはその取引を実体的にリースと扱っているようである[4]。

2) 準拠法―どこでファイナンシング・ステートメントを登録すべきか

A州法に基づき設立され、B州に主たる事業所を置くY社が、C州法に基づき設立され、D州に主たる事業所を置くX銀行のために、E州にある物品に対して担保権を設定した。アメリカでの取引は、このように多州にわたることが通常であるが、この場合にどの州の法が適用になるか。

U.C.C.第9編における準拠法の定めは、かつては担保権の有効性に関してどの法を適用するかということについての規定があったが、現在は（1）どこでどう完全化を行わなければならないのか（ファイナンシング・ステートメントの登録に限らない）、(2)完全化をした場合、しない場合の効果、(3)担保物に対する優先関係はどうなるのかという点について、どこの州法に従わなければならないかについて定められている。

4) James Brook, *Examples & Explanations: Secured Transactions, 5th Edition*, Aspen Publishers, 2010, P.34.

◧ 準拠法の定め ◧

上記(1)から(3)のいずれについても、債務者の本拠地の州法によるのが原則である[U.C.C.§9-301(1)]。何が債務者の本拠地に当たるかについては、細かく規定があり[U.C.C.§9-307]、個人の場合はその住所地、会社など登録された組織の場合はその設立された州、パートナーシップなど必ずしも登録されない組織の場合は、そのplace of business(事業地)、複数の事業地がある場合は、主たる事業地ということになる。

以上に対しては、以下の例のとおり、いくつかの特則がある。

- 質権など占有を伴う担保権の場合は、(1)から(3)すべてにつき、担保物の所在地法による[U.C.C.§9-301(2)]。
- 不動産定着物や農畜産物は(1)完全化について担保物の所在地法による[U.C.C.§9-301(3)(A)]。
- 物品がcertificate of title(権利証書)に化体されている場合は、(1)から(3)について、その証券が発行された州の法による[U.C.C.§9-303]。
- 銀行預金については、銀行の準拠すべき法域法による[U.C.C.§9-304(a)]。どこが銀行の準拠すべき法域かは、当該担保契約について契約当事者の合意した準拠法、預金の契約に関して当事者の合意した準拠法などさらに規定がある[U.C.C.§9-304(b)]。

◧ ファイナンシング・ステートメント登録の留意点—債務者の財産調査 ◧

ファイナンシング・ステートメントの登録場所の問題は、完全化を適法に行うことと2つの局面において実務的に非常に重要な意味を有している。1つ目は、担保権者としての自己の権利を後々否定されないよう、適法に完全化しておかなければならないということ、もう1つは債務者の財産状況を調査する局面である。ファイナンシング・ステートメントの登録の趣旨は、利害関係人にある担保物について担保権があるかもしれないということを通知することにある。そして、ファイナンシング・ステートメントは、債務者の名前で検索できるようにインデックスされている。したがって、財産調査をしたい債権者は、まず、ファイナンシング・ステートメントの登録場所がどこかを判断し、その登録場所において検索を行い、もし、ファイナンシング・

ステートメントが登録されていることを発見した場合には、債務者から聞き取りを行うなどして、担保権の存否や範囲につき調査、判断することになる。

登録場所については、どこの州においてなすべきかという問題と、central filing（州政府が集中的に管理する登録場所）か、local filing（カウンティなどローカルの登録場所）かという2つの点を意識して、場所を判断する必要がある。後者の点については、不動産定着物など不動産に係る物品の場合は、当該不動産の登録場所、それ以外は州務長官のオフィスと指定して定めることが一般的である［U.C.C.§9-501(a)］。

登録にあたっては、必ず受領証を取得しておくべきである。ファイリング・オフィス側にミスがあった場合に備えて、担保権者がファイナンシング・ステートメントを提出した日を後に証明できるようにしておくためである。

実務上直面しうる悩ましい問題として、登録場所が一義的に明らかでない場合にはどうすべきか、という問題がある。例えば、夏の間はニュージャージーに住み、冬になるとフロリダに住んでいる債務者の財産に担保権を設定する場所は、ニュージャージーかフロリダか。このような場合に、外形的居住の事実だけでは判断できないので、どこで選挙人登録をしているか、確定申告はどの州で行っているかといった事実関係を、さらに調査して判断するということも考えられる。ただ、そうした調査の結果を踏まえてもなお「本拠地」が決し得ない場合も考えうるので、そのような場合は、両方の州で登録をしておくことが安全である。間違った州で登録をしたからといって、その点についてのペナルティはない一方、本来登録すべき州で登録していないと担保権の効力が否定されるというリスクがあるからである[5]。

|R|E|V|I|E|W|Q|U|E|S|T|I|O|N|S|

5-1 競合する担保権同士の優先関係

Q 理髪店を経営するαは、4月1日に親友Aから2万ドルの借入れを行い、同日その所有するダイヤの指輪を担保としてAに渡した。その後、αは4月5日にB銀行から1万ドルの借入れを行い、同じ指輪に担保権を設定する契約をし、B銀行は4月6日に所定の場所で適法にファイナンシ

5) James Brook, Examples & *Explanations: Secured Transactions, 5th Edition*, Aspen Publishers, 2010, P.151.

ング・ステートメントを登録した。αは親友Aに、指輪が必要なので少し使わせてくれと頼むと親友Aはこれを了承し、4月10日に指輪をαに貸し、3日後の13日、αから返却を受けた。5月1日、αは破産の申立てを行った。B銀行、親友Aの指輪に対する優先関係はどうなるか？

A　破産管財人に対する関係では、親友A、B銀行いずれも完全化がなされているので担保権が主張できる。占有による完全化は占有を継続し続けなければ効力を失うため、親友Aの占有による完全化は一旦中断したことによりB銀行の完全化に遅れることとなるから、親友AはB銀行に劣後する。

5-2 PMSI（売買代金担保権者）実例

Q　パン屋αは、5月1日、事業資金3万ドルをA銀行から借り入れ、その店舗内にある機器及び今後αが事業用に取得する機器すべてについて担保権を設定する契約を締結した。A銀行は5月10日、適法にファイナンシング・ステートメントを登録した。同じ頃αはメーカーB社の営業マンβから営業を受け、業務用オーブン（5万ドル）につき試しに1ヵ月間無料で使用し気に入ったら購入するということで、5月2日に同オーブンを店舗内に設置した。その後αはこのオーブンの購入を決め、代金は頭金を1万ドル、残りを3年間の分割払いとする売買契約と、この支払いを担保するためオーブンに対する担保権設定契約が6月5日にB社との間で締結され、B社は6月10日にファイナンシング・ステートメントを登録した。9月1日、αは破産の申立てをした。オーブンに対するA銀行とB社の優先関係はどうなるか？

A　A銀行は5月10日、B社は6月10日に完全化がなされているものの、B社の担保権はPMSI（売買代金担保権）なので、完全化の先後を問わず優先されるようにも思われる。問題は、オーブンの納入が5月2日になされているため、「債務者が担保物の占有を開始してから」20日間の猶予期間内の完全化ではないとして、B社はPMSI（売買代金担保権）の超優先権を主張し得ないのではないかという点である。この点について、判例は分かれている。担保権設定契約がなされるまではαはU.C.C.第9編の「債務者」ではなく、オーブンも「担保物」ではないので、20日間の起算点は担保権設定契約時から始まるとしたものもあり、U.C.C.第9編起草者も同意見であるが、当初の占有開始時とした判例もある[6]。前者の立場ではB社が優先するが、後者の立場ではA銀行が優先する。したがって、適用となる州の判例法を十分調査しておく必要がある。

5-3 リースか担保か

Q 歯科医師Aは、診察用の椅子（5万ドル）をリース期間3年、リース料月額1,000ドルでリースする契約をX社と締結した。当該契約では、リース期間満了時に、Aはオプションで2年間更新することが可能で、リース期間中毎月リース料を払い続けた場合には、延長期間満了時にAのオプションで10ドル支払えば、椅子の所有権をAが取得できるというものであった。この取引は真正リースか、担保目的のリースか？

A 診察用の椅子の耐用年数が仮に5年であったとして、リース期間3年終了時においてはまだ2年の経済的価値がある。その点を重視すると、本件はリースといえそうである。一方Aがオプションを行使して、さらに2年間使用すると、期間満了時点での経済的価値はほとんどなくなる。その点を考えると担保という議論も成り立つようにも思われる。類似の事案で原審が担保権とした判断を控訴審が覆したものがある[7]。契約時点における他の事情が判断に影響してくることになろうが、リースか担保か判断が微妙な場合には、X社としてはファイナンシング・ステートメントの登録を行っておくべきである［U.C.C.§9-505］。

5-4 外国会社に対する担保権設定

Q カリフォルニア州に支店を有している日本の株式会社αが、X銀行から借入れを行い、その支店の機器に担保権を設定する契約を締結した。準拠法はどうなるか？

A ワシントンD.C.となる。債務者の本拠地による［U.C.C.§9-307(b)］との規定が適用できるのは、その本拠地たる州において、U.C.C.第9編が予定

6) James Brook, *Examples & Explanations: Secured Transactions, 5th Edition*, Aspen Publishers, 2010,P.302.
7) Matter of Marhoefer Packing Co., Inc., 674 F.2d 1139 (7th Cir. 1982).

している担保権の登録制度がある場合に限られ、この規定の適用がない場合はワシントンD.C.とするとの定めがある〔U.C.C.§9-307(c)〕。ただし、この場合においても、もし当該日本の会社にとって主たる事業地がその支店の地カリフォルニア州である場合には、そこが本拠地となるから、カリフォルニア州が準拠法となる。したがって、よくわからない場合には、この場合も両方で登録すべきである。

〔吉田 美菜子〕

第6章
事業形態
Business Structure USCPA

POINTS

- 米国における事業形態は、個人事業主、パートナーシップ及び会社に大別される。パートナーシップにはGP及びLPが存在し、さらに、パートナーシップと会社との中間的な組織形態として、LLC等が存在する。
- 会社の設立及び運営は、主として各州の州法に基づき行われる。デラウェア州会社法が多くの会社により利用されている。
- 会社は所有と経営が分離しており、取締役により構成される取締役会が経営に関する意思決定を行い、オフィサーが業務を執行する。取締役及びオフィサーは、会社に対し信認義務（注意義務及び忠実義務）を負い、義務違反により発生した損害を会社に対し賠償する責任を負う。取締役会における意思決定については、経営判断原則が適用される。
- 株主は、取締役の選任その他会社の基礎的な事項について、株主総会において議決権を行使する。また、株主は、会社の利益のために、取締役等が会社に損害を与えた場合、会社が被った損害を賠償することを求める株主代表訴訟を提起できる。

KEY LEGAL TERMS

corporation【会社】 日本の株式会社に相当する米国における営利法人であり、所有者たる地位がshare（株式）に表象され、所有者であるshareholder（株主）は有限責任のみを負う。

partnership【パートナーシップ】 2以上の者が営利を目的とする事業を行うために共同所有者として結合した組織であり、独立した法人格を有しない。

general partnership（GP）【ゼネラル・パートナーシップ】 パートナーシップの経営に参加し、その債務について無限責任を負うgeneral partner

（ゼネラル・パートナー）のみにより構成されるパートナーシップ。

limited partnership（LP）【リミテッド・パートナーシップ】general partner（ゼネラル・パートナー）と、経営に参画せず、有限責任のみ負担するlimited partner（リミテッド・パートナー）により構成されるパートナーシップ。

limited liability company（LLC）【リミテッド・ライアビリティ・カンパニー】会社とパートナーシップとの中間的な事業体であり、独立した法人格を有し、所有者であるmember（構成員）の責任が限定されている。

Basic Rules

1）米国における事業形態の概要

米国における主要な事業形態は、sole proprietorship（個人事業主）、partnership（パートナーシップ）及びcorporation（会社）に大別される。パートナーシップにはGP（general partnership）及びLP（limited partnership）が存在し、さらに、パートナーシップと会社との中間的な性格を有する組織形態として、LLC（limited liability company）等が存在する[1]。

2）Corporation（会社）

①概要

会社は、日本の会社法に基づき設立された株式会社に相当する法人である。すなわち、会社は、(1)独立した法人格を有する法人である、(2)会社の所有者たる地位がshare（株式）に表象されている、(3)所有者であるshareholder（株主）は出資額を限度とした有限責任のみを負う、(4)株式を自由に譲渡することができる、(5)所有者である株主の変動にかかわらず永続する、(6)資本と経営の分離が図られている、といった特徴を有している。

会社は、連邦法ではなく、各州の州法に基づき設立される。このうち、Delaware General Corporation Law（デラウェア州会社法）が実務上最も大きな影響力を有している会社法とされており、ニューヨーク証券取引所に株式を上場している多数の会社がデラウェア州会社法に基づき設立されたDelaware corporation（デラウェア州会社）である。デラウェア州会社が選択

1）米国において、会社その他の事業組織は、主に州法により規制されており、各州法の内容は必ずしも同一ではない。本章は各州法の内容を網羅的に記載するものではなく、米国における事業形態に関する基本的な事項のみを説明している。

される理由として、会社の設立や解散が比較的容易であり、税負担も比較的軽いこと、会社の経営陣に比較的有利な明確な規制内容であること、会社法関連の多数の裁判例が集積されていること等の要因があるとされている。

設立州において事業活動を行う会社をdomestic corporation（州内会社）といい、設立州以外の州において事業活動を行う会社をforeign corporation（州外会社）という。foreign corporation が設立州以外の州において事業活動を行う場合には、事業活動を行う州においてcertificate of authority（営業許可証）を取得することが求められる。

②Incorporation（設立）

会社は、articles of incorporation（基本定款）をsecretary of state（州務長官）に提出することにより設立される。基本定款には、商号、事業目的、住所、送達代理人、授権株式数等、州法で定められた基礎的な事項が規定される。その後、director（取締役）及びofficer（オフィサー）の選任、株式の引受け、bylaws（附属定款）の採択等を行う。附属定款には、会社の運営に関する具体的な規則が規定される。附属定款を州務長官に提出する必要はない。

会社の設立を事実上企画し、開業準備行為等を行う者をpromoter（発起人）という。promoterは設立前の会社を代理する権限を有していない。このため、会社は、promoterが設立前の会社のために第三者との間で締結した契約に当然には拘束されない。会社は、その契約を明示的または黙示的にadopt（採択）することにより、任意に責任を負うことができる。この場合、promoterは、個人名義で契約した場合、会社名義で契約した場合のいずれも、契約相手方に対し個人的に責任を負う。promoterは、設立前の会社に対しfiduciary duty（信認義務）を負い、設立前の会社の利益に反する行為を行うことが禁止されている。

法律に従い適法に設立された会社をde jure corporation（法律上の会社）といい、設立手続に軽微な瑕疵がある会社をde facto corporation（事実上の会社）という。de facto corporationは、当該会社と取引を行った第三者との関係では、適法に設立されたde jure corporationと同様に取り扱われる。

③Director（取締役）及びOfficer（オフィサー）

会社においては、原則として制度上所有と経営が分離されており、会社の運営は、取締役により構成されるboard of directors（取締役会）の決定に基づき、officerが執行する。

取締役会は、取締役により構成され、事業方針の決定、officerの選任、配当といった会社の業務執行に関する意思決定を行う機関である。取締役会は、州法の規定に加え、基本定款や附属定款等に基づき運営される。基本定款等に別段の定めがある場合を除き、取締役の過半数が取締役会の定足数となり、出席取締役の過半数の決議により意思決定が行われる。

取締役は、取締役会の構成員として会社の意思決定に参加する権限を有するが、取締役として会社の業務執行を行うことはなく、代表取締役という地位も存在しない。小規模な会社では、取締役がofficerを兼任する場合も多いが、大規模な会社では、多くの取締役が非常勤である。取締役は、通常、株主総会において選任される。多くの州においては、1名の取締役により構成される取締役会を認めている。

officerは、取締役会により選任され、会社のagent（代理人）として会社の業務執行を担当する。州法により会社が選任する必要があるofficerは異なっており、また、通常、附属定款が会社が選任すべきofficer及びその権限を規定している。伝統的には、president（社長）、vice-president（副社長）、secretary（秘書役）、treasurer（会計役）がofficerとして選任されていたが、現在は、特に大規模な会社においては、chief executive officer（CEO：最高経営責任者）、chief operating officer（COO：最高執行責任者）、chief financial officer（CFO：最高債務責任者）等が選任されている。

取締役（及びofficer）は、会社（及び株主）に対しfiduciary duty（信認義務）を負う。信認義務には、duty of care（注意義務）及びduty of loyalty（忠実義務）が含まれる。duty of careとは、取締役は業務執行上合理的な注意を払わなければならないとする義務であり、通常の思慮深さを持つ人間が、同様の状況において発揮するであろう注意と同程度の注意を払わなければならないとされている。取締役に対しては、その経営判断の裁量を保護するため、合理的な情報に基づく合理的な判断については取締役の判断を尊重し、会社に損害または不利益が生じても取締役は個人責任を負わないとするbusiness judgment rule（経営判断原則）が適用される。経営判断原則によって保護されるためには、(1)当該取締役が当該取引に利害関係を有しない取締役であって、(2)経営判断の対象について合理的に適切な情報を有しており、(3)経営判断が会社の利益になると合理的に信じたことが必要であるとされている。

duty of loyaltyとは、取締役は会社の利益のために行動しなければならないとする義務であり、conflict of interest transaction（利益相反取引）の規制、corporate opportunity doctrine（事業機会奪取の法理）が含まれる。利益相反取引とは、会社と取締役個人との利益が相反する取引をいい、州法等において、(1)取締役会に取引を開示し、利害関係のない取締役の過半数の承認を得た場合、(2)株主に取引を開示し、議決権のある株主の過半数の承認を得た場合、(3)取引の内容が実質的に公正と判断される場合等に、取引の有効性が認められている。また、事業機会奪取の法理とは、取締役が会社における地位を利用して自らの利益のために会社の事業機会を奪うことを禁ずるものである。

取締役が信認義務に違背し会社に損害を与えた場合は、会社に対し損害賠償義務を負う。多くの州法は、一定の場合に基本定款により責任を免除・限定することを認めており、また、取締役が誠実に会社の最善の利益を図った場合等には、訴訟に関する費用等を会社が補償することも認めている。

④Shareholder（株主）

株主（議決権を有する株主）は、meeting of shareholders（株主総会）において議決権を行使し、会社の基本的な事項について意思決定を行う。決議事項には、取締役の選任、基本定款の変更、合併、資産全部の譲渡等が含まれる。

株主総会には、取締役を選任するannual meeting（年次株主総会）とspecial meeting（臨時株主総会）が存在する。株主総会の定足数は、通常、州法、基本定款または附属定款に別と規定する場合を除き、株主総会において行使可能な議決権の過半数とされており、有効議決権数は、州法、基本定款または附属定款が別途規定する場合を除き、原則として出席議決権数の過半数とされている。議決権はproxy（代理人）により行使できる。代理人は株主である必要はなく、代理人の任命は基本的にいつでも撤回できる。

株主は、議決権に加え、州法、基本定款等に基づく種々の権利を有する。例えば、(1) right to share in dividends（配当受領権）、(2) right to share of distribution of assets on dissolution（残余財産分配請求権）、(3) appraisal right（株式買取請求権）、(4) right of inspection（帳簿等閲覧請求権）、(5) preemptive right（新株引受権）がある。

株主は、自己の利益が侵害される場合には、会社に対しindividual suit（直接訴訟）を提起することができる。また、株主は、会社の利益のために、取締役、officer等が会社に損失を与えた場合、会社が被った損害を賠償することを求めてderivative suit（株主代表訴訟）を提起することができる。

株主は、有限責任のみを負うため、会社債権者に直接責任を負うことはない。ただし、piercing the corporate veil（法人格否認の法理）が適用される場合には、第三者に対して直接責任を負う場合がある（下記Practical Advice参照）。また、controlling shareholder（支配株主）はminority shareholders（少数株主）に対して信認義務を負う。

⑤Finance（資金調達）／Dividend（配当）

会社は、debt securities（負債証券）またはequity securities（株式）を発行することにより資金調達を行う。

負債証券による資金調達の一般的な方法として、note（手形）を発行する方法と社債を発行する方法があり、社債には、bond（担保付社債）とdebenture（無担保社債）が存在する。

株式による資金調達方法として、会社は、common share（普通株式）に加えて、配当または残余財産に関して普通株式に対する優先権を有するpreferred share（優先株式）等、種類株式を発行できる。優先株式には、cumulative（累積的）とnon-cumulative（非累積的）、participating（参加的）とnon-participating（非参加的）の区分があり、また、callable share（償還株式）やconvertible share（転換株式）が含まれる。

株式には、par-value share（額面株式）とno-par share（無額面株式）が存在する。par-value shareのpar-value(額面額)及びno-par shareのstated value(評価額)相当額は、原則として会社のstated capital(資本金)の額としなければならない。また、par-value及びstated valueについては現実に払込みがなされる必要があり、払込みが不足したまま発行されたwatered shares(水割株)の株主は、会社に対して責任を負う場合がある。

share certificate(株券)は発行される場合と発行されない場合がある。株主は、原則として株式を自由に譲渡ができるが、基本定款等において株式譲渡を制限することも認められる。この制限は、株券に記載されなければならない。

会社は、取締役会の決議により、dividend(配当)を実施できる。配当は、現金のほか、他の資産や株式によることも可能である。多くの州法においては、earned surplus(利益剰余金)の範囲内で配当を行うことが求められている。

会社は、州法に規定された制限の範囲で、自己株式を取得し、treasury share(金庫株)として保有できる。会社は、treasury shareについて、議決権及び配当受領権を有しない。なお、issued share(発行済株式)のうちtreasury shareを除いたものをoutstanding share(社外株式)という。

⑥Dissolution(解散)

通常、(1)取締役会及び株主総会の決議、(2)定款に定める存続期間の満了、(3)裁判所の決定等が解散原因とされている。解散後は、事業を結了し、財産を処分した後、残余財産を、債権者、優先株主、普通株主の順で分配する。

⑦Close Corporation(閉鎖会社)、その他会社の種類

close corporationは、一般には、株式が少数の者に限定して保有されている会社をいうが、close corporationに関する規定を設ける州法もある。例えば、発行済株式を特定の人数(例えば30人)以下の株主が保有すること、株券を発行すること、株式譲渡制限があること、public offering(公募)を行わないこと等を基本定款に記載すること等の要件を満たした会社には、取締役会を設置せず、株主による経営を認める等、通常の会社とは異なる取扱いを認める場合がある。

S corporationとは、株主の数が35人以下である等、税法の定める一定の要件を満たす小規模会社をいい、会社の所得について株主が課税を受けるこ

とを選択できる。S corporation以外の通常の会社は、C corporationと称されている。

3）GP（General Partnership：ゼネラル・パートナーシップ）

①概要

partnership（パートナーシップ）とは、2以上の者が営利を目的とする事業を行うために共同所有者として結合した組織をいい、共同事業者である2名以上のpartner（パートナー）により構成される。パートナーシップの所得については、partnerが課税される。

パートナーシップは、GP（general partnership：ゼネラル・パートナーシップ）とLP（limited partnership：リミテッド・パートナーシップ）に大別される。GPでは、原則として、すべてのpartnerがパートナーシップの経営に参画し、パートナーシップの債務に対して無限責任を負う。LPは、経営に参画し無限責任を負うgeneral partner（ゼネラル・パートナー）と、経営に参画せず有限責任のみを負うlimited partner（リミテッド・パートナー）により構成される。

パートナーシップに関する法律関係も、主に州法により規律される。

②成立

GPの成立のために一定の設立手続の履践は求められていない。partner間の黙示の合意によってもGPは成立し、statute of frauds（詐欺防止法）により書面が必要な場合を除き、契約書面は不要である。ただし、実務上は、権利義務の内容を明確にするため、書面によるpartnership agreement（パートナーシップ契約）を締結することが望ましいとされている。

各partnerは、パートナーシップ契約に基づき出資を行う。金銭出資に限定されず、現物出資や労務出資も認められる。

③内部関係

partner間及びpartnerとGPとの間の権利関係は、一部の強行法規を除き、パートナーシップ契約の規定に従い決定され、パートナーシップ契約に定めのない事項について、州法の規定が補充的に適用される。

partnerは、GPの経営に平等の立場で参加する権利を有する。GPの運営に関する事項は、原則としてpartnerの数の過半数により決定されるが、パートナーシップ契約の変更等、一定の重要な事項は、すべてのpartnerの同意を必要とする。partnerは、GPの帳簿を閲覧し、GPに関する情報を取得する権利を有する。また、他のpartnerに対して信認義務を負う。

GPがGP名義で取得した資産は、GPの資産としてGPの事業に使用され、partnerは個々の資産に対する権利を有しない。partnerは、パートナーシップ契約で合意した損益の分配割合に応じて収益及び残余財産の分配を受けるpartnership interest（持分権）を有する。損益の分配割合が合意されていない場合、各partnerに平等に損益が分配され、収益の分配割合のみが合意されている場合、収益の分配割合に応じて損失も分配する。partnership interestは財産権であり、他のpartnerの同意を得ることなく譲渡できる。ただし、partnership interestの譲渡は、partnerの地位の譲渡ではない。

新たなpartnerは、すべてのpartnerの同意によりパートナーシップに加入することができる。新たに加入したpartnerは、加入前に負担していたパートナーシップの債務については、基本的に自己の出資額を限度として責任を負う。各partnerは、脱退の意思を他のpartnerに通知することにより、基本的にいつでもパートナーシップから脱退することができる。

④第三者との関係

partnerは、GPの事業について、GPのagent（代理人）となる。このため、partnerがGPを代理して締結した契約は、GP（及び他のpartner）を法的に拘束する。ただし、特定のpartnerが特定の事項について代理権を有しておらず、このことを相手方が認識しているか、または、その旨の通知を受けていた場合には、当該partnerの行為はGPを拘束しない。

partnerは、GPの契約債務及び不法行為債務について、連帯して無限責任を負う。partner間において責任の負担割合を合意することは可能であるが、GPの債権者に対しては、あくまで全額の弁済をする義務を負う。

⑤解散

GPの解散原因は、(1) partnerの合意やpartnerの脱退・除名等、partnerの行為に基づくもの、(2) partnerの破産や死亡等、法律の規定に基づくもの、

(3)裁判所の命令に大別される。解散後、事業を結了し、財産を処分した上で、残余財産を、partner以外の債権者、partnerである債権者、出資金の返還、利益の分配の順で分配する。なお、partnerは無限責任を負っているため、GPの資産で弁済できなかった債務については、自らの資産より弁済しなければならない。

⑥LLP(Limited Liability Partnership:リミテッド・ライアビリティ・パートナーシップ)

LLPは、GPの特殊な形態である。現在では、多くの州法において、LLPを設立することが認められている。通常のGPにおけるgeneral partnerとは異なり、LLPのGPは、パートナーシップの契約上の義務について個人的に責任を負わず、パートナーシップによる不法行為に基づく責任についても、原則として責任を負わない。LLPを設立するためには、articles of limited liability partnershipを作成し、州務長官に提出する必要がある。

4) LP(Limited Partnership:リミテッド・パートナーシップ)

①概要

LPは、general partner(ゼネラル・パートナー)とlimited partner(リミテッド・パートナー)により構成されるパートナーシップである。責任が自己の出資額に限定され(有限責任)、経営に参画することができないlimited partnerが構成員となることに特徴を有する。

②成立

GPとは異なり、LPを組成するためには、certificate of limited partnershipを作成し、州務長官に提出する必要がある。certificate of limited partnershipに記載すべき事項には、通常、名称、住所、送達代理人、存続期間等が含まれる。LPを成立させるためには、少なくとも1名のgeneral partnerと1名のlimited partnerが必要となる。

③Limited Partnerの地位

limited partnerは、general partnerと異なり、LPの経営に参画する権利を有しない。また、LPを代理して第三者と契約を締結する権限を有しない。

万一、limited partnerが経営に参画した場合、無限責任を負う場合がある。州法は、safe harbor（セーフ・ハーバー）として、limited partnerが行っても無限責任を負うことはない行為を列挙している。例えば、limited partnerがLPの代理人となることのみで無限責任を負うことはない。

経営に参画する権利を除き、limited partnerは、general partnerが有するほぼすべての権利（例えば、帳簿閲覧等請求権）を有する。また、limited partnerは、パートナーシップ契約に従い損益の分配を受ける権利を有する。

④解散

LPの解散原因及び清算手続は、原則としてGPと同様であるが、異なる点も存在する。例えば、limited partnerの脱退や死亡は、通常、LPの解散原因とはされていない。

5）LLC（Limited Liability Company：リミテッド・ライアビリティ・カンパニー）

①概要

LLCは、独立した法人格を有し、所有者であるmember（構成員）の責任が出資額に限定されていること等、会社と同様の性格を有するとともに、原則としてmemberが経営を行うことやLLCの所得についてmemberに対する課税をすることが選択できること等、パートナーシップと同様の性格を有している。比較的近年になって導入された事業体であるが、現在では、米国全州においてLLC法制が導入されている。

②設立

LLCは、certificate of organization（基本定款）を州務長官に提出することにより、設立される。基本定款には、LLCの商号、住所、送達代理人等、州法で定められた基礎的な事項を記載することが求められている。

LLCのmemberは、通常、LLCの業務に関する事項やmember間及びLLCとmemberとの間の権利関係を規定するoperating agreement（運営契約）を締結する。LLCの運営は、基本定款及び運営契約に基づき行われ、一部の強行法規を除き、州法は補充的に適用される。

③内部関係

LLCのmemberは、LLCの経営に参画する権利を有する。LLCは、memberが直接LLCの経営を行うmember-managed LLC（構成員経営型LLC）とmemberにより選任されたmanager（経営者）がLLCの経営を行うmanager-managed LLC（経営者経営型LLC）に分類される。member-managed LLCにおいては、memberの過半数により経営に関する意思決定を行い、manager-managed LLCにおいては、managerの過半数により、意思決定を行う。ただし、基本定款や運営契約の変更等、一部の重要事項は、すべてのmemberの同意による意思決定が必要とされている。

LLCは、member-managed LLCのmember及びmanager-managed LLCのmanagerに、権利行使等に必要な情報の提供をし、また、他のmemberも、LLCに対し、一定の範囲で情報の提供を請求できる。

memberは、LLCの保有する個々の資産に対する権利を有しない。memberは、member間で合意した損益の分配割合に従って収益の分配を受ける権利を有する。損益の分配割合に関する合意が存在しない場合、多くの州法においては、出資比率に応じて損益を分配する。

④第三者との関係

member-managed LLCにおいては各memberが、manager-managed LLCの場合にはmanagerが、LLCの事業に関するLLCのagentとなり、LLCを代理して第三者と契約を締結する権限を有する。ただし、memberまたはmanagerの権限は、州務長官に登録するか、または運営契約に規定することにより制約することができる。この制限を認識しているか、または、通知を受けている第三者との間でmemberまたはmanagerが行った権限外の行為については、LLCは拘束されない。

LLCは、memberまたはmanagerが通常の事業の範囲内またはその権限の範囲内で行った行為について責任を負う。これに対し、LLCが独立した法人格を有しており、かつ、memberの責任は有限責任であることから、memberは、LLCの債権者に対して直接責任を負うことはない。ただし、法人格否認の法理が適用される場合は、この限りではない。

⑤解散

LLCは、運営契約に定める解散事由が発生した場合や、裁判所の命令を受けた場合等に解散する。GPとは異なり、memberの任意脱退はLLCの解散事由とはならない。

Practical Advice

1) Choice of Entity（事業組織の選択）

米国法に基づき設立・組成される事業形態は、それぞれ一長一短がある。例えば、会社は、独立した法人格を有し、株主の責任が有限であるというメリットを有するものの、他方で、原則として会社の所得に対して法人レベルと株主レベルの二重に課税が行われることや、設立及び管理に費用がかかるといったデメリットを有している。米国において新たな事業活動を行う場合には、各事業形態の特徴を考慮し、当該事業目的に適切な事業形態を選択する必要がある。

2) Liaison office（駐在員事務所）とBranch（支店）

日本企業が米国に進出する場合、米国において日本法人の駐在員事務所ないし支店を設置することも可能である。しかし、駐在員事務所は営業活動ができず、また、支店は独立した法人格を有しないことから、日本法人自体が米国における訴訟に巻き込まれるリスクが高くなる等の事情を考慮し、子会社として米国法人（米国会社）を設立することが多い。

3) Piercing the Corporate Veil（法人格否認の法理）

株主は有限責任のみを負うことが原則であるが、詐欺的な目的で会社が利用されている等の事情を勘案して、裁判所が具体的な事案に関して会社の法人格を否定し、株主に会社の債権者に対し直接責任を負わせる旨の判断をする場合がある。一般的に、米国の裁判所は法人格否認の法理の適用にて積極的ではないとされているが、日本企業の米国子会社と紛争状態になった米国企業が、法人格否認の法理を根拠として親会社の責任を追及する主張を行う場合がある。

4) Joint Venture(ジョイント・ベンチャー)

joint venture(ジョイント・ベンチャー)とは、2以上の事業者が特定の限定された事業を共同して行うことをいう。米国においてジョイント・ベンチャーを組成する方法として、参加企業を株主とする会社または参加企業をmemberとするLLCを設立する方法、参加企業をpartnerとするパートナーシップを組成する方法、独立した事業体を組成せず契約を締結する方法等が存在しており、共同事業の内容や参加企業間の関係を勘案して、具体的案件に適した法律構成が選択されている。ジョイント・ベンチャーに参加する企業は、詳細なjoint venture agreement(合弁契約書)を締結することが多い。例えば、会社型のジョイント・ベンチャーに関する合弁契約書においては、(1)取締役会の構成等合弁会社の運営に関する事項、(2)資金調達等合弁会社の事業に関する事項、(3)合弁会社の株式譲渡に関する事項等が規定される。

5) Mergers and Acquisitions(企業買収)

米国における企業買収の法的な形態は、(1)株式買収、(2)資産買収、(3)合併に大別される。合併には、合併当事者の1社が他の当事会社の事業を承継するmerger(吸収合併)と、合併当事者が新会社を設立するconsolidation(新設合併)が存在する。合併を行う場合、原則として当事会社の株主総会の承認が必要とされ、また、反対株主にはappraisal right(株式買取請求権)が付与される。通常、(1)秘密保持契約やLOI等のpreliminary agreement(予備的合意)の締結、(2) due diligence(買収監査)、(3)買収契約の締結、(4) closing(クロージング)というプロセスがある。買収契約は、買収の対象及びその対価といった買収条件とともに、representations and warranties(表明・保証条項)やindemnification(補償条項)といった当事者間のリスク分配に関する規定を定める、詳細なものとなることが多い。

|R|E|V|I|E|W|Q|U|E|S|T|I|O|N|S|

6-1 会社の運営

Q　会社の意思決定はいかなる機関において行われるか？

A　会社においては、所有と経営が分離されているため、会社の業務に関する意思決定は、原則として、取締役により構成される取締役会の決議により行われる。ただし、取締役の選任、基本定款の変更、合併等、会社の基礎的な事項については、議決権を有する株主より構成される株主総会の決議により決定される。

6-2 株主の権利

Q　普通株式の株主は、株主として、いかなる権利を有するか？

A　株主は、会社の所有者として、株主総会における取締役の選任その他会社の基礎的事項に関する決定に参画する議決権を有する。また、会社の収益の分配を受ける配当受領権及び残余財産分配請求権を有する。さらに、一定の場合には、株式買取請求権や帳簿等閲覧請求権を有する。また、一定の手続きを経て株主代表訴訟を起こすことができる。

6-3 GP

Q　GPにおけるgeneral partnerは、GPの業務に関連するいかなる債務について責任を負うか？

A　general partnerは、partnershipの債務について無限責任を負い、これを制限するpartner間の取決めは、GPの債権者に主張できない。general partnerは、partnerまたはその他の代理人がGPを代理して締結した契約に基づき発生する債務や、自らまたは他のpartnerのGPの業務に関する行為に基づき発生する不法行為債務についても責任を負う。

6-4 LPにおけるlimited partner

Q LPにおいてlimited partnerはいかなる地位を有するか？

A LPはgeneral partner及びlimited partnerにより構成される。limited partnerは、LPの経営に参画せず、他方でLPの債務について出資額を限度とする有限責任のみしか負わないpartnerをいう。limited partnerは、経営に参画せず、また、LPの代理する権限を有しないが、これらの点を除くと、general partnerとほぼ同様の権利を有する。

6-5 LLCの特徴

Q LLCは会社とパートナーシップとの中間的な事業形態といわれているが、どのような点が会社と類似しているのか？ また、どのような点がパートナーシップと類似しているのか？

A LLCと会社は、ともにその所有者・構成員とは独立した法人格を有しており、また、LLCの構成員であるmemberは、会社の所有者であるshareholderと同様、LLCの債務について自己の出資額を限度とする有限責任しか負わない。他方、LLCは、パートナーシップ同様、比較的少数の特定の所有者により所有・運営されることが予定されている。このためmember自身によりLLCの経営が行われることや、memberの変動には他のmemberの同意が必要とされる等、LLCにおけるmemberの権利義務の内容は、パートナーシップにおけるpartnerの権利義務の内容に類似している。

〔増田 好剛〕

References

カーティス・J. ミルハウプト編『米国会社法』有斐閣、2009年
アーサー・R. ピント、ダグラス・M. ブランソン『アメリカ会社法』レクシスネクシス・ジャパン、2010年

第7章
連邦証券法

Federal Securities Act USCPA

POINTS

- 米国証券法は、連邦法と各州が独自に定める州法があり、州法はブルー・スカイ・ローと総称される。
- 連邦法には、証券発行を規制するSecurities Act of 1933（33年法）と証券発行後の市場取引を規制するSecurities Exchange Act of 1934（34年法）がある。
- Securities（証券）は、券面がない各種権利も証券と定義され、証券のissuer（発行者）は、原則として証券発行時にSecurities and Exchange Commission（SEC：米国証券取引委員会）への届出が義務付けられるほか、発行体の財務情報を含む一定事項のdisclosure（開示）が義務付けられる。
- 証券には、届出をexempt（適用除外）されるexempt securities（適用除外証券）があるほか、取引の態様によって届出が適用除外されるexempted transaction（適用除外取引）がある。
- 2001年のエンロン事件、2008年リーマンショック後の市場混乱、直近の新興・中小企業等保護に配慮した34年法改正が行われている。

KEY LEGAL TERMS

initial public offering（IPO）【新規株式公開】 証券取引所で、公衆に対して初めて非公開株式を公募・売却する行為。IPOは当該会社が公衆から新たな資本金を調達する行為であり、当該会社は、IPOにより非上場会社から上場（公開）会社に変わり、以後当該会社の株式は証券取引所で売買される。IPOに際しては、発行新株が全額公衆に販売できなかった場合、underwriter（引受人）が引受を行う。

tender offer【株式公開買付】 英国ではtake over bid（TOB）。対象となる上場会社の株主に対して公開でなされる一定数株数に対する特定価格・条件での買取申込（または申込みの予約）を買取希望者が一定期間行うこと。一定数株数には、全株指定も含まれるが通常は買取最低株数と最高株数の設定がなされる。例えば、対象会社A社の1株につき5ドルの現金と買取会社の株式0.75株でA社の株式の50％以上の株主が2ヵ月以内に応募することが成立条件で、70％の株主の応募にまで先着順で応ずるといったケースである。

speculative investment【投機的投資】 通常の金利や配当、長期キャピタルゲインを目的とした債券や株式の購入（投資）ではなく、多額のキャピタルゲインを短期間で求めるなど、通常の投資結果をはるかに上回る投資効果を求める一種のギャンブル行為としての投資。何が投機か条文上の定義はなく、通常は投資者の主観をみて投機的か否か判断される。

Basic Rules

1）総論

①連邦法と州法

米国の証券法には、Federal Securities Law（連邦証券法）と各州独自の証券法（判例による呼称に基づき“blue sky law”（ブルー・スカイ・ロー）と総称される）とがある。blue sky lawは連邦証券法に劣後し、各州の法執行機関が連邦証券法に加え各州内で執行するもので、各州が連邦法に対し自州内で追加的な規制を加える場合にしか適用されない。その内容として、anti-fraud（反詐欺）規定やregistration（届出）規定を有する。また後述の連邦法のexemption（適用除外）規定が適用されない。

②連邦証券法

証券取引を規制する連邦法は、合衆国憲法のinterstate commerce（州際通商）条項により、州際通商を行うこと、またはUS Mail（合衆国郵便）を使用することによって適用される。

一口に連邦証券法といっても、実際には複数の法律の集合体を指す。すなわち、以下2つの主要法律（33年法、34年法）が連邦証券法を構成している。

③SEC（Securities and Exchange Commission：米国証券取引委員会）の権能・機能

SECは、その委員と職員により構成され連邦証券法を執行する機関である。SECの機能としては、投資家保護、資本形成の円滑化、公正な市場の維持、証券市場の規制、企業の財務報告の検証、会計ルールのガイダンスの提供等があげられる。

SECは、実際に法令を解釈し、捜査を行い、違反を判定し、さらに法律を執行する規則制定機能を有する。証券販売を阻害する行為の差止めを行える、人を召喚できるといった、行政機能と検察・司法機能の一部も備える一方、検察・司法機能の行使には制限が課されている。

(i) 罰金を科す場合は、裁判所手続が必要である。

(ii) 刑事行為の起訴はできない（司法省の管轄となる）。

証券の発行者はSECへの届出情報を公開し、目論見書を証券販売・引渡時またはそれ以前に投資家へ提供することが求められる。これらの法的要請を遵守できない場合、または届出が要請されない場合でも不実表示や詐欺がある場合は、民事及び刑事罰の対象となる。

2) Securities Act of 1933（33年法）

本法の目的は、前述のとおり証券発行市場の規制によるfraud and misrepresentation（詐欺や不実表示）の防止によるprotection of investors（投資家の保護）であるが、そのために州際通商による証券の公募または販売申込以前にSECに対しregistration statement（届出書）のfiling（提出）を行うことが求められる。

①Securities（証券）

連邦証券法の特色の1つは、証券の定義が極めて広く、通常証券とされる株券や社債に限らず、一般の人々が証券と必ずしも考えない権利も証券として規制対象となることである。

実際、33年法（Sec.2(a)(1)）及び34年法（Sec.3 (a)(10)）にそれぞれ

"Securities"の定義があるが、一次的にはSECが証券性を認定し、結局は裁判所が最終判断を行っている。要は、市場規制の関係で規制することが合理的か否か、がどう判定されるかで証券とよぶか否かが決まる。実際に証券としての紙の有無は証券認定に際して無関係であり、インターネット上での権利のやり取りに関しても、以下の要件を満たし、後述のexempt securities（適用除外証券）等の適用除外規定に該当しなければSECへの届出が必要となる。

一般的には「投資家が自らの努力でなく、他人の努力を通して利益を上げることを意図する」場合、証券としての認定が行われており、より具体的には、notes（手形）、stock（株式）、bond（社債）、certificate of interest（権利証）、investment contract（投資契約）、syndicated loan participation right（シンジケートローンへの参加権）等が証券認定されるほか、以下、limited partnership interest（リミテッド・パートナーシップの利権）、rights and warrants to subscribe（引受権及びワラント）、treasury stock（金庫株とよばれる企業が自社株買いで買った株式）、等の事例等の場合でも注意を要する。なお、仮想通貨についてはSECのルールが2019年に出され、米国内での取引は可能となり、金融機関のリスク管理や、その取引者に対する課税の対象ともなっているが、法改正（1933年法）は2021年10月現在未済である。

②Registration of Securities（証券の届出）

一旦証券と認定されると、当該証券のissuer（発行者）は、州際通商により証券の勧誘・販売・配布等を行う前にSECに証券の届出を行い重要な財務情報を開示することが求められる。そして、発行者は、証券の届出を行わない場合は、purchaser（証券購入者）に対して一次的に法的責任を有することとなる。その際、当事者間の契約で法的責任を負わないことを取り決めてもそれは無効であり、またこの法的責任は、発行体が破産しても免除されないこととされている。

③Registration Statement（届出書）に記載が求められる開示事項

発行者は、届出時にregitration statement（届出書）をfiling(提出）しなければならない。一般的に届出書で開示が求められる事項は以下のとおり。

(i) 独立した会計士が監査したfinancial statements（財務報告書）

(ii) 発行者、directors（役員）、officers（オフィサー）、general partners（無限責任社員）、underwriters（引受人）、large stockholders（大株主）、counsel（法律顧問）の名称

(iii) 証券にassociated（付随）するリスク

(iv) 発行者の財産、事業、資本状況の記述

(v) 発行者のmanagement（経営）に関する情報

(vi) 発行される証券の内容と発行者によるproceeds（当該証券発行によって得る金銭）の使い道の記述

④Prospectus（目論見書）を伴う届出／SECの検証

prospectus（目論見書）は、届出書の一部として届出されるが、目論見書は一般には届出書の内容を凝縮し要約したものである。届出書と目論見書はSECが検証する。

(i) SECからは内容修正を求められることが通例であるが、さらにSECが、届出書類は不完全または誤解を生ずるおそれがあると判断する場合は、届出書類の効果を停止するstop-order（停止命令）が発出される。

(ii) 内容修正要請や停止命令が出ない場合は、waiting period（待機期間）を経て届出後20日で届出は有効となる。

(iii) 届出が有効となる前の証券の販売は違法とされる。ただし、届出書類が提出されている場合は、preliminary prospectus（仮目論見書）を投資家に渡すことは認められる。

⑤Exempt Securities（適用除外証券）

証券も一定種類の証券については、SECに対する届出及び報告が免除されるが、これらをexempt securities（適用除外証券）とよぶ。適用除外証券としては、大別して以下のものがあげられる。

(i) 支払日が発行日から270日以下のcommercial paper（手形）、商業目的で発行され、投資目的でないもの

(ii) issues made on a single state（単一州内発行証券）（Rule 147）

(iii) small issues（少額発行）（Regulation A）

(iv) 連邦政府または地方政府が発行するdebt instruments（借入証券）

(v) 連邦関連機関または合衆国政府後援組織が発行するagency securities(政府機関証券)
(vi) 既存の株主に対してのみ行われる株式交換で、手数料の支払いが行われず、既存株式も交換株式も発行者が同じ場合
(vii) 非営利の宗教、教育、または慈善団体の発行する証券
(viii) 破産レシーバー・トラスティが発行する証券
(ix) 保険及び年金契約、等

■ Small Issues(少額発行) — Regulation Aの概要

発行企業、その関連者、上級役員等が過去、刑事・行政法上一定の問題で処罰されていない等の一定の適格要件を満たす場合の期間12ヵ月以内のミニ公募で、一定の情報開示要請があるものの届出は不要。Tier1(上限20百万ドル)とTier2(上限75百万ドル)のいずれかを選択できるが、Tier2選択の場合は、監査済財務諸表の開示や非適格投資家(下記参照)による投資金額制限が追加され、SECの検証が入る等、届出に近づく。

⑥Exempt Transactions / Exempt Offerings(適用除外取引/募集)

「一定のタイプの取引」は、33年法上の届出が適用除外される。なお、「一定のタイプの取引」には、「発行者・引受人またはディーラー以外の者による販売または募集」、「Rule 701(報酬の一環としての募集)」等があるが、最も一般的な適用除外取引は、"Regulation D"とよばれる適用除外取引で、その内訳としてはRule 504、Rule 505、Rule 506の3種類の私募規定、特にRule 506がよく使われている(ただし、Rule 505は後述のとおり2016年廃止)。

■ Accredited Investor(適格投資家)

十分な資産を持ち、リスクを伴う投資に関し自ら判断をする能力があるとみなされる投資家をいう。Regulation DのRule 501に定義があり、銀行、貯蓄金融機関、信用組合、保険会社、証券会社、一定の信託、パートナーシップ、または会社、加えて個人(夫婦)で100万ドル超の純資産を有するか直近2年間で各年20万ドル(夫婦共同申告で30万ドル)以上の純収入を有する者等が

例示されている。

◧ Regulation D ◧

Regulation Dの以下に規定する場合は、証券発行時の届出は不要であるが、Form Dとよばれる報告書をSECへ届出することが求められる。以下はいずれもprivate placement（私募）の規定でそれぞれの発行額等が異なるものである。

・Rule 504（Seed Capital Exemption）

証券発行額は最大1000万ドルまで、期間12ヵ月以内に無制限の数の適格投資家に販売する場合の適用除外規定で、seed capital exemption（元手資本適用除外）ともよばれる。

・Rule 505（廃止）

証券発行額最大500万ドルまで、販売期間12ヵ月以内の場合の適用除外規定である。35人以内の非適格投資家（非適格条件は時には定められる）及び無制限の数の適格投資家への販売が許されている。発行者は、購入者の再販売権を制限することが求められ、一般的には、購入者は2年間保持しなければならない。2016年10月廃止となった。

・Rule 506

金額無制限の私募債の発行を許容する。

(i) general solicitation（一般的な勧誘）や広告宣伝は許容されない。

(ii) 無制限の数の適格投資家要件は、Rule 505と同じであるが、35人まで非適格投資家はsophisticated investor（洗練された投資家）である必要があり、投資に関し十分な知識と経験が要請される。

(iii) 非適格投資家に対しては、届出証券の場合と同様の開示文書が求められるほか、適格投資家に対して提供された情報があれば、非適格投資家にも同様な文書が提示されなければならない（すなわち、適格投資家に対しては、本来何も提供しなくても構わない）。

(iv) 財務諸表の提供に関する要請は、上述Rule 505と同様である。

⑦Anti-Fraud Provisions（反詐欺行為規程）

詐欺行為は、証券取引の公正を図る際に最も忌むべき行為と考えられ、民事・行政・刑事の訴訟の対象となっている。適用除外証券にも適用除外取引にも適用される。ただし、法的に以下の要件を満たすことが必要となる。

- ・州際通商要件（郵送、電話使用等の要件）が満たされること
- ・買主への詐欺または販売実施に際しては、重要事実の虚偽の表示または重要事実の無記載の文書を使用すること

(i) 適用に際しては、scienter（故意。悪いことを知っているという意味の故意）が求められるのではなく、時にはnegligence（過失）の証明でこと足りる。

(ii) この条項は、購入者を保護するもので、売主保護ではない。

◧ Rule 10b-5（欺罔・操作的手段の利用）◧

これは1942年に34年法に基づきSECが制定したルールで、証券の売買に関連して、州際通商手段を用いて何らかの手段または媒介物を使って直接または間接に詐欺を表現し、重要事実の不実記載を行いあるいは誤解を招く表現を行い、詐欺または欺罔（きもう）行為を行う、ないしは業務上詐欺または欺罔として機能する行為を違法と定めた。このルールはその後、裁判所等により33年法の適用事例も含め広範に適用され、インサイダー取引、インサイダーによる自己に都合がよい選別的な情報開示、開示すべき重要事実の開示漏れ、店頭取引に際して証券会社の市場操作、証券会社や証券専門家による証券の売買に関するその他の取引等の場合にも活用されている。

⑧民事責任（証券の買主による私的訴訟）

証券の買主が損害賠償を受けるためには、以下の事実の主張・立証が必要となる。

(i) 証券発行時の届出書に誤解を招く記述や重要事実の記載漏れがある場合及び何ら適用除外規定に該当しないにもかかわらず発行者その他の第三者が無届出の証券を販売した場合

(ii) 経済的損失を被ったこと

(iii) 直接の契約関係は必要ない。

(iv) 被告が原告を欺くことを意図していたことを証明する必要はない。

(v) 購入者は、損害回復に際し届出書に依拠している必要はない。

購入者が損害賠償の請求をできる相手は、発行者、その役員・パートナー、引受人、届出書に署名した人物、承認文書中の専門家（弁護士・会計士等）に限定される。立証責任は多くの場合、被告に転嫁される。しかし、発行者を除き、被告人は原告が「自己責任の原則」に基づき、もっとよく調べるべきであったとのdue diligence defense（デューディリジェンス抗弁）を行使できる。

⑨刑事責任

発行者等が刑事責任を問われるのは、以下の場合である。

- willfully（故意）に事実と異なる陳述を行い、または重要事実を意図的に省いた場合、さらには意図的に証券法に違反した場合。なお、過失によるreckless disregard of the truth（真実の無視）も故意要件を満たすとされる。
- 個人は、fine（罰金）または20年以下のimprisonment（投獄）に服する。injunction（差止命令）もある。

もちろん、適用除外証券や適用除外発行の場合でも、刑事責任は発生する。ただし、州際通商条項が働くことが前提である。なお制度上、SECは刑事責任の追及ができないため、刑事責任の追及はDepartment of Justice（DOJ：司法省）ないし、米国内に93あるU.S. Attorney's Office（米連邦地検）が行う。

3) Securities Exchange Act of 1934（34年法）

発行済の証券がその後、米国市場内で売買される際の（流通市場に対する）連邦法規制であり、issuer（証券発行者）による定期的な財務報告のdisclosure（開示）やインサイダー取引をはじめとする不公正な、または欺罔的な行為の禁止規定が含まれている。

①Registration of Securities（証券の届出）

34年法上は、33年法とは別途の基準での証券としての届出要請がなされている。ただし、33年法上、発行者が届出を求められる場合は、34年法上も届出が必要となる。以下の証券はSECへの届出が要請される。

・企業が1,000万ドル以上の資産、及び500人以上の株主を有し、店頭上場も含め持分証券が州際通商で取引される場合。持分証券には、株式、株式引受権、または株式への転換権を含む。ただし、2012年制定のJOBS Act（後述）はこの基準を500人のunaccredited shareholders（非適格株主）または合計2,000人以上の株主に増やし、さらに従業員持ち株会による株主は含まないこととなっている。
・National Securities Exchange（国内証券取引所）で取引されている証券は、33年法で届出が適用除外されている証券も含め、34年法上は届出が求められる。

②届出に際して開示が必要とされる事項

34年法の特色は、証券流通に際し発行後の証券の発行者の状況について定期的なあるいは随時の開示を求めている点にある。証券の流通過程で新たに証券を取得する者はもちろん、既存の証券保有者でも発行者の状況の変化は常に把握が必要である。開示内容としては一般的に以下の条項を含むものであるが、後述のSOX法は、特に財務内容の開示に重大な誤りや虚偽が生じた事実からその防止策を定めたものであり、また後述のドッド・フランク法においては、役員報酬の会社へのclawback（返還）条項が入ったことからもわかるように、いずれも重要な開示事項である。また、開示要請は、ほかにSEC、証券取引所、会計士協会等からもより詳細なルールが出されている。

(i) Officers（オフィサー）及びdirectors（役員）の氏名
(ii) 業務内容
(iii) 企業の財務構造
(iv) すべてのボーナス及び利益分配規定

なおSECルールでは、34年法に基づき届出を行った発行者は、具体的にSECに以下の報告を提出しなければならないとしている。

(i) 独立公認会計士が証明した年次報告書（Form 10-K）
(ii) 最初の3四半期ごとの四半期報告書（Form 10-Q）。公認会計士の検証不要。

(iii) 重要事項が生じた際の事項報告書（Form 8-K）

(iv) 大株主（５名以上）の株式取得の場合、取得目的、資金源、取得者の氏名・職業等の開示（Schedule 13D）

◧ Proxy Solicitations（委任状勧誘）◧

開示責任に関しては、財務粉飾等の有無だけではなく、株主投票の際の開示の仕方が問題となる場合もある。proxy（委任状）とは、株主総会において、株主としての投票権を他の者に委ねるという権限の委任である。この委任状を自らに付与してほしいと何らかの州際通商手段（含む郵便）で勧誘する場合は、34年法に基づきSECへの報告が必要となる。会社経営者間で意見の相違がある場合や、特定の株主が会社の方針等に納得できず、株主総会で現経営陣を変更する場合等に使われる。

委任状は、その勧誘状と共に送付されなければならず、かつ以下の要件を満たすことが求められている。

(i) 投票事項に関するすべての重要事実の開示を含まなければならない。

(ii) 重要事実に関する誤記や記載漏れは「Proxy Rule（委任状ルール）」違反となる。

(iii)「重要」とは、提案された動議に対し平均的な投票者の投票に影響を与えるか否かで判断される。

この規制目的は、企業活動及び役員選任に関して公正を保つことにある。

なおproxyでは、勧誘が誰のためになされるかを示し、また明確かつ公平に動議が求められる事項が示されていることが必要とされる。さらに株主による提案の場合は、株主投票を行う適切な主題であること、会社経営陣による勧誘であり、かつ役員が選任される年次株主総会では、独立公認会計士が監査した過去2年分の財務諸表が含まれている必要がある。

③34年法に基づく制裁等の種類

34年法に違反した発行者に対しては、以下の制裁等を科すことがSECに認められている。

(i) 届出停止または取消し

(ii) 届出拒絶

(iii) 恒久的または一時的証券取引停止（差止）

(iv) 違法に得た収益の計算及び没収

(v) 外国法に違反した個人の制裁

(vi) 大口取引者には自らが誰かを示すことを要請することがある。

④Exempt Securities（適用除外証券）

33年法の適用除外証券に加え、34年法上現在のNY証券取引所等の自主規制を認めたことから、他の規制当局の規制に服することを理由に以下の場合の証券届出が適用除外されている（以下は例示）。

(i) 合衆国政府の支払義務、保証、または合衆国政府が利害を有する場合

(ii) 州またはその政治的部門の支払義務、またはそれらによる保証

(iii) federally chartered bank（連邦認可銀行）またはsavings and loan associations（貯蓄金融機関）の証券

(iv) IR Bond（産業振興債）

⑤公正な市場に関する規制

34年法は、証券流通に関する連邦規制であるため、市場に大きな影響を与える取引や不正行為に対して規制を行っている。

◧ Tender Offer（株式公開買付）◧

株式公開買付は、買主（競落人）から対象会社の一般株主に対し、一定の期間中（20～60日間で指定された日数）に買主が提案する買取価格で株式の提供を行うよう申し込むものである。買主が提供をよびかける株数は全株のこともあるが、通常上限と下限の株数の指定があり（例：全株の51％以上67％に達するまで）、下限に達しないと公開買付が成立せず、上限超の申し出があっても上限を超える申し出には応じない。申込みに際し、買主は自らと対象会社の双方に対してSECから開示が要請される事項についてfull disclosure（完全な開示）を行い、それを株主に開示し、かつ報告することが要請されている。

◧ Short-Swing Profit（短期利益）◧

インサイダーによる株式購入後6ヵ月以内の株式売却益に対しては、会社は当該売却益を取り戻す（recover）権限を有する。株式売却益の算定は、過

去6ヵ月以内の株価の最高売却値から最低購入値を差し引いて計算される。なお、取引により損失が発生した場合においても、上記株式売却益と相殺は許されない。

◧ Reg. FD（Regulation Fair Disclosure：公正開示規制）◧

Reg. FDは、企業の情報を投資家及びアナリストに平等に配布することを要求し、アナリストによるconflict of interests（利益相反）発生を防止する。

⑥Anti-Fraud Provisions（反詐欺行為規程）

33年法同様、34年法においてもAnti-fraud Provisionsが適用され、以下の行為が規制される。

- 手続きを不正操作し、取引が活発であるような外観を装うことは違法である（証券ブローカーにとっては、善意の取引とはいえない）。

  34年法の届出義務がない場合でも、州際通商条項が適用される限りは、反詐欺条項は適用される。
- 証券の売買に際し、不正操作ないし欺罔手段を用いることは違法である。これには、SECルール等に反し偽罔的または不正操作を伴うすべての行為、慣行、スキームが含まれる（Rule 10b-5）。
- 公衆に情報が開示される前に証券を売買したインサイダーに対しても適用される。

  インサイダーは会社の役職員、弁護士・会計士・コンサルタント等、会社に対してfiduciary duty（信認義務）を有する人物も含む。また、違法な行為をtipper（上記人物）がtippee（第三者）に教え、その第三者が行う場合、tippeeの違法収益に対しtipperは有責となる。

⑦民事責任

- 不法操作に対する損害賠償

  いかなる者でも証券の売買についてwillfully（故意）に不正操作を行った場合は、証券の売主または買主に対して損害賠償の責任が生ずる。
- 重要事実に関し不正な表示または非開示を行った者は、損害を受けた売主または買主がその事実を知らず、かつこれらの表示に依拠した場合は、責任を負う。その際、直接の契約関係は不要であり、またSECは被害者の救済のために責任ファンドを回収することができる。

・SECに限らず、個人も34年法違反者に対し民事責任追及可能である。

(i) 個人は、Rule 10b-5違反を理由として、またほかに責任を分担できる弁護士、会計士、企業に対し責任追及可能であるほか、相手方が契約当事者のときは契約取消も可能である。

(ii) 証券法取引違反の際は、SECは情報を提供し、刑事訴追に導いた個人に対し報酬を与える権限がある。

⑧刑事責任

34年法及びそのRegulation違反の場合(重要事実に関し不正な表示または非開示であった場合を含む)、違反がwillfully(故意)である場合は、個人は最高20年の懲役または250万ドル以下の罰金とされる。法人やパートナーシップの場合は、罰金は2,500万ドル以下である。さらに個別の法律により別途の刑期が定められることもあるが、SOX法では、経営者による虚偽の内部統制証明書証券発行の刑は最高10年の懲役である一方、売買に関し詐欺スキームを行うまたは行おうとした者は、懲役は最高25年まで伸びている。担当官庁はSECではなく、司法省ないし米連邦地検であることは33年法と同様である。また企業への刑事罰追及時は、実行者である役職員(特に経営者)に対する訴追も併せて行われる事例が、2015年のYates Memo以降原則とされている。なお、違反行為が繰り返された場合、各行為を併合罪とすると上記刑は極めて長期なものとなりうる。実際、司法省・連邦地検は超長期刑(例:懲役120年)を被疑者に対してちらつかせながら、司法取引(減刑等)で共犯者等に関する供述を得ることも多い。

⑨FCPA(Foreign Corrupt Practices Act:連邦海外腐敗行為防止法)

日本を含む外国政府要人への贈賄(ロッキード事件)と大統領選挙資金裏金使用(ウォーターゲート事件)が問題とされ、34年法の一部として1977年制定以降、改正・強化され、OECD外国公務員贈賄防止条約(1997年)や国連腐敗防止条約(2003年)の基礎概念を作った重要な条項である。外国公務員に対する不正な支払い等の禁止に加え、財務内容の開示に(金額の多寡にかかわらず)重要な問題があるため処罰する条項である。

・Anti-Bribery Provision（反贈賄条項）

domestic concern（米国内関連者）及びその役職員が外国公務員、外国政党・政党員に対し、その意思決定に影響を及ぼす何らかの価値を提供することに対し、刑事・民事罰を科す。ただし、外国公務員の自由裁量に無関係な日常的行為の円滑化のためのfacilitation payment（少額支払）は免責される場合がある。未遂罪も処罰対象となる。

・Accounting Provision（会計条項）

届出企業は適正な会計記録を残すためのinternal control（内部統制）整備を行い、誠実な独立した監査を行う義務を有する。

・属地主義・属人主義・域外適用

米国内の行為（含む、米国内の電話・携帯電話、Eメール等の利用、米ドル送金）であれば、外国人・外国法人に対しても適用される。米国上場企業（日本企業は2021年2月現在11社）への適用は当然であり、さらに米国関連者とのconspiracy（共謀）を行った外国法人・外国人に対しても同様で、必ずしも米国内に立ち入らなくともconspiracyの相手方が処罰されると米国内で処罰される。また贈収賄は、別途マネーロンダリング規制違反でも処罰され、FCPAの捜査範囲をマネーロンダリングで広げられた上に併合罪で刑が重くなる事例も多い。

4) Sarbanes Oxley Act of 2002（サーベインス・オックスレイ法／SOX法）

本法は34年法の一部であり、エンロン事件以後、財務報告の信頼性を確保するために公開企業に内部統制整備義務・内部統制監査制度を求めた法律で、概略以下の特色がある。

・有効な内部統制の整備・維持義務が公開企業の役員に課され、CFOないしCEOは自社の内部統制手法の有効性を自ら評価し、定期的財務報告が関連証券法を遵守し、すべての重要な事項において現在の財務状況を公正に表示していることをcertify（保証）する（第302条、第906条）。また内部統制のsignificant deficiencies（重要な欠陥）は発行者の監査人及びaudit committee（監査委員会）に対し開示することを求める。

- 不正により財務諸表の訂正を求められている期間中のCEO及びCFOが資本またはインセンティブに基づき受け取るすべての報酬及びボーナス、及び株式売却から得た利益は放棄させられる（clawback）。これは詐欺行為がCEOまたはCFOにより行われたものでなかった場合も含む。
- 企業は、重要なオフバランスシート責任や取引を開示しなければならない。pro forma（試算）財務諸表であっても公開されるものは、虚偽や重要な事項の記載漏れは許されない。

5）Dodd Frank Act（The Wall Street Reform and Consumer Protection Act of 2010：ドッド・フランク法）

リーマンショック以降の金融市場の混乱に対応して制定された法律。SOX法が企業の内部統制整備により、粉飾リスクを減らすことに重点を置いたのに比し、市場リスクの規制・管理に重点を置いた法律である。

①規制・監督当局の改革

リーマンショックは、政府機関による規制・監督が行われなかったことが事態を深刻化させたとの反省に基づき、政府の関連機関の設立・整備・整理を行った。

- FSOC（Financial Stability Oversight Council：金融安定監視評議会）の設置
- FDIC（Federal Deposit Insurance Corporation：連邦預金保険公社）の権限拡大とOTSの解体
- Federal Insurance Office（連邦保険局）とBureau of Consumer Financial Protection（消費者金融保護局）の設置

②業界規制

リーマンショックを引き起こしたのは、規制に服さない各種機関による市場規律の破壊・無視が原因であるとして、これまで規制を免れていた業界に対する規制･監督を開始し、また、監督官庁の明確化、権限付与等を行った。

- ヘッジファンド等への届出義務化

・CFTC（U.S. Commodity Futures Trading Commission：商品先物取引委員会）へのデリバティブ市場規制権限の付与

・銀行に対するVolcker Rule（ボルカールール）の導入

銀行組織に対し、proprietary trading（自己勘定売買）及びヘッジファンドやプライベートエクイティファンドへの投資及びsponsoring（後援）等を顧客保護と利益相反禁止の観点からChinese Wallを設ける等の規制対象とした。

・信用格付け機関の規制

・抵当証券会社の証券化資産リスク保有義務

抵当証券業者またはoriginators（抵当証券発行者）に対して、彼らが策定し販売した証券化された資産の信用リスクの少なくとも5%を保有することを義務付けた。

③企業の内部統制強化

リーマンショックに際して救済される金融機関の経営陣が多額の報酬を受けたことが指摘された事実に対応した。

・経営者報酬規制

上場企業経営者の報酬方針に広範な変更を加えた。

(i) clawback policies（報酬取戻方針）の策定・整備義務

National Securities Exchange（国内証券取引所）に対して、各企業が報酬を取り戻す規定を策定・整備するための新規の上場基準の発行を求めた。

(ii) 取締役会の報酬委員会の全委員は、独立した人物でなければならない、等。

・内部通報者報奨金制度の導入

SOX法では財務報告の不正に関する内部通報制度の確立を米国上場企業に義務付けたが、十分な効果を上げなかったとの反省に基づき、SEC等による証券法違反企業に対する罰金・没収金総額が100万ドルを超える場合の内部通報者への報奨金（罰金・没収金の10～30%の支払い）制度を導入した。外国子会社の役職員を含む内部通報者は、米国弁護士経由であれば匿名通報も認められる。ただし、社内の内部通報制度が機能している場合はその利用が求められるほか、社内で問題を正すべき地位にある者（一定の役席者・内部監査人・監査人等）は報奨金を受け取れない場合がある。

6）Smaller and Emerging Companies（小規模及び新興企業）の負担軽減

SOX法以降の財務内容の開示強化、内部統制の整備強化等の要請は小企業・新興企業には負担が大き過ぎるとして負担軽減が図られている。

小規模企業の定義は以下のとおり。

(i) 普通株（市場価格）7,500万ドル未満、または

(ii) 普通株の市場価格が算定不能の場合、年間売上が5,000万ドル以下

さらにドッド・フランク法では、これらの企業に対する内部統制監査を永久に免除することとした。

その後、2012年4月制定のJumpstart Our Business Startups Act（JOBS Act：新規事業活性化法）で新興企業の届出と報告義務は軽減された。IPOから最低5年間は内部統制監査報告とドッド・フランク法の役員報酬規制が適用除外される。

Practical Advice

1）Disclosure（開示）はどうあるべきか

証券発行時のdisclosure（開示）は、わかりやすく明確になされないと開示とはいえない。1980年代、ジャンク・ボンド（くず債）といわれる問題債券を販売する際の目論見書の表ページ一面に「これはジャンクボンドです。債務不履行する可能性が高く非常に危険です。こんなものを買う人の気がしれません。」と大きく赤字で書いてあるのをみたことがある。後日、SECはジャンクボンドの販売大手インベストメントバンクDrexel Burnham Lambertが業界No.4であったにもかかわらず、「ビジネスモデルそのものが危険だ」としてインサイダー取引、RICO法（反マフィア法）違反、自己取引、相場操

縦等の多くの違法行為を理由に繰り返し訴追を行い、多額の罰金・没収金を科すことで解散に追い込み、さらに代表者であるMichael Milkenを刑務所に送った。

2）FCPAと日本企業

FCPA違反で米国から億ドル単位の罰金・没収金を課される日本企業や東京の本部にいながら米国内で実際に収監された日本人officerが出ている。収監された事例では米国子会社を使って中南米の贈賄先を調査し、米国で贈賄関連会議を行ったことが、FCPA違反と認定された（属地主義）。この事例は、軍事物資転用可能な製品の販売に関係しており、米海軍が盗聴で得た証拠も採用されている。また米国内に立ち入らなくとも米国上場企業であれば、FCPAの適用もある（属人主義）。さらには、米国非上場でも米国上場企業とジョイント・ベンチャーを組んだり、米国企業の代理人となった結果FCPA違反に問われた事例もある。日本の共同正犯より処罰範囲の広いconspiracy（共謀罪）の法理が適用され、米国企業の違法行為に加担したとして、FCPA違反に問われた事例には注意を要する（域外適用）。

|R|E|V|I|E|W|Q|U|E|S|T|I|O|N|S|

7-1 証券の定義の理解

Q　米国内のシェールガス田開発で予定していたパートナーが辞退したため、代わりのパートナー探しを業界紙で行った。SECへの届出は必要か？

A　原則必要。Regulation D等の例外条項に当たらない限り、SECへ届出が求められる。

7-2 届出の必要性

Q　資金調達のため、支払日が3ヵ月後の約束手形を振り出しても証券届出が必要ない理由を説明しなさい。

A　支払日が発行日から9ヵ月以下のcommercial paper（手形）については、商業目的で発行され、投資目的でない場合は、exempt securities（適用除外証券）として届出不要とされているため。

7-3 勧誘行為

Q SECに証券のregistration statement（届出書）を提出した後、目論見書を使って勧誘を行うことは適法か？

A 違法である。ただし、preliminary prospectus（仮目論見書）を使った勧誘は許されている。

7-4 Rule 10b-5

Q Rule10b-5は33年法と34年法の適用がある証券にのみ適用されるか？

A 33年法、34年法適用証券に限らず、州際通商条件が満たされる場合で欺罔が行われていれば適用される。

7-5 FCPA

Q 売上10億ドルの会社で裏金10万ドルが発覚した。これはFCPA違反か否か？

A 贈賄行為がなくともFCPAの会計条項違反として刑事・民事罰の対象となる。

7-6 内部通報者報奨金制度

Q 外国子会社（親会社が米国上場企業）の従業員が、匿名でSECに対し財務報告の内容に虚偽があると通報し、報奨金を受け取ることができるか。

A 米国弁護士を通せば報奨金受取は可能。ただし、可能であれば社内通報制度も利用する必要があり、職責上違反を正すべき立場にある者は報奨金を受け取れない場合がある。

〔内田 芳樹〕

第8章

コマーシャル・ペーパー

Commercial Paper USCPA

POINTS

- 流通証券（商業証券／コマーシャルペーパーを含む）は支払約束証券及び支払指図証券に大きく分類される。
- 商業証券が流通証券と認められるためには、流通性の要件をすべて充足することが必要である。
- 正当な所持人は、物的抗弁以外の抗弁（人的抗弁）の対抗を受けない。
- 流通証券の正当な所持人と認められるための要件は、①流通により証券を取得したこと、②対価を支払って取得したこと、③当該証券に瑕疵があることを知らず信義誠実に取得していること、④満期の経過、引受拒絶または支払拒絶、及び抗弁事由の存在について善意であることである。
- 正当な所持人から流通証券を取得した者は、正当な所持人の要件を満たさなくても正当な所持人と同様の権利を有する。

KEY LEGAL TERMS

negotiable instruments【流通証券】 裏書交付または単なる交付によって移転できる流通性のある証券。

commercial paper【商業証券】 約束手形、為替手形、小切手その他流通性ある金銭の支払証券であって、その記載事項により一般に商業証券に当たると認められるもの。

promissory note【約束手形】 振出人が署名した、一定の金額を支払うという無条件の約束が記載されている書面。

draft【為替手形】 振出人が支払人に対し、一定額の金銭を受取人へ支払うことを指図する書面。

check【小切手】 銀行に宛てて振り出された要求払いの為替手形。

holder in due course【正当な所持人】 流通証券の所持人であって、有償で、good faith（誠実）で、証券の満期が到来していること、証券が拒絶されたこと、人的抗弁や権利があることを知らないで、適切に移転した流通証券を取得した者をいう。

personal defense【人的抗弁】 ある特定の権利者との関係でのみ主張できる抗弁。後述のように、債務者は正当な所持人に対しては支払いを拒むことができないが、原因となった契約が無効であればその契約の相手方に対してはその無効を主張して流通証券に基づく支払いを拒むことができる。

real defense【物的抗弁】 すべての権利者との関係で主張できる抗弁。

Basic Rules

1）流通証券の適用法令

手形や小切手など（投資証券を除く）のcommercial paper（商業証券）を含むnegotiable instruments（流通証券）については、U.C.C.（Uniform Commercial Code：統一商事法典）の第3編に定められている。

他方で、国際連合の国際取引委員会が国際為替手形及び国際約束手形に関する条約を作成したが、当該条約は、証券の文言上、それが国境を越えた取引と関連して発行されたことが明白な場合にのみ適用され、一般の流通証券にはU.C.C.が適用されることになる［U.C.C.§3-102］。

2）流通証券の種類

流通証券は、次のように大きく2つの類型に分けることができる。

1つ目は、二者間で構成される流通証券で、maker（振出人。作成者ともいう）とpayor（payer：支払人）が同一であり、payee（受取人）に対して代金を支払う支払約束証券（promise to pay：支払約束）である。これはdebt instruments（借入証券）といわれることもある。代表例は、promissory note（約束手形）であるが、CD（certificate of deposit：預金証券）も流通証券としての要件を満たした場合（negotiable certificate of deposit：譲渡性預金証券）には流通証券として扱われ、U.C.C.は、これを商業証券の1つとして扱っている。

2つ目は、drawer（振出人）、drawee（支払人）及びpayee（受取人）の三者関係で構成される流通証券で、振出人が支払人に対して何らかの形で受取人を指示する支払指図証券（order to pay：支払指図）である。上記借入証券とは異なり、流通証券の振出人と支払人が異なるところが特徴で、代表例として、draft（bill of exchange：為替手形）やtrade acceptance（買主引受為替手形）、check（小切手）があげられる。支払人は振出人から支払いの委託を受けているに過ぎず、これに応えてacceptance（引受け）を行うことにより、初めて支払義務を負うことになる。このように、為替手形の引受けをした支払人をacceptor（引受人）という。小切手の場合、支払人は常に銀行であり、支払委託を受けた銀行をpaying bank（支払銀行）という。小切手には、(1)振出人及び被振出人が同一の銀行であるか、または、同一銀行の支店であるcashier's check（為替手形／自己宛小切手）や、(2)他の銀行に対して振り出された為替手形または、他の銀行で支払われるか、もしくは他の銀行を通じて支払われるteller's check（為替手形／銀行窓口小切手）も含まれる。

図表8-1：流通証券の整理I

支払約束 (promise to pay) **［借入証券］**	**約束手形** (promissory note)	振出人（maker）＝支払人 振出／発行（issue）↓↑呈示（presentment） 受取人
	預金証券 (certificate of deposit)	振出人*（maker）＝支払人 振出／発行（issue）↓↑呈示（presentment） 受取人 *銀行に限られる。
支払指図 (order to pay)	**為替手形** (draft)	振出人（drawer） ↓振出／発行（issue） 引受人／支払人 ↓支払 受取人
	買主引受為替手形 (trade acceptance)	振出人＝売主（drawer ＝ seller） ↓振出／発行（issue） 引受人／支払人＝買主 ↓支払 受取人＝売主
	小切手 (check)	振出人（drawer） ↓振出／発行（issue） 引受人／支払人＝ 銀行 ↓支払 受取人 ※要求払いのみ

次に、流通証券については、(1)受取人及び(2)支払時期の違いにより、図表8-2のような整理をすることができる。

(1)受取人については、(a)流通証券に受取人が指定されているpayable to an identified person(指図式払い)と、(b)流通証券に受取人が指定されておらず、その証券をbearer(窓口に持参した人)を受取人とするpayable to bearer(持参人払い)とに区別することができる。指図式払いの場合は、例えば、証券に“Pay to the order of A”と記載され、これにより「Aさんに支払う」と指定されたことになる。また、持参人払いの場合は、“Pay to the bearer”と記載され、受取人が指定されないため、窓口に当該流通証券を持参した人が受取人として支払いを受けることができる。つまり、指図式払い及び持参人払いの区別は、証券の流通過程で、受取人が指定されるか否かによって決定される。

また、(2)支払時期については、証券の記載により、(c)支払日が定められているpayable at definite time(確定期日払い)と、(d)流通証券を窓口に持参した日に支払われるpayable on demand(要求払い。一覧払いまたは呈示払いともいう)とに区別することができる。なお、小切手は、すべて呈示により支払われる要求払いとなる。

図表8-2：流通証券の整理II—受取人・支払時期による区別

		(1)受取人による区別	
		(a)指図式払い (payable to an identified person)	**(b)持参人払い** (payable to bearer)
(2)支払時期による区別	**(c)確定期日払い** (payable at definite time)	証券に記載されている特定の受取人(Aさん)に対して確定日に支払う。	持参人に対して確定日に支払う。
	(d)要求払い (payable on demand)	証券に記載されている特定の受取人(Aさん)が呈示した日に支払う。	持参人が呈示した日に支払う。

3) 証券の流通

①流通性の要件

流通証券は、発行（作成者または振出人によって最初に証券を引き渡すこと）した後も、受取人が裏書交付その他の交付を行うことにより、さらに市場で流通させることができる。証券を流通させるためには、(1)書面であること、(2)振出人の署名があること、(3)無条件の支払約束・支払指図であること、(4)金額が確定していること、(5)要求払いまたは確定期日払いであること、及び (6)指図式払いまたは持参人払いであること（小切手を除く）という要件をすべて充足していることが必要となる。これを流通性の要件とよぶ。

図表8-3：流通性の要件

1	書面であること	Written negotiable instruments / commercial papers
2	振出人の署名があること	Signed by maker or drawer
3	無条件の支払約束・支払指図文言があること	Unconditional promise to pay or order to pay
4	一定の金額を支払う約束または指図があること	Promise to pay or order to pay a certain specified amount of money
5	要求払いまたは確定期日払いであること	Payable on demand or payable at a definite of time
6	指図式払いまたは持参人払いであること（小切手を除く）	Payable to an identified person or payable to bearer (Pay to the order of A or Pay to the bearerと記載。ただし、小切手のみPay to Aとの記載でも流通性の要件を充足する)

②流通証券の移転

流通証券は、受取人がこれを所有し、期日の到来または窓口に持参することで支払いを受けることができるが、流通証券の移転という方法で決済を行うことも可能である。流通証券の移転には、その流通証券を (1)流通 (negotiation) させて移転する方法と、(2)譲渡 (assignment) して移転する方法の2つがある。

(1)流通の場合とは、indorsement（裏書）やdeliver（引渡し）による移転等、流通証券が予定する正当な流通方法で証券を移転させることをいい、「流通」があったというためには証券の占有の変更が必要となる。この方法により証券を取得した者を、holder（所持人）という。所持人は、一定の要件の下でU.C.C.が規定する保護（後述する人的抗弁の切断等）を受け得るため、債権譲渡により証券を取得した譲受人と比較して、保護される可能性が高くなる。

また、流通証券には、前述のように持参人払いと指図式払いとがあるが、流通による移転の場合、これら証券の法的性質は固定したものではなく、その証券になされた移転方法により、移転後の証券の法的性質は変化する。例えば、持参人払いの証券（持参人払式証券）が、special indorsement（記名式裏書：被裏書人欄に特定の者を記載することによる裏書）及び証券の引渡しという方法により移転した場合、その後の当該証券の性質は指図式払いとなり［U.C.C.§3-109(c)前段、3-205(a)］、次の移転は指図式払いの移転方法（(b)白地式裏書＋引渡し、または(c)記名式裏書＋引渡し）に従うことになる［U.C.C.§3-201(b)］。他方で、指図式払いの証券（指図式証券）が、blank indorsement（白地式裏書：被裏書人欄をブランクにしておく裏書）及び証券の引渡しという方法により移転した場合、その後の当該証券の性質は持参人払いとなり［U.C.C.§3-109(c)後段、3-205(b)］、次の移転は持参人払いの移転方法（(a)単なる引渡し、(b)白地式裏書＋引渡し、または(c)記名式裏書＋引渡し）に従うことになる［U.C.C.§3-201(b)］。

(2)譲渡の場合とは、通常の債権譲渡と同様に、流通証券が予定する流通方法によらず証券を移転させることをいい、譲渡された流通証券について、assignor（譲渡人）とassignee（譲受人）の権利の内容は同じとなる［U.C.C.§3-203(b)］。譲受人はholder（所持人）ではないため、証券を提出することによってのみ支払いを受ける権利を有するとの推定を受けず、譲渡を受けた事実を証明する必要がある。

図表8-4：流通証券の移転

		U.C.C.が認める移転方法	指図式払い	持参人払い
(1) 流通 (negotiation)	**裏書／引渡しによる移転**	(a)（単なる）証券の引渡し	×	○
		(b) 白地式裏書 ＋ 証券の引渡し	○ （移転後は持参人払いとなる）	○ （移転後も持参人払いとなる）
		(c) 記名式裏書 ＋ 証券の引渡し	○ （移転後も指図式払いとなる）	○ （移転後は指図式払いとなる）
(2) 譲渡 (assignment)	**債権譲渡による移転**	譲受人と譲渡人との間で証券上の権利について合意がなされ、当該合意に基づいて証券が譲受人に交付される。譲受人の権利と譲渡人の権利は同等。		

（×…指図式証券の移転方法として（a）単なる証券の引渡しは認められない）

4) Holder in Due Course（正当な所持人）

①正当な所持人の要件

流通証券は市場で流通することが予定されているため、流通証券の所持人が適法に証券を取得し、証券上の権利を行使できるかが問題となる。流通証券の所持人が適法に証券を取得した場合、当該所持人をHDC（holder in due course：正当な所持人）という［U.C.C.§3-302］。この正当な所持人と認められるための要件は、(1)流通により証券を所持したこと（holder of a negotiable instrument）、(2)対価を支払って取得したこと（for value）、(3)当該証券に瑕疵があることを知らずに、信義誠実に取得していること（in good faith）、(4)証券の満期、支払期日を経過したものであること（overdue）、引受拒絶または支払拒絶が満期前にあったこと（dishonor）、defense（抗弁事由）が存在することについて知らない（善意である）こと（without notice）である。要件（2)の有償取得との関係では、将来の役務提供その他履行の約束との引き換えにおいて証券を取得した場合には対価を支払って取得したとは認められない。上記要件をすべて満たした者を、正当な所持人と同義で、bona fide holder（善意有償所持人）とよぶ場合もある。

正当な所持人は、real defense（物的抗弁）の対抗を受けるが、personal defense（人的抗弁）の対抗は受けないため（これを「人的抗弁の切断」という）、債務者（振出人、裏書人等）に対して証券上の権利を主張し、支払いを受けることが可能となる（物的抗弁及び人的抗弁については**下記5)**にて詳述する）。

図表8-5：正当な所持人の要件

(1)	流通により証券を所持したこと（holder of a negotiable instrument） （×譲渡の方法により取得した場合には所持人とはいえない）
(2)	対価を支払って取得（for value） （×将来の履行約束は対価を支払ったとはいえない）
(3)	当該証券に瑕疵があることを知らず信義誠実に取得（in good faith）
(4)	満期経過（overdue）、引受拒絶・支払拒絶（dishonor）、抗弁事由（defense）について善意（without notice）

②正当な所持人から流通証券を取得した所持人

上記の要件を満たした所持人は、正当な所持人として、人的抗弁の切断という保護を受けるが、正当な所持人から流通証券を取得した者は、悪意で取得するなど正当な所持人の要件を満たさなくても正当な所持人と同様の権利を有する。これを、holder through a holder in due course（正当な所持人を経由した所持人）という。正当な所持人から流通証券を取得する者は、正当な所持人の権利を承継できるがゆえに積極的に証券の取得に応ずることになるため、結果的に正当な所持人は証券を流通させて証券を資金化することができることになる。ただし、個別の取引法令により、正当な所持人に人的抗弁の切断が認められない場合があるので、実務では注意が必要である。例えば、消費者保護法令では、消費者取引で作成された証書に、正当な所持人について規定するU.C.C.第3編第302条の適用を排除している。

また、正当な所持人から流通証券を取得した者であっても、(1)詐欺または違法行為により流通証券を取得した者や、(2)同一の流通証券を再取得した者（初回の取得時に正当な所持人としての要件を満たさなかった者）については、正当な所持人の権利を承継することはできない［U.C.C.§3-203(b)］。

図表8-6：正当な所持人（HDC）及び正当な所持人を経由した所持人

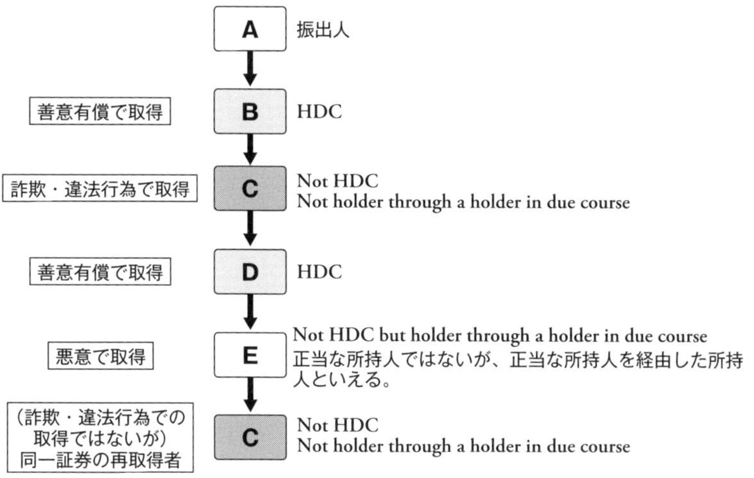

5) 流通性に対する抗弁

①Personal Defense（人的抗弁）

正当な所持人は、前述のようにpersonal defense（人的抗弁）の切断という保護を受けるが、これは、流通によって善意かつ適法に流通証券を取得した所持人を保護し、もって取引の安全を図るためのものである。善意かつ適法に流通証券を取得した所持人が自己の関知しない事情により証券上の権利を主張できないとすると、証券の流通を阻害し、ひいては証券取引市場全体の安全を図ることができなくなってしまうからである。

人的抗弁には、原因債権の債務不履行などの原因関係上の主張、約因がないこと、変造、停止条件の不履行、及び当事者の義務の免責などがあり［U.C.C.§3-305(b), 3-305(a)(2), 3-306, 3-407(c), 3-601(b), etc.］、未成年者による法律行為（物的抗弁）を除いて、主に契約の取消事由や解除事由に該当する場合が人的抗弁に該当するということができる。

図表8-7：人的抗弁（personal defense）	
Alternation	変造
Breach of contract	債務不履行
Discharge of the obligation of a party	当事者の義務の免責
Duress, Undue Influence	通常の強迫・不当威圧
Illegality	（取消事由になりうる）違法性
Lack or failure of consideration	約因がないこと
Non-performance of condition precedent	停止条件の不履行
Prior payment	過去の支払い
Theft by holder or subsequent holder after theft	盗取した所持人及びその後の所持人
Unauthorized completion	無権限または権限踰越による補充記載

②Real Defense（物的抗弁）

反対に、real defense（物的抗弁）が存在する場合、たとえ正当な所持人であっても証券上の権利の保護を受けることができない。物的抗弁は、静的安全との調和及び法政策的な要請から、正当な所持人にも対抗することが認められた抗弁である。

物的抗弁には、債務者が未成年、他の法律により債務者の債務が無効となるような（極度な）強迫、法的無能力または取引の違法性、性質や本質的な条項を知らず、知る合理的機会もなく証書に債務者が署名するよう誘引した証書作成上の詐欺、及び破産による債務者の免責等がある［U.C.C.§3-305(b)(a)(i)］。

図表8-8：物的抗弁（real defense）

Discharge of the obligor in insolvency proceedings	破産による債務者の免責
Duress, lack of legal capacity, or illegality which, under other law, nullifies the obligation of the obligor	他の法律により無効となるような（極度の）強迫、法的無能力または取引の違法性
Fraud that induced the obligor to sign the instrument with neither knowledge nor reasonable opportunity to learn of its character or its essential terms	証書に債務者が署名するよう誘引した証書作成上の詐欺
Minority/ Infancy of the obligor Discharge of bankruptcy	債務者が未成年

Practical Advice

1）証券の流通性判断

実務においては、上記Basic Rulesにおいて述べた流通性の要件の充足について訴訟で争われるケースも少なくない。具体的な事例を当てはめ、問題となっている流通性要件を充足するかを判断することが必要となる。流通性が問題となる典型的なケースは図表8-9のとおりである。

図表8-9：流通性の典型事例

流通性の要件	流通性が認められる場合	流通性が阻害される場合
(1) 書面性	書面であれば特に問題とならない	
(2) 振出人の署名 [U.C.C§3-401]	・道具または機械による署名 (例:ゴム判、レターヘッド等) ・イニシャル	・振出人による署名の欠如 (lack of signature by maker or drawer)
(3) 無条件の支払約束・支払指図	・前渡金の記載 ・支払原因の記載 (例：～の代金として、～の担保のために) ・支払資金の制限 (例：only out of … fund) ・人的または物的担保によって保証する旨の記載 (例：I pledge …) ・その他合意事項の記載	・支払条件付(conditioning promise) (例：…If I can buy my house) ・借用文言付 (I.O.U./ I owe you)
(4) 一定の金額	・数字と文字の不一致 (例：＄1,000,000,000 (One million dollars)) →この場合文字が優先する ・外貨金利、法定金利、変動金利*の記載 (例：Price Index＋X%、Prime Rate＋X%)	・債権銀行の貸付利率に連動する変動金利* (州により判断が分かれる可能性あり) ・時価支払 ・物品支払
(5) 支払日	・先日付(postdated)、後日付(antedated) ・一定期間以内(within a certain period) ・弁済日繰上条項(acceleration clause)(指定日あり) ・弁済日延長条項(extension clause)(指定日あり)	・納品日からX日後 (納品日が不確定) ・弁済日繰上条項のみ (指定日なし) ・弁済日延長条項のみ (指定日なし)
(6) 指図式払い 持参人払い	"pay to the order of 氏名"または "pay to the bearer"という文字が記載(小切手は除く)	小切手以外で、order または bearerという文字の記載がないこと

*変動金利…U.C.C. 改正法を採用した州に限る [U.C.C.§3-112(b)]。

①要件(3)無条件の支払約束・支払指図

約束手形上に「不動産が売却できたら、4万ドルを支払う」との記載があった場合、不動産の売却が手形金の支払条件となっているため、要件(3)を充足せず、流通証券とは認められない[1]。

他方で、抵当権、質権その他の担保を提供する旨の記載は、支払いの条件とはならないため、当該証券の流通性は維持される。

1) Reid v. Pyle, 51 P. 3d 1064 (Colo. App. 2002).

②要件(4)一定の金額

要件(4)の関連では、手形や小切手上に一定の金額が記載されているものの、“＄1,000,000,000(One million dollars)”というように数字と文字とに齟齬がある場合、文字の方が優先するため、流通性は阻害されないことになる。

他方で、利息の記載は認められているが[U.C.C.§3-112(b)]、例えば、銀行からの借金の返済のために約束手形が振り出されたところ、その約束手形には当該債権銀行の基本貸付利息に4%を加算した利息を付けるとの記載があった場合、この約束手形には流通性が認められないとしたニューハンプシャー州の最高裁判所判決[2]がある。この判決は、手形取引の安全から、証書の文面だけでは利息を確定することができない場合に流通証券性を否定した判決[3]の判断基準に従って結論を導いている。もっとも、U.C.C.改正によってsum certain(確定額)という表現が撤廃されたことに伴い、メリーランド州、ミズーリ州、ニューヨーク州及びバージニア州が当該改正法を採用するなど、現在の取引慣行において変額利息が利用されている州も存在する。

③要件(6)指図式払い／持参人払い

要件(6)に関しては、“Pay to the order of A”(指図式払い)または“Pay to the bearer”(持参人払い)のどちらかの記載が必須であるが、小切手に限り“Pay to A”との記載が認められ、流通性の要件を充足することになる。

2)当事者の責任(支払債務)

①第一次責任

約束手形において、振出人は、手形に記載された内容(白地で振り出された場合は補充後の記載内容)に従い、当該約束手形の支払債務を第一次的に負担する[U.C.C.§3-412, 3-115, 3-407]。

為替手形においては、名宛人は引受けをしない限り責任は負担しないが[U.C.C.§3-408]、一度引受けをすると、引受人となり、受取人に対して支払債務を負担することになる。引受人の義務は、約束手形の振出人と同様に、引受時の手形の記載内容(引受時に条件を変更した場合にはその内容、白地で振り出された場合は補充後の記載内容)に従い、当該為替手形の支払債務

2) Barnsly v. Empire Mortgage Limited Partnership V, 142 N.H. 721, 720 A. 2d 63 (1998).
3) Centerre Bank of Branson v. Campbell, 744 S.W. 2d 490 (Mo. Ct. App. 1988).

を第一次的に負担することである［U.C.C.§3-413, 3-410, 3-115, 3-407］。

②第二次責任

次に、前述の第一次債務者が債務を弁済することができない場合、第二次債務者が債務を弁済する義務を負う。

約束手形の場合、振出人が支払いを拒絶した場合に、支払拒絶の通知等の一定の手続きがなされた後に、indorser（裏書人）が第二次的に支払債務を負担することになる［U.C.C.§3-415, 3-410, 3-115, 3-407］。もっとも、裏書に、“without recourse”（遡求義務を負わない）で作成した旨の記載がある場合、裏書人は直後の裏書人（＝直接の債権者）に対してのみ債務を負うことになる［U.C.C.§3-415(b)］。この裏書をqualified indorsement（無担保裏書）という。

為替手形の場合、振出人は支払人（名宛人）に対して支払いを委託するに過ぎないが、支払人が支払いを拒絶すると、支払拒絶の通知を受けた後は、振出人が支払債務を負担することになる［U.C.C.§3-414(b)］。もっとも、“without recourse”（遡求義務を負わない）で振り出された旨が記載されているか、別の方法により振出人がその為替手形の支払債務を否認している場合、振出人は支払債務を免れる（なお、小切手の場合、振出人は支払債務を否認できない）［U.C.C.§3-414(e)］。

また、為替手形の引受人が支払いを拒絶した場合は、支払拒絶の通知等の一定の手続きがなされた後に、indorser（裏書人）が第二次的に支払債務を負担することになる［U.C.C.§3-415(a)］。無担保裏書がなされていた場合に、裏書人は直後の裏書人に対してのみ債務を負うことは、約束手形の場合と同様である。なお、為替手形において、裏書後に銀行によって引き受けられた場合、裏書人の責任は免除される［U.C.C.§3-415(d)］。

図表8-10：流通証券の債務弁済責任

	約束手形（支払約束）	為替手形（支払指図）
第一次債務者 （primary liability）	振出人	引受人 ※引受けが必要
第二次債務者 （secondary liability） ※第一次債務者が支払債務を履行できない場合に支払義務を負う。	裏書人	振出人
		裏書人
	ただし、遡求義務を負わない旨（without recourse）を記載した場合、一定の責任を免れる。	

|R|E|V|I|E|W|Q|U|E|S|T|I|O|N|S|

8-1 **支払約束と支払指図**

Q 商業証券に関するU.C.C.の規定において、支払指図証券とされるものはどれか。

(1) 約束手形 (2) 為替手形 (3) 預金証券 (4) 小切手 (5) 買主引受為替手形

A (2)、(4)、(5)。支払指図文言を有する証券は為替手形、小切手及び買主引受為替手形である。(3) の預金証券は (1) の約束手形の一種で、支払約束文言が含まれている。

8-2 **商業証券の流通性の要件（1）基本問題**

Q 約束手形が流通性を有するための要件として正しいものはどれか。

(1) 受取人による署名があること

(2) 支払に必要な条件が記載されていること

(3) 当事者間の合意内容がすべて記載されていること

(4) 指図式払いまたは持参人払いであること

A (4)。流通証券であるための条件は図表8-3の6つである。これを満たすのは、指図式払いまたは持参人払いのみである (4)。振出人の署名は流通性の要件であるが、受取人の署名は要件ではない (1)。また、流通性が認められるためには支払いは無条件でなければならず (2)、契約書のようにすべての合意事項を記載する必要はない (3)。

8-3 商業証券の流通性の要件（2）事例問題

Principal amount; $80,000	March 18, 2021
I promise to pay to the order of Custer Corp. $80,000 within 14 days after the sale of my cars. I pledge the sale proceeds to secure my obligation hereunder.	
H. Smith H. Smith (Sign)	

Q　上記の商業証券について正しく述べられているものはどれか。

（1）当該商業証券は、支払地が記載されていないので流通性が認められない。

（2）当該商業証券は、要求払い（一覧払い）の為替手形である。

（3）当該商業証券は、支払日が確定していないので流通性が認められない。

（4）当該商業証券には担保によって支払いを保証する旨の記載があるので、流通性が認められない。

A　(3)。流通性の要件を満たすためには、要求払いまたは確定期日払いであることが必要である。この証券は、振出人が自家用車を売却してから14日以内に支払うこととされており、支払日が確定されておらず、要求払いまたは確定期日払いのどちらにも該当しない。そのため、この証券には流通性が認められない (3)。また、支払地の記載、及び担保によって支払いを保証する旨の記載があったとしても流通性を阻害しない (1) (4)。要求払い (一覧式払い) の為替手形は、引受人への支払指図文言を要するが、当該商業証券には支払約束文言 (promise to pay) が記載されている (2)。

8-4 正当な所持人の要件（1）

Q　商業証券に関するU.C.C.の規定において、正当な所持人になるための要件として不適切なものはどれか。

（1）対価を支払って取得したこと

（2）その証券に瑕疵があることを知らずに取得したこと

（3）証券が期日を経過していること、引受拒絶・支払拒絶されたこと、

証券上の債務者が抗弁や何らかの請求権を有していることについて善意であること

(4) その証券が担保に供されていることを知らずに取得したこと

A (4)。証券が担保に供されているか否かは正当な所持人の要件とは無関係である(図表8-5参照)。正当な所持人の権利は重要なので押さえておきたい。

8-5 正当な所持人の要件 (2)

Q 小切手の正当な所持人と認められるための要件として不適切なものはどれか。

(1) 支払義務の担保として小切手を取得したこと

(2) 既存債務の支払いとして小切手を取得したこと

(3) 別の商業証券と引き換えに小切手を取得したこと

(4) 将来における役務の提供の約束と引き換えに小切手を取得したこと

A (4)。正当な所持人となるためには、対価を支払って(有償で)証券を取得することが必要である。しかし、将来の役務を提供する約束は、正当な所持人となるための対価の支払いには当たらない。その他の選択肢は、いずれも対価の支払いとして認められる(図表8-5参照)。

8-6 正当な所持人の権利と抗弁

Q 以下の事由のうち、流通性ある約束手形の正当な所持人に対して主張できないものはどれか。

(1) 振出人の破産による免責

(2) 停止条件の不履行

(3) 詐欺により誘引された振出人による署名

(4) 振出人が未成年

A (2)。正当な所持人として認められた者は、物的抗弁の対抗は受けるが、人的抗弁の対抗は受けないため(人的抗弁の切断)、人的抗弁事由を選択することになる。選択肢のうち、(2)が人的抗弁で、その他は物的抗弁となる(図表8-7・8参照)。

8-7 **流通と所持人の概念**

Q 以下の記述のうち、適切なものはどれか。

（1）指図式証券に偽造された裏書が介在しても、当該指図式証券を流通の方法により取得した所持人は正当な所持人にあたり得る。

（2）持参人払式証券の盗取者から当該証券を流通の方法により取得した者は正当な所持人となり得る。

（3）未成年者から指図式証券を裏書により取得した場合、当該証券の流通（占有の移転）は無効である。

A (2)。日本の手形小切手法では偽造裏書があっても形式的な裏書の連続が認められれば、権利者と推定されるが、U.C.Cにおいて証券の権利者となるためには「証券の占有の移転」と「所持人による裏書」が必要となる(negotiation requires transfer of possession of the instrument and its indorsement by the holder. U.C.C. §3-201条 (b))。偽造裏書は「所持人による裏書」とはいえない(1)。持参人払式証券では証券の占有のみを問題としており、盗取者も所持人たり得る［U.C.C. §1-201 (21) §2-201 (b)］。未成年者からの取得者は正当な所持人であっても物的抗弁の対応を受けてしまうが、流通（占有の移転）自体は有効である［U.C.C. §2-202 (a)］(3)。

〔山崎 ふみ〕

References

田島裕『UCCコンメンタリーズ 第2巻』レクシスネクシス・ジャパン、2007年
ジェロルド・A. フリードランド『アメリカ国際商取引法・金融取引法』レクシスネクシス・ジャパン、2012年
プロアクティブ／グアム大学日本事務局（監修）、神山直規、佐々木洋和、建宮努『US CPA 集中講義 税法・ビジネスロー［第3版］』中央経済社、2009年（図表8-1・2・3・9・10は、左記文献を参考にさせていただいた）

第9章

破産法

Bankruptcy USCPA

POINTS

- 米国の破産法は連邦法のFederal Bankruptcy Code（連邦破産法）により規定されている。連邦破産法は第1章から第15章までで構成されている（第2章、第4章、第6章、第8章、第10章および第14章は欠番）。このうち、Liquidation（清算）を定めた第7章（日本法の破産法に相当）、Reorganization（更生）を定めた第11章（日本法の民事再生法および会社更生法に相当）、Adjustment of Debts of an Individual with Regular Income（定期収入のある個人の債務整理）を定めた第13章（日本法の個人再生手続を定める民事再生法の特則に相当）が特に重要である。
- 第7章手続は、破産管財人が債務者の財産の管理・処分権を持って財産を換価し、債権者に配当する清算型手続である。第7章の破産手続においては、破産財団から債権者に分配を行った後の残債務は、原則として免責される。ただし、一定の非免責債権が定められている。
- 第11章、第13章手続は債務者に財産の占有継続を認める再建型の手続きであり、清算が行われることはない。
- 企業に関する再建型手続としては、連邦破産法の第11章の手続きのほか、裁判所外の手続き（ワークアウト）が多く利用されている。また、ワークアウトの段階で再建計画を策定し、第11章の手続きで必要となる数の債権者の賛成を得てから、第11章手続の申立てを行うプレ・パッケージ型の第11章手続も多く利用されている。

KEY LEGAL TERMS

automatic stay【自動的停止】 破産等の申立てが行われた場合に、債権者による債権回収行為が原則禁止されることをいう。裁判所の決定を要さず、申立てにより自動的に効力が生じる点に特徴がある。

insolvency【債務超過，支払不能】 債務超過とは、債務の合計額が資産のFMV（fair market value：公正な市場価格）を上回っている状態をいい、支払不能とは、支払期限が到来している債務の支払いができない状態をいう。

trustee in bankruptcy【破産管財人】 債務者の財産・法律関係を包括的に承継する破産財団の代表である。破産管財人の権限は、手続きにより異なり、第7章、第11章手続（なお、第11章手続においては、更生管財人とよばれる）では破産管財人が積極的に債務者の財産の管理・処分を行うのに対し、第13章手続では債務者の監督が主な職務となる。

bankrupt estate【破産財団】 破産手続において債権者へ分配する原資となる債務者の財産の集合体をいう。債務者が申立日現在に保有する財産に加え、申立日から180日以内に相続、財産分与等により取得した財産も含む。

exempt property【除外財産】 個人債務者の生活保護、再出発支援を目的として、破産財団から除外される債務者の財産をいう。法人・組合には適用がない。

fraudulent conveyance【詐害的譲渡】 債務者が債権者に損害を与える目的を持って行う計画的な財産譲渡のことをいう。悪質な行為であり、破産免責の否認事由となる。

discharge in bankruptcy【破産免責】 破産財団からの配当手続によって弁済されなかった残債務について、債務者の責任を免除することをいう。清算型手続き（第7章手続）の場合、債務者が個人である場合のみ適用がある。

Basic Rules

1）清算型破産処理手続

第7章は清算型の破産処理手続（以下「破産」と記載する場合、第7章手続のことを指す）について規定している。清算型の破産処理手続においては、債務者が保有する財産を所定の順番により債権者に分配し、残債務については原則として免除される。債務者自身が申立てを行う場合を自己破産、債権者が申立てを行う場合を強制破産という。

①自己破産と強制破産

自己破産の申立ては、個人、法人・組合のいずれも行うことができる。ただし、保険会社、銀行、鉄道会社などは申立てを行うことができない。

破産の申立てが行われた場合に、連邦破産裁判所が、連邦破産法に基づいて破産手続の開始を命じることを、order for relief(救済命令)という。

自己破産の申立ての要件は、債務を負っていることであり、insolvency(支払不能)であることは要件ではない(ただし、破産手続の濫用を防止するため、一定の資力要件が定められている)。

破産の申立てが行われると、債務者は、申立日から15日以内に、債権者一覧表、財産目録、収支表等の資料を裁判所に提出しなければならない。

債権者が強制破産の申立てを行う場合、債権者が12名未満の場合、1万5,775ドル以上の無担保債権を有する1名以上の債権者が申立書に署名する必要があり、債権者が12名以上の場合、合計で1万5,775ドル以上の無担保債権を有する3名以上の債権者が申立書に署名する必要がある。

債権者申立がなされた場合、裁判所は、(1)支払不能、(2) custodian(財産管理人)の占有開始、(3)債務者の答弁書不提出のいずれかが認められる場合、救済命令を発令する。

②Automatic Stay(自動的停止)

破産申立が行われると、自動的に、債務者や財団に対する債権取立、相殺、担保権の実行等の幅広い債権回収行為が禁止される。ただし、刑事手続、人事訴訟、税務手続等の一定の手続きは自動的停止の対象外とされている。また、自動的停止の対象となる行為であっても、利害関係人からの申立てがあり、一定の要件を充足する場合、裁判所が告知聴聞手続を経た上で、自動的停止からの救済を許可することができるものとされている。

裁判所の決定を要さず、申立てにより自動的に効力が生じる点は、連邦破産法の特徴である。

③Section 341 Meeting(第1回債権者集会)と破産管財人

救済命令が発令されると、その後20日から40日の間に、第1回債権者集会が開催される。根拠条文からsection 341 meeting（341条集会）ともよばれる。第1回債権者集会は、連邦管財官が主宰することとされているが、実際には、連邦管財官から指名された者として保全管理人が主宰することが一般的である。

通常、第1回債権者集会において、trustee in bankruptcy（破産管財人）が選任される。破産管財人は、破産財団に属する財産を収集・確定、換価して、債権者に公平に分配する。破産管財人はbankrupt estate（破産財団）の代表者として、破産財団の管理・処分権を有する。一方で、財産についての計算報告、債権認否、財団に関する情報の整理、裁判所・連邦管財官に対する最終報告書・最終計算書の提出等の義務を負う。

④Exempt Property（除外財産）

個人債務者の生活を保護し、再出発を支援するため、債務者の財産のうち破産財団から除外することが定められた一部の財産を除外財産という。個人債務者の保護という規定の趣旨から、法人・組合には適用がない。

連邦破産法は、州が独自の除外財産制度を規定することを容認しており、3分の2程度の州が独自の除外財産制度を設けている。連邦破産法と州法のどちらの規定によるかは、州法が連邦法の適用を除外している場合を除き、債務者の選択による。

連邦破産法における主な除外財産は以下のとおりである。なお、上限金額は、物価上昇率等を考慮して3年ごとに見直しがなされており、下記は2019年改定の金額である。

- 債務者の住居に対する持分につき2万3,675ドルまで
- 1台の自動車に対する持分につき3,775ドルまで
- 宝石類につき、合計で1,600ドルまで
- 本、衣類、家事道具等につき、1つ当たり600ドルを超えないもので、合計で1万2,625ドルまで
- 事業のための専門書、工具等につき、2,375ドルまで
- 生命保険
- 医師の処方した医薬品

・社会保障、扶養料、退職金、年金等の受給権

⑤Preferential Transfers（優先的譲渡）

債務者による、特定の債権者を優遇する取引を優先的譲渡という。優先的譲渡は、債権者に対する公平な配分を行うという破産法の趣旨に反することから、破産管財人は、破産申立の前90日間（債権者が内部者の場合には1年間）に行われた優先的譲渡を否認し、優先的譲渡により移転した財産を破産財団に返還させることができる。

優先的譲渡の対象となる譲渡行為とは、財産上の権利の移転をいい、財産・権利の処分に限らず、担保権の設定等も含む。

通常の取引の範囲内で行われた行為、債務者が譲渡と同時にnew value（新しい価値）を取得した場合等は、優先的譲渡に当たらないものとされている。

⑥Fraudulent Conveyance（詐害的譲渡）

債務者が、債権者に損害を与える目的を持って行う計画的な財産譲渡のことを詐害的譲渡という。申立日の前2年間に行われた詐害的譲渡は、破産管財人による否認の対象となる。また、債権者を害する意図を持った悪質な行為であることから免責の否認事由ともなる。

詐害的譲渡における譲渡行為には、(1)担保権の設定、(2)担保目的の所有権の保有、(3)受戻権の喪失手続の実行、(4)財産または財産上の権利の処分または移転、(5)債務負担が含まれる。債務者が実際に詐害意思を持って譲渡行為を行った場合に限らず、一定の要件を満たす場合には、債務者の詐害意思が擬制される。

債務者の詐害意思の有無を判断する要素としては、(1)対価の適切性、(2)譲受人と債務者との人的関係（移転先が内部者であるか）、(3)債務者が財産移転後も財産を支配しているか、(4)譲渡行為が行われた時期、(5)情報の開示、(6)対象財産の重要性等があげられる。

⑦債権の優先順位

◧ 担保付債権 ◧

債務者の特定の財産に担保権を有するsecured creditor（担保債権者）は、破産手続の影響を受けず、破産手続とは別に担保物から優先して弁済を受け

ることができる。この点は、第11章手続においても同様である。担保物が被担保債権を上回る価値を持っている場合、担保債権者は、自己の債権の全額を回収することができる。しかし、担保物からの弁済が担保債権者の債権全額に満たない場合、担保物から弁済を受けた残債権については、優先権を失い、一般の無担保債権として扱われる。

連邦破産法では、相殺権付債権も担保付債権として取り扱われる。これは、連邦破産法に特徴的な点である。

破産手続において、破産財団から配当を受けるためには、所定期間内に破産裁判所に対して届出を行う必要がある。担保債権者は届出をしなくても担保権を行使することが可能であるが、担保物からの弁済後の残債務が生じる場合、届出を行っていないと、残債務について配当を受ける権利を失うことになる。

◧ 無担保債権 ◧

無担保債権は、以下の債権に分類され、(i)から順番に配当が行われる。配当原資のすべての配当が行われると配当は終了し、劣後する債権は配当を受けられない。

(i) 扶養料、養育費

(ii) 管財費用（破産財団保全のための費用、破産財団の負担すべき租税、破産管財人等の報酬等）

(iii) ギャップ債権（破産申立から救済命令発令までの期間（ギャップ期間）に、通常取引に範囲内で生じた債権）

(iv) 賃金債権（破産申立日前180日間に生じた賃金債権のうち従業員1人当たり1万2,850ドルまでの部分）

(v) 従業員の給付請求権（破産申立日前180日間に生じた債権のうち賃金以外の給付請求権（企業年金等）について、従業員1人当たり1万2,850ドルまでの部分）

(vi) 農業者、漁業者の債権（6,325ドルまでの部分）

(vii) 消費者の保証金返還請求権（1人当たり2,850ドルまでの部分）

(viii) 租税債権

(ix) 債務者のFDIC (Federal Deposit Insurance Corporation：連邦預金保険公社) に対する委託に基づく債権

(x) 飲酒運転、薬物影響下の運転による死亡、傷害事故に基づく損害賠償請求権

(xi) 一般無担保債権

⑧Discharge in Bankruptcy (破産免責)

破産財団からの配当手続によって弁済されなかった残債務について、債務者の責任を免除することを破産免責という。破産免責は、個人債務者に財務的に再出発する機会を与えることを目的として認められた制度であるため、第7章手続において破産免責の適用があるのは、債務者が個人の場合のみである。債務者が法人、組合の場合には、破産手続の終結により、組織が解散、消滅し、残債務は消滅する。

◧ 免責の否認 ◧

破産免責は、破産手続を誠実に行う債務者にのみ認められるものであるため、債務者に不正な行為が認められるような場合には、債務者は免責を否認され、配当後の残債務について責任が残存することとなる。主な免責の否認事由は詐害的譲渡、破産手続における虚偽報告・虚偽の債権届出、過去8年以内の第7章・第11章手続における免責等である。

◧ 非免責債権 ◧

一定の債権については、破産免責の対象外とされている。主な非免責債権は、租税債権、扶養料・養育費、故意・悪意による加害行為に基づく債権、故意に債権者名簿に記載しなかった債権等である。

2) 更生型破産処理手続

①更生手続概要

連邦破産法第11章が定める更生手続は、債務者の事業の再建・存続を目的とした手続きに関する規定である。第7章の破産手続と異なり、清算が行われることはなく、再建型の手続きということができる。第11章の手続きは、個人の債務者、法人、組合の債務者のいずれも利用することができる。ただ

し、個人の債務者が再建型手続を選択する場合、第13章の定期収入のある個人の債務整理の手続きを利用することが多い。

第11章手続では、通常、債務者が財産の占有を継続することを認めており、このような債務者を、DIP(debtor-in-possession：占有継続債務者)とよぶ。

更生手続の申立ては、債務者、債権者のいずれも行うことができ、提出書類に相違があること等を除き、第7章手続とほぼ同様である。申立てにより自動的停止の効力が生じる点も第7章手続と同様である。第7章手続において述べた優先的譲渡、詐害的譲渡も、第11章手続において同様の取扱いとなる。

第11章手続では、債務者の弁済は、再建計画に基づいて行われる。提出された再建計画に対しては、債権者等による決議が行われる。そのため、再建計画に対する賛成を求める勧誘活動が行われるのが一般的である。

再建計画が一定の要件を満たして認可されると、再建計画は関係当事者を拘束し、再建計画に従った弁済が行われる。

②DIP(占有継続債務者)

第11章手続では、管財人が選任された場合を除き、債務者が財産の占有を継続し、事業を運営する。DIPは、報酬請求権及び債務者への調査義務を除き、管財人と同一の権利義務を有する。

企業統治体制

取締役の選任・解任等の債務者の企業統治体制は、第11章手続の開始により変更されるものではなく、再建計画等により変更されるまでは、手続きが開始する前と変わりがない。株主は、第11章手続開始後も株主権の行使を妨げられず、株主総会で取締役の選任・解任を行うことも可能である。

取締役の注意義務

取締役等は、受託者義務に含まれる義務として、通常時には、株主に対して注意義務を負い、債権者に対する注意義務は負わないとされている。一方、会社が支払不能になった場合、取締役等は、債権者に対する注意義務を負うとされている。

連邦破産法は、第11章手続における取締役等の受託者義務の内容について規定していないが、第11章手続における取締役等の注意義務は、債権者のために財団を保全し、財団に損害を与える行為や再建を妨げる行為を防止する義務であるとする判例がある[1]。

③管財人

第11章手続では、債務者がDIPとして財産の占有を継続し、事業を運営するのが原則であり、管財人が選任されるのは例外的である。管財人の選任事由としては、現経営陣による詐欺、不誠実な行為、重大な経営上の誤り等が認められる場合、債権者、株主、財団に最も利益となる場合等があげられる。

管財人が選任された場合には、債務者は財産の占有権限を失い、管財人が債務者の財産を占有して事業を継続することとなる。

④Committee of Creditors（債権者委員会）

第11章手続の申立てがなされると、連邦管財官は、無担保債権者により構成される債権者委員会を選任する。債権者委員会の委員は、原則として債権額上位7位の債権者が選任される。

債権者委員会は、(1)債務者の行為、財務状況、事業の状況等の調査、(2)再建計画策定への参加、(3)管財人、調査委員の選任の請求、(4)弁護士、会計士等の専門家の選任等の権限を有する。

⑤再建計画の策定

更生手続において、債務の処理方法（債務の減額方法、弁済期間等）、事業再建の計画等を定めた計画書を再建計画という。債務者はいつでも再建計画を提出することができるが、救済命令発令の日から120日以内は再建計画の提出権限は債務者が独占する。利害関係人（更生管財人、債権者委員会、株主等）は、次のいずれかの場合には、再建計画を提出することができる。

- 更生管財人が選任されている場合
- 債務者が救済命令発令から120日以内に再建計画を提出しない場合
- 債務者が、救済命令の日から180日以内に、権利変更される債権者等のすべての組の賛成を得た再建計画を提出していない場合

再建計画には(1)すべての債権、株主権について組分けをすること、(2)権利変更されない債権、株主権の組の特定、(3)権利変更される債権、株主権

1) *In re* Mushroom Transp. Co., 282 B.R. 805, 821 (E. D. Pa. 2002), *In re* Ionosphere Clubs, Inc., 113 B.R.164, 169 (Bankr. S. D. N. Y), Petit v. New England Mortgage Servs., Inc., 182 B. R. 64, 69 (D.Me, 1995).

の取扱いの特定等、所定の事項を記載しなければならない。

再建計画では、配当の定め、再建計画への投票等、組ごとに異なる取扱いがなされるため、組分けが非常に重要である。一般的には、担保付債権・優先債権・無担保一般債権・少額債権・株主権に組分けされる。租税債権等の原則として100％弁済が求められる債権については、組分けの対象外とされている。組分けの基準について、連邦破産法では、「再建計画は、特定の債権または株主が、実質的に類似している場合に限り、同一の組に分類することができる」[2]と規定するのみであり、具体的にどのような組分けが認められるかが問題となる。この点についての裁判所の判断は分かれているが、合理的な目的がある場合には、実質的に類似している債権を別の組とすることを認める場合が多いようである。

⑥再建計画の認可

更生手続において権利行使することが認められた債権者、株主は、再建計画で組分けされた組ごとに、再建計画に賛成または拒絶する。なお、再建計画において権利変更されないと定められた組は、再建計画に賛成したものとされ、投票は行わない。投票が行われる各組において、投票した債権者の債権額の3分の2以上かつ投票した債権者数の過半数の賛成を得た場合、当該組の賛成の決議がなされたものとされる。株主については、投票した株主の株式数の3分の2以上の賛成があった場合には、当該組の賛成が得られたものとされる。

決議された再建計画は、裁判所の認可により効力を生じる。認可の主な要件は、(1)権利変更されたすべての組の賛成決議を得ていること、(2)再建計画が法令に違反していないこと、(3)再建計画に実行可能性が認められること、(4)再建計画に賛成していないが権利変更がなされる組について、清算価値が保障されている(清算型手続がとられた場合に得られる配当以上の配当を得られる)こと等である。

上記(1)の要件を満たさない場合で1組以上の賛成決議が得られている場合、裁判所は、再建計画が賛成しなかった組を不当に差別するものではなく公正・衡平と認められる等の一定の要件の下に再建計画を認可する。これを

2) 1122条(a)

cram down(クラムダウン)とよぶ。

認可された再建計画は、債務者と債権者等の関係者の間の契約として当事者を拘束する。再建計画が認可されると、再建計画の定めに従い、株主及び無限責任組合員の権利は消滅する。また、再建計画及び認可決定に定められているもの以外の財団の財産はすべて債務者に帰属することとなる。

個人以外の債務者については、再建計画または認可決定に規定されたものを除き、認可前に生じた債務は免責される。個人債務者は、再建計画に規定されたすべての弁済を終えた後、裁判所の許可により免責を受けることができる。

また、再建計画の認可により、個人以外の債務者については、自動的停止が終了する。

⑦再建計画認可後

債務者は、連邦破産法以外の金融関連法令等の規定にかかわらず、再建計画を実行し、裁判所の命令に従わなければならない。再建計画の実行が完了した場合、債務者は、最終報告書と最終計算書を裁判所と連邦管財官に提出する。債務者が再建計画を実行できない場合、裁判所は事件を棄却する。

3) Adjustment of Debts of an Individual with Regular Income(定期収入のある個人の債務整理)

第13章が定める定期収入のある個人の債務整理手続は、債務者が財産の占有を継続するDIP型の再建型手続である点で、第11章の手続きと多くの点で共通するが、いくつかの点で相違がある。

まず、第13章手続は債務者の自主性が重視されており、債務者による申立てのみが認められている。再建計画を提出できる当事者も、債務者のみである。第13章手続においても、申立てにより自動的停止の効力が生じるが、他の章の手続きと異なり、その効果は債務者だけでなく、保証者、共同債務者に対しても及ぶ。第13章手続では、債務者の申立日時点の財産に限らず、申立日以降に生じる債務者の収入、申立日以降に取得した財産も財団を構成し、債権者に対する配当原資となる。また、第11章手続と異なり、常に更生管財人が選任されるが、更生管財人の主な職務は債務者の監督、債権者に対する配当であり、第7章手続に比べ限定的である。

Practical Advice

1) 取引先の倒産

自社に対する債務者である取引先が倒産したことを知った場合の対応について検討する。まず必要となる対応は情報収集である。(1)取引先は事業を継続しているか否か、(2)取引先に第7章手続、第11章手続が開始しているか、(3)取引先に納入した商品はどこにあるか、(4)取引先に対する債権額、(5)担保権の有無、(6)保証者の有無、(7)未発送商品の有無、(8)取引先が自社に対して有する債権額等を把握する必要がある。

①第7章手続、第11章手続が開始している場合

この場合には、それぞれの手続きの規定に従った対応をとる必要がある。

■ 担保付債権を有する場合 ■

担保付債権には、手続きの影響を受けず、手続きとは別に担保物から優先して弁済を受けることができる。そこで、担保物件からの債権回収を図ることを検討することとなる。ただし、自動的停止による制限を受けることには留意する必要がある。

連邦破産法では、相殺権付債権も担保付債権として取り扱われるので、相殺権付債権を有する場合、手続開始後も相殺権の行使が可能である。ただし、自動的停止の制限を受けるため、(1)自動的停止からの救済を得た上で相殺権を行使する、(2)自動的停止の終了を待って相殺権を行使するといった対応をとる必要がある。相殺権を行使しない場合でも、担保付債権として、債務者から適切な保護を受けることが可能であり、(1) DIP(占有継続債務者)または管財人からの一括または分割の支払い、(2)追加または代替担保の提供等の救済を受けることも可能である。

■ 無担保債権を有する場合 ■

この場合、債務者からの弁済は、第7章、第11章手続の中で行う必要がある。第7章手続においては、第1回債権者集会の最初の日から90日以内に債権届出を行う必要があるので、債務者に手続きの状況を確認し、債権届出を行う

べきである。第11条手続では、債務者が提出する一覧表に記載された債権は争いのある債権等を除き、債権届出がなされたものと扱われるため、別途の届出は不要とされている。債権者においては、自己の有する債権が一覧表に記載されているかどうかを確認し、記載が漏れている場合、債務者に適切な対応をとるよう求めるべきである。

②第7章手続、第11章手続が開始していない場合

法的手続が開始していない場合には、通常時と同様に債権回収を図ることとなるが、申立日直前の行為は優先的譲渡として否認の対象となる点に留意する必要がある。

債権者においては、保証者（保証人・連帯保証人）がいる場合には、保証者からの債権回収も検討すべきである。

2）詐害的譲渡として否認される場合

債務者が、第7章手続を申し立てる1年6ヵ月前に、所有する唯一の不動産であった本社の不動産（適正価格100万ドル）を、代表者の親族に10万ドルで譲渡した場合を想定する。譲渡が行われた当時、債務者の債務の支払いが滞りがちであったとする。

このような場合、譲渡された財産は唯一の所有不動産であるから重要性が認められ、適正価格の10分の1の価格で取引されているから対価の適切性は認めがたい。さらに、譲渡先が代表者の親族という内部者であることや、すでに経済的苦境に陥っている時期の取引であることから、前述の判断要素に照らし、債務者に詐害意思が認められる可能性が高く、当該取引は、手続において否認の対象となる可能性が高い（上記Basic Rules 1）⑥参照）。

3）任意整理、プレ・パッケージ型手続等

企業に関する再建型手続として、連邦破産法の第11章の手続きを概観したが、多くの事例では裁判所外の手続きにおいて処理がなされている。裁判所外の手続きは、一般にworkout（ワークアウト）とよばれる。

ワークアウトとは、債務者と債権者が裁判所外で交渉によって再建計画を

策定する手続きであり、その法的性格は集団的和解である。ワークアウトの内容は、事案により大きく異なるが、債務の元本の減免・猶予、利率の修正、債務の一部劣後化、債務と株式の交換等があげられる。

ワークアウトにおける再建計画を策定する際、債務と株式や社債の交換が行われる場合、連邦や州の証券法の規制を受けるか否かを検討する必要がある。また、再建計画が債務免除を伴う場合、債務者が債務免除に伴って所得があるとみなされ、課税が発生する場合がある。したがって、ワークアウトにおいては、倒産法に詳しい専門家のほか、証券や税務に通じた専門家のアドバイスも受けることが重要である。

プレ・パッケージ型の第11章手続とは、ワークアウトの段階で再建計画を策定し、第11章の手続きで必要となる数の債権者の賛成を得てから、第11章手続の申立てを行うものである。

プレ・パッケージ型手続は、事前に賛成を得ていることから、再建を軌道に乗せやすく、取引先や従業員が安心して事業継続できる点にメリットがある。また、第11章手続においては、再建計画の策定とその賛成を得る手続きに長時間を要するのが一般的であるが、プレ・パッケージ型の手続きの場合には、それらの手続きを終えてから申立てを行うため、第11章手続自体は短期間で終了し、コストも抑えられる点もメリットである。

|R|E|V|I|E|W|Q|U|E|S|T|I|O|N|S|

9-1 主要な倒産手続

Q 連邦破産法において規定されている、主要な倒産手続にはどのようなものがあるか？ それぞれ第何章に規定されているか？

A 破産（清算、第7章）、更生（第11章）、定期収入のある個人の債務整理（第13章）があげられる。

9-2 自己破産手続の申立ての要件

Q 第7章の自己破産手続の申立ての要件はどのようなものか？

A 自己破産の申立ての要件は、債務を負っていることであり、insolvency

(支払不能)であることは要件ではない(ただし、破産手続の濫用を防止するため、一定の資力要件が定められている)。

9-3 担保債権者の地位

Q 連邦破産法における破産手続において、担保債権者の地位はどのようなものか?

A 債務者の特定の財産に担保権を有する担保債権者は、破産手続の影響を受けず、破産手続とは別に担保物から優先して弁済を受けることができる。担保物が被担保債権を上回る価値を持っている場合、担保債権者は、自己の債権の全額を回収することができるが、担保物から弁済を受けた残債権については、優先権を失い、一般の無担保債権として扱われる。

9-4 除外財産

Q 第7章手続における除外財産とはどのようなものか? 具体的にはどのような財産があるか?

A 除外財産とは、個人債務者の生活を保護し、再出発を支援するため、債務者の財産のうち破産財団から除外することが定められた財産をいう。連邦破産法における主な除外財産としては、(1) 債務者の住居に対する持分につき2万3,675ドルまで、(2) 1台の自動車に対する持分につき3,775ドルまで、(3) 宝石類につき合計で1,600ドルまで、(4) 事業のための専門書、工具等につき2,375ドルまで、(5) 生命保険等がある。

9-5 債務者の地位の相違

Q 連邦破産法第7章手続と第11章手続において、債務者の地位にどのような相違点があるか?

A 第7章手続においては、破産管財人が債務者の財産の管理・処分権を持ち、債務者は財産についての権限を持たないのに対し、第11章手続では、通常、債務者は、DIP(占有継続債務者)として、一定の制限の下で財産の管理・処分権を持つ点に相違がある。

9-6 破産免責と非免責債権

Q 破産免責とはどのような制度か？ 第7章手続における非免責債権にはどのようなものがあるか？

A 破産免責は、個人債務者に財務的に再出発する機会を与えることを目的として、破産財団からの配当手続によって弁済されなかった残債務について、債務者の責任を免除する制度である。第7章手続における主な非免責債権としては、(1) 租税債権、(2) 扶養料、養育費、(3) 故意、悪意による加害行為に基づく債権、(4) 故意に債権者名簿に記載しなかった債権等があげられる。

9-7 ワークアウト

Q ワークアウトとはどのようなものか？ ワークアウトを行う場合の留意点は何か？

A ワークアウトとは、債務者と債権者が裁判所外で交渉によって再建計画を策定する手続きであり、その法的性格は集団的和解である。ワークアウトの内容により、証券法の規制や債務免除に伴う課税の問題が生じる場合があるため、倒産法に詳しい専門家のほか、証券や税務に通じた専門家のアドバイスも受けることが重要である。

〔原田 真〕

References

西川郁生『アメリカビジネス法〔第3版〕』中央経済社、2004年
杉浦秀樹『米国ビジネス法』中央経済社、2007年
渡邉光誠『最新 アメリカ倒産法の実務』商事法務研究会、1997年
福岡真之介『アメリカ連邦倒産法概説〔第2版〕』商事法務、2017年

第10章
債権者債務者関係

Debtor-Creditor Relationship USCPA

POINTS

- 債権者が債務者の債務履行を担保する手段には、さまざまな種類がある。リーエン、強制執行、保証、詐害的譲渡の取消し、mortgage（抵当権）などがあり、本章で扱わない担保取引もその一例である。
- 制定法上のリーエンは、州によって範囲や効力が異なる（ほとんどの州で認められたリーエンも存在する）ので、留意する必要がある。
- 債務者に対する債務の履行を求める手続きに対して、債務者の保護を図る制度が複数定められている。Homestead Exemption Law（家産差押免除法）による保護がその一例である。
- 保証は、保証契約から生じる法的関係であり、債務者以外の者が債務を負担する人的担保として、債務者の債務不履行リスクの回避・軽減、債務者に対する信用供与を目的として一般的に用いられている。
- 連帯保証人は主たる債務について債務者と同一の責任を負うのに対し、保証人は二次的責任を負うにとどまる点に違いがある。

KEY LEGAL TERMS

liens【リーエン】 広く担保物権を意味する。liens in the narrow sense（狭義のリーエン）は法定担保物権を意味し、common law liens / possessory liens（コモン・ロー上のリーエン）、equitable liens / charging liens（衡平法上のリーエン）、statutory liens（制定法上のリーエン）に分類される。
surety【連帯保証人】 主たる債務者と連帯して債務を負担することを約した者をいう。主たる債務者と同一の責任を負う共同債務者である。
guarantor【保証人】 主たる債務者が債務を履行しない場合に債務を負担することを約した者をいう。主たる債務に対して二次的責任を負うにとどまる点で、連帯保証人と異なる。
cosureties【共同保証人】 同一の債務に対して連帯責任を負う複数の

保証人をいう。

execution【強制執行】 判決によって、債務者に命じられた債務の履行を強制する手続きをいう。対象とする財産の種類により、不動産執行、動産執行、債権執行などに分類される。

attachment【差押え・仮差押】 差押えとは、判決に基づいて執行官が債務者に債務者の差押対象財産の処分を禁止する処分をいう。仮差押は、判決前に債務者の財産を差し押さえる処分であり、一定の要件を満たす場合に認められる。

garnishment【債権差押・債権仮差押】 強制執行の対象財産が、債務者が第三債務者に対して有する債権である場合に、当該債権に対して行う差押え・仮差押の処分。

fraudulent conveyance【詐害的譲渡】 債務者が債権者に損害を与える目的を持って行う計画的な財産譲渡のことをいう。

mortgage【抵当権】 債権回収の確保のために、不動産上に設定される約定担保物権のことをいう。

Basic Rules

1）債権者の権利

①liens（リーエン）

広義のリーエンは、広く担保物権（債務の履行を確保するために、債権者が債務者の財産上に有する物権）を意味する。担保物権は、法に基づいて法が定める一定の要件の下で成立する法定担保物権（狭義のリーエン）と、当事者間の合意に基づいて成立する約定担保物権に分類される。liens in the narrow sense（狭義のリーエン）は、common law liens / possessory liens（コモン・ロー上のリーエン）、equitable liens / charging liens（衡平法上のリーエン）、statutory liens（制定法上のリーエン）に分類される。コモン・ロー上のリーエン（留置権）と衡平法上のリーエン（先取特権）は、コモン・ロー、衡平法の発展により形成された権利である。以下では、ほとんどの州で認められている statutory liens（制定法上のリーエン）について、簡単に触れる。

■ **Mechanic's Lien（建物工事の先取特権）**

請負契約に基づいて建物の資材や労働力を提供した請負人（債権者）は、発注者（債務者）から工事代金債権の支払いを他の一般債権者に優先して受けることができる。

■ **Artisan's Lien（職人の留置権）**

物品を製作・修繕した職人（債権者）は、依頼人（債務者）から代金の支払いを受けるまで、当該物品を占有することができる。

■ **Innkeeper's Lien（旅館営業者の留置権）**

宿泊施設の営業者（債権者）は、宿泊客（債務者）から宿泊代金の支払いを受けるまで、宿泊客の所持品を占有することができる。

■ **Judgment Lien（判決先取特権）**

債務の弁済を命じる判決を取得した原告（judgment creditor：判決債権者）は、他の一般債権者に優先して被告（judgment debtor：判決債務者）の財産から弁済を受けることができる。判決債権者は、判決に基づき、判決債務者の財産に強制執行を行うことができる。

②Execution（強制執行）

強制執行とは、判決によって被告（判決債務者）に命じられた債務の履行を法で定められた手続きに従い、強制的に行うことをいう。対象とする財産の種類により、不動産執行、動産執行、債権執行などに分類される。強制執行は、原告（判決債権者）が取得したentry of judgment（判決の登録）に基づき判決債務者の財産を差し押さえ、当該財産を換価し、換価した金銭を債権者に配当するという一連の手続きにより行われる。

■ **Attachment（差押え・仮差押）**

差押えとは、判決に基づいて執行官が債務者に債務者の差押対象財産の処分を禁止する処分のことである。仮差押は、判決前に債務者の財産を差し押さえる処分である。債務者の財産を保全しておかなければ、債務者が財産を処分することなどにより、判決確定後の強制執行が実効性を持たないおそれがある場合に裁判所が命じる、暫定的な処分である。対象財産が債権の場合は、裁判所が発行するwrit of garnishment（債権差押令状）に基づいて手続きが行われ、garnishment(債権差押・債権仮差押)とよばれる。

■ **Garnishment(債権差押・債権仮差押)**

強制執行のうちの債権執行において、債権者が、債務者が第三債務者に対して有する預金、給与、売掛金等の債権を債権差押令状に基づいて差し押さえる処分である。給与債権の差押えは、Federal Consumer Credit Protection Act(連邦消費者信用保護法)により、差押えが禁止される範囲が定められており、給与の全額を差し押さえることはできない。

③Fraudulent Conveyance(詐害的譲渡)

債務者が債権者に損害を与える目的を持って行う計画的な財産譲渡のことを詐害的譲渡という。債務者の財産譲渡が詐害的譲渡に該当するかどうかは、(1)対価の適切性、(2)譲受人と債務者との人的関係(移転先が内部者であるか)、(3)債務者が財産移転後も財産を支配しているか、(4)譲渡行為が行われた時期、(5)情報の開示、(6)対象財産の重要性等によって総合的に判断される。例えば、債務者がその保有する財産のうちの大部分を占める株式を親族に譲渡したが、譲渡後も債務者が配当を受け取っているような場合は、詐害的譲渡に該当すると判断される可能性が高い。

債権者は、債務者の詐害的譲渡によって損害を被った場合、詐害的譲渡の取消し等の法的手続をとることができる。

④Mortgage(抵当権)

抵当権とは、債権回収の確保のために、不動産上に設定される約定担保物権のことをいう。自己の不動産に抵当権を設定した者をmortgagor(抵当権設定者)といい、抵当権の設定を受けた債権者をmortgagee(抵当権者)という。抵当権者は、債務の弁済がなされない場合、所定の通知を行った後、抵当権が設定された物件を売却し、その売却代金の中から、他の一般債権者に優先して弁済を受けることができる。

不動産売買代金の支払担保のために債務者(買主)が購入資金の借入れを行った債権者のために購入不動産に設定する抵当権をPMM(purchase money mortgage:購入資金のための抵当権)という。

⑤Secured Transaction（担保取引法）

U.C.C.第9編は、不動産以外の財産に設定された担保権について定めている（詳細は第5章「担保取引法」参照）。

2）債務者の保護

①Homestead Exemption Law（家産差押免除法）

州法により、債務者の生活の基盤を保護するため、債権者による差押えから一定の家産（居住する家、自動車、家具）を免除する規定があり、家産差押免除法とよばれる。差押えが禁止される家産の範囲や免除限度額は州により異なる。家産差押免除が認められる債権者の行為についても州により扱いが異なるが、purchase money mortgage（購入資金のための抵当権）等は、家産差押免除に優先することとされている。

②給与に対する債権差押の制限

Federal Consumer Credit Protection Act（連邦消費者信用保護法）は、給与に対する差押禁止の範囲を規定している。具体的には、差押えの上限額は、週単位で算出した（1）可処分所得の25％または（2）連邦の最低賃金を用いて算出した30時間分の賃金を超える部分のいずれか小さい方の金額と定められている。連邦消費者信用保護法は、州に差押禁止の範囲をより広く定めることを許容しており、給与に対する差押えが完全に禁止されている州もある。

③Fair Debt Collection Practices Act（連邦公正債権回収法）

債権回収業者による不当な債権回収を防止することを目的として制定された連邦法であり、代理人が受任している場合に債務者本人に対して接触する行為、使用者の意に反して職場に押し掛ける行為、不適切な時間帯における債務者への接触等の行為を禁止している。なお、同法の適用があるのは、債権回収業者を用いた債権回収であり、債権者本人が債権回収を行う場合には同法の適用はない。

④その他の消費者保護関連法

その他、多くの消費者保護に関連した連邦法が債権者・債務者関係において適用される。例えば、Truth-in-Lending Act（真正貸付法。貸付を行う者に貸付条件の開示を義務付ける)、Fair Credit Billing Act(公正信用決済法)、Fair Credit Reporting Act(公正信用報告法。credit bureau(個人信用情報機関)について定め、債務者への信用情報へのアクセスを確保する)等がある。

3) 保証

①保証関係

保証が行われる場合には、creditor(債権者)、principal debtor(主たる債務者)、guarantor(保証人)・surety(連帯保証人)(以下、保証人・連帯保証人を合わせて「保証者」とする。共同保証においては、「共同保証者」とする)の三者が当事者となる。保証者は、保証契約に基づき、主たる債務者が債権者に対して負う債務に対する責任を負う。(連帯)保証契約は、債権者と主たる債務者の間の契約に従属し、保証債務は、主たる債務に従属する。そのため、主たる債務が弁済等により消滅すると、保証債務も消滅する。このような性質を附従性という。

主たる債務を負担する債務者が複数いる場合、各債務者はcodebtors(共同債務者)とよばれる。連帯保証人は共同債務者であるが、保証人は二次的責任を負うにとどまり、共同債務者には当たらない。

図表10-1：保証における契約関係

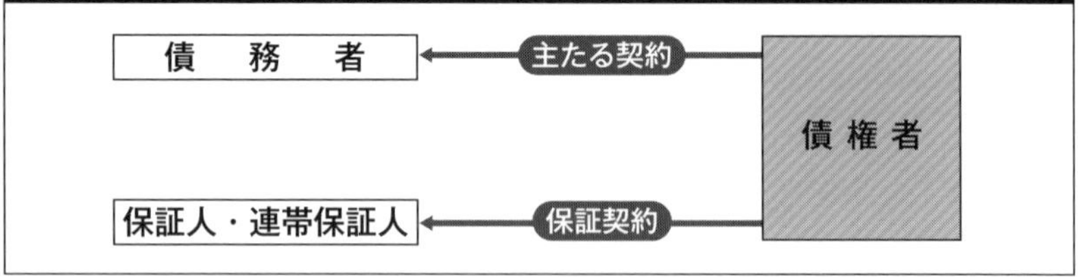

②保証契約の成立

guaranty contract(保証契約)は、保証者と債権者の間で締結される契約であるから、契約成立の一般的要件を充足する必要がある。ただし、主たる契約と保証契約が同時に締結される場合には、保証者の約因提供に対する反対給付としての、保証者に対する約因は不要とされている。保証契約の成立要件に関しては、連帯保証の場合とそうでない場合に異なるところはない。

③連帯保証人と保証人

連帯保証人と保証人は、いずれも主たる債務者の主たる債務について責任を負う者であるが、連帯保証人は、主たる債務者と同一の責任を負う共同債務者であり、主たる債務に対して一次的責任を負うのに対し、保証人は、主たる債務者が債務を履行しない場合に債務を負担することを約した者であり、主たる債務に対して二次的責任を負うにとどまる点で、連帯保証人と異なる。保証人は、guarantor of payment（支払保証人）とguarantor of collection（取立保証人）に分類される。

④共同保証

同一の債務の履行について、2人以上の保証者が存在することを共同保証といい、この場合の保証者を共同保証者という。各共同保証者の保証額は、それぞれの保証契約における定めによって決まり、各共同保証者は自己の保証額の範囲で責任を負う。保証額は、共同保証者の間で異なることもありうる。共同保証者の保証契約は、1つの保証契約でなされる場合と各別に締結される場合がある。

共同保証者は、債権者との関係では自らの保証額全額について責任を負うが、他の共同保証者との関係では、自らの負担部分はすべての共同保証者の保証額の合計額に対する自己の保証額の割合にとどまる。ある共同保証者が自己の負担部分を超えて債務を弁済した場合、超過部分について他の共同保証者に求償することができる。

⑤債権者の保証者に対する権利

主たる債務の期限が到来した場合、債権者は直ちに連帯保証人に対しても支払いを請求することができる。この場合、まず主たる債務者に請求を行う必要はなく、また、主たる債務者に履行能力がないことも要件ではない。

一方、保証人に対して請求を行う場合、保証人が支払保証人であるか、取立保証人であるかにより、保証人に対する請求を行うための要件が異なってくる。支払保証人に対しては、主たる債務者が債務の履行を怠ったことを立証した場合には、請求を行うことができる。一方、取立保証人に対しては、主たる債務者が債務の履行を怠ったことの立証に加え、主たる債務者の不履行を直ちに通知し、主たる債務者から法的手段を尽くして回収を図ったが不奏功であったことを立証した場合に請求を行うことができる。

⑥主たる債務者の債務不履行に伴う保証者の権利

◧ 補償 ◧

保証者は、債権者に対して保証債務の履行を行った場合、履行を行った金額について、主たる債務者に対して補償を求めることができる。保証者が連帯保証人の場合には、債権者との関係では、主たる債務者と同一の一次的責任を負うが、主たる債務者と連帯保証人の間では、主たる債務者が債務全額につき責任を負っている。したがって、連帯保証人も、自らが履行した金額について、主たる債務者に対して補償を求めることができる。

◧ 代位 ◧

保証者が債権者に対して保証債務全額の履行をした場合、保証者は、債権者が主たる債務者に対して有する権利を代位する。代位は、保証契約において規定される必要はなく、法の適用により当然に生じる。

例えば、抵当権を有している債権者が、連帯保証人に対して支払いを求め、連帯保証人が保証債務の全額を履行した場合、連帯保証人は、債権者が有していた抵当権を引き継ぐことになる。

◧ 免除 ◧

保証者は、保証債務の履行前に主たる債務者を訴え、主たる債務者に対して履行を求める判決を取得して保証債務を免れることができる。保証者が訴えにおいて勝訴するためには、主たる債務者が債務の履行に足りる資力を有していること、保証者が債務の履行後に補償を求めるのでは損害が生じることを立証する必要がある。

⑦保証者の抗弁

保証者が、保証債務を免れることができる抗弁のうち主要なものは以下のとおりである。

◧ 詐欺・強迫 ◧

債権者による詐欺・強迫により保証契約が締結された場合、保証者は保証契約を取り消すことができる。債権者による詐欺・強迫により主たる契約が締結された場合、保証者は責任を負わない。主たる債務者が詐欺・強迫により保証者に保証契約を締結させた場合、債権者が当該詐欺・強迫の事実を知っていた場合には保証者は責任を負わない。

■ 主たる契約の違法 ■

主たる契約の内容が違法である場合、主たる債務とそれに従属する保証債務は生じない。

■ 出訴期限 ■

出訴期限が到来して主たる債務が消滅時効により消滅すると保証債務も消滅する。

■ 詐欺防止法の要件を充足しないこと ■

statute of frauds (詐欺防止法) が要求する書面によらずに保証契約が締結された場合、保証債務は生じない。

■ 履行、履行の提供 ■

主たる債務が、主たる債務者によって履行された、または履行の提供がされたが債権者によって拒絶された場合、保証債務は消滅する。

■ 主たる債務の免除 ■

債権者が、保証者の同意を得ずに、または保証者に対する債権者の権利を留保せずに主たる債務の免除を行った場合、保証債務は消滅する。

一方、保証者が、保証債務を免れることができない抗弁のうち、主要なものは以下のとおりである。

- 契約の締結時に、主たる債務者が未成年者、精神障害等で無能力であったとの抗弁
- 主たる債務者の死亡
- 主たる債務者の破産または支払不能
- 債権者が主たる債務者の債務不履行を連帯保証人、支払保証人に通知しなかったとの抗弁

4）連邦破産法第7章、第11章及び第13章手続における債権者・債務者関係

連邦破産法第7章、第11章、第13章手続がとられた場合、債権者の権利、債務者の義務等は同法の規定に従うこととなる。債務者の特定の財産に担保権を有する担保債権者（secured creditor）は、手続きの影響を受けず、破産手続とは別に担保物から優先して弁済を受けることができる（詳細は第9章「破産法」参照）。

Practical Advice

1）抵当不動産の売却時の扱い

金融機関Aが、債務者Cに対して5万ドルの判決に基づく債権を有しており、債務者Cの不動産を差し押さえる場合を想定する。債務者Cの不動産には、他の金融機関Bのために10万ドルの購入資金のための抵当権が設定されており、当該州の家産差押免除法では、判決債権者により住宅が売却された場合に債務者が2万5,000ドルを取得することが認められており、債務者Cの住宅が13万ドルで売却されたとする。

この場合、まず抵当権者Bが10万ドルを取得し、次いで債務者Cが家産差押免除法により2万5,000ドルを取得する。よって、判決債権者Aは5,000ドルの弁済しか受けられず、自己の有する債権の10％しか回収できないこととなる。金融機関Aは、Cの有する他の財産から残額の4万5,000ドルの回収を模索することになる。このように、差押えは、他の債権者の存在や、対象資産の価額によっては実効性がない場合があることに留意する必要がある。

2）保証者の抗弁の有効・無効

連帯保証人は債権者との間で連帯保証契約を締結した。それぞれの事例で、主たる債務者が弁済を行わず、債権者が連帯保証人に請求を行った場合、連帯保証人は債権者の請求を拒むことができるかを検討する。

・主たる債務者が16歳である場合

契約締結時に主たる債務者が未成年であったことは、債権者に対する

有効な抗弁とはならない。したがって、連帯保証人は債権者の請求を拒むことはできない。

・主たる債務者が連帯保証人を騙して債権者との間の連帯保証契約を締結させた場合

この場合は、債権者が、主たる債務者の詐欺を知っていたかどうかで、結論が変わってくる。債権者が主たる債務者の詐欺の事実を知らなかった場合には有効な抗弁とはならないが、知っていた場合には有効な抗弁となり、連帯保証人は債権者の請求を拒むことができる。

・債権者が主たる債務の免除を行った場合

この場合は、債権者が連帯保証人の同意を得ていたか、連帯保証人に対する債権者の権利を留保していたかによって結論が変わってくる。債権者が連帯保証人の同意を得ず、かつ、連帯保証人に対する債権者の権利を留保せずに主たる債務の免除を行った場合、保証債務は消滅するので、連帯保証人は債権者の請求を拒むことができる。

3) 債務者の破産と保証者への影響

主たる債務者が破産手続(連邦破産法第7章手続)により破産免責を受けた場合でも、保証者の責任は影響を受けないこととされている。本来、保証契約は、主たる債務者による債務の弁済が不可能になった場合の債務の履行を担保することを目的としていることから、このような場合に保証者の抗弁を認めると、保証契約が意義を失うためである。したがって、取引先の資力に不安がある場合等に債務負担能力の高い保証者との間で保証契約を締結しておくことは、債務の履行の確保に有効な手段といえる。

保証関係に限らず、共同債務者の1人が破産免責を受けた場合でも、他の共同債務者の責任には影響が生じないこととされている。

4) 債権者間の優先関係

債務者が債務不履行に陥った場合に、債権者が複数存在し、同一の財産上に複数の権利が存在することが一般的である。U.C.C.第9編は担保取引に関する債権者間の優先関係を詳細に規定している。特定の動産上の法定担保物権（狭義のリーエン）は約定の担保取引に対して優先する。

資力に不安のある者との取引を行う債権者の立場からは、単に担保を設定するだけでなく、他の債権者の存在、他の担保権との優先関係に留意し、自己の権利の強化を図ることが債務の履行を確保する上で重要となる。

REVIEW QUESTIONS

10-1 債務履行を担保する手段

Q 債権者が債務者の債務の履行を担保する手段としてはどのようなものがあるか？

A リーエン、強制執行、保証、詐害的譲渡の取消し、抵当権、担保取引などがあげられる。

10-2 債務者の保護制度

Q 債務者を債権者から保護する制度にはどのようなものがあるか？

A 家産差押免除法による差押時の対象財産の制限、連邦消費者信用保護法による債権差押の範囲の制限、その他消費者保護関連法規に基づく保護等があげられる。

10-3 詐害的譲渡の判断基準

Q 債務者による資産の譲渡が詐害的譲渡に当たるかどうかは、どのような要素で判断されるか？

A 譲渡された財産の占有が移転しているか、譲渡財産から生じる利益が誰に帰属しているか、財産譲渡の時期、財産の譲受人が譲渡人の身内や知人であるかまったくの第三者であるか、譲渡された財産の金額の債務者の保有する財産の金額に対する比率等によって判断される。

10-4 保証人と連帯保証人

Q 保証人と連帯保証人の主な相違点はどのようなものか？

A 連帯保証人は主たる債務について債務者と同一の責任を負うのに対し、保証人は二次的責任を負うにとどまる点があげられる。

10-5 保証者の抗弁

Q 保証者が債権者に対して述べられる有効な抗弁にはどのようなものがあるか？

A 詐欺・強迫による契約（主たる契約・保証契約）の締結、主たる契約の違法、出訴期限の到来、主たる債務の履行または履行の提供などがあげられ、抗弁の種類は多岐にわたる。

10-6 強制執行時の留意点

Q 債務者に対して金銭の支払いを求める内容の判決を取得した債権者の立場で、債務者の不動産、給与に対して強制執行を行おうとした場合に留意すべき点は何か？

A 判決債権者が不動産に対する強制執行を行う際、不動産に抵当権が設定されている場合には、抵当権者が判決債権者に対して優先する。また、家産差押免除法による保護もあるので、不動産の売却額によっては判決債権者が弁済を受けられない場合も想定される。給与に対する強制執行の場合、連邦消費者信用保護法により執行の範囲の上限が規定されており、州によっては、さらに範囲が狭められている場合がある。したがって、強制執行により十分な回収が図れない場合があることに留意する必要がある。

〔原田 真〕

References

西川郁生『アメリカビジネス法［第3版］』中央経済社、2004年
杉浦秀樹『米国ビジネス法』中央経済社、2007年

第11章
代理法

Agency USCPA

POINTS

- 代理は両当事者の明示、黙示の合意で成立する。契約書がなくても、また、本人の言動や行動でも代理は成立する。
- 代理人は本人に対して信認義務を負い、本人の最大利益のために忠実義務を負って行動する。この義務は本人のためであることから広く解釈・適用される。
- 契約責任について、代理人が現実のまたは表見的代理権が付与されれば、顕名された本人であろうと隠れた本人であろうと、本人は契約上の責任を第三者に対して負う。無権限の代理人が契約したとしても本人が追認すれば本人は第三者に対して契約上の責任を負う。
- 代理人の第三者に対する不法行為の本人の責任については、代理人の行為が雇用の範囲内であれば、本人は使用者責任に基づいて責任を負う。

KEY LEGAL TERMS

actual authority【現実の代理権】 本人から、明示または黙示により代理人に付与された権限。

agency【代理】 代理人が本人のためにする法的関係。

agent【代理人】 本人のために活動することが承認されている人。

apparent authority【表見的代理権】 本人の言動や行動から、あたかも代理人が本人のために契約する権限を有していると第三者が信頼することで生ずる権限。

disclosed principal【顕名された本人】 第三者に代理人が本人のために活動していることや素性が知られている本人。

fiduciary duty【信認義務】 代理人が本人に対して受認者として忠実に本人にとって最良の利益となるべく活動する義務。

independent contractor【独立契約者】 ある目的達成のため、特定の仕事のため、または契約上規定される成果のために雇われている人。

ratification【追認】 代理関係はないが、いわゆる自称「代理人」が本人のために外見上有効な行為をし、本人がその行為の結果を受け入れ、契約上の責任を負うこと。

respondeat superior【使用者責任】 本人自らには故意や過失がないが、代理人の故意や過失で第三者に損害が発生した場合、その代理人に代わり本人が不法行為責任を負うこと。

undisclosed principal【隠れた本人】 第三者には代理の事実も素性も知られていない本人。

unidentified principal【特定されていない本人】 第三者には代理人が本人のために活動していると知られているが、本人の素性について第三者に知られていない本人。

Basic Rules

1) 代理とは

agency(代理)とは、二人の当事者間において一方の当事者が他方の当事者に代わり、他方の当事者のために何か行うことを他方の当事者が同意する法的関係である。ここにおいて実際に何かを行う当事者をagent(代理人)といい、その代理人の行為について同意する当事者をprincipal(本人)という。

この代理という法的関係は、社会には必要欠くべからざるものであり、代理法は社会におけるすべてのルールといっても過言ではない。例えば、会社は代理という関係(会社を本人とすれば、役員・従業員などは代理人といえる)を通して構成されており、代理という関係がなければ会社自体が機能しない。会社法に限らず労働法や不法行為法もその概念を理解する上で、代理は基本的な法律概念である。

代理において重要な要素は、両当事者の合意に基づく(1)本人による代理人に対する支配・監督関係と、(2)信認義務である。

2) 代理の支配・監督関係の事例―雇用

代理の支配・監督関係の仕組みは、雇用関係―employer / master(使用者)

とemployee / servant（被用者）との関係—を通して理解できる。雇用関係において、被用者は使用者の支配・監督下に置かれ、具体的な被用者の業務については、使用者が決定することから、代理の関係を表している。

使用者・被用者の代理（雇用）関係において留意すべきは、independent contractor（独立契約者）が、原則として被用者の範疇に入らない点であろう。この独立契約者とは、ある目的の達成や特定の仕事のため、または契約上規定される成果のために雇われている者である。一見すると独立契約者も使用者に雇われており、被用者と同じようにみえる。しかし、被用者と独立契約者とは明確に違いがある。例えば、独立契約者の場合、使用者は社会保険に関する費用を負担する必要がない。使用者は、このメリットを享受したいため、被用者を独立契約者として扱いがちになる。しかし、この独立契約者か否かの判断は、行政（司法）当局によるところであり、使用者が被用者を勝手に独立契約者とすれば、当局の判断において社会保険逃れとみなされ、刑事上・行政上さまざまな罰則が適用される可能性があり、留意すべきである。

3）代理のさまざまな側面—Attorney（代理人）とPower of Attorney（委任状）

ここでのattorney（代理人）は、通常の代理でいうagent（代理人）より専門性が高くなる。例えば、attorney at law（弁護士）は法律上の代理を意味し、訴訟やその他の法的課題について顧客を代理する。他方、いわゆるattorney in fact（代理人）は法律以外、さまざまな目的のために本人に代わって行う代理人である。その場合、power of attorney（委任状）が本人の署名により発行され、そこには目的や代理権限の範囲が記載される。目的は包括的内容でも構わないし、ある特定の内容でも構わない。

なお、以下はその委任状の例である。ここでの目的は入札への参加である。

Example 11-1：**委任状**

POWER OF ATTORNEY

KNOW ALL MEN BY THESE PRESENTS,

That ABC Company, a Japanese company duly organized under the laws of Japan and having its principal place of business at (Address), do hereby make constitute, authorize and appoint Mr. XYZ as our authorized representative with full power of attorney to do our behalf and in our name such act as below for (Tender Name) ;
(1) To sign and submit our offer;
(2) To receive or answer any questions on the submitted offer, and to provide any date and information which may be required for the clarification of the submitted offer; and
(3) To negotiate and sign the contract, if awarded.

IN WITNESS WHEREOF, we have caused this Power of Attorney to be executed in our corporate office at (Address) on (Date, Month and Year).

ABC Company

John Doe
Representative Director

4) 代理関係の成立

代理関係は両当事者の合意により、代理人が本人のために本人の支配・監督の下で行為することを引き受けることで成立する。通常、この両当事者の合意は口頭または文書による。なお、代理は契約ではないのでconsideration（約因）は必要ない。ただし、いくつかの州では、不動産を売却する場合には本人が署名した委任状が必要となる。

代理は契約ではないので、本人は代理人に対していつでも代理関係を終了させることができ、その場合本人は、代理関係を継続しなかったことに基づく責任を負う必要はない。しかし、代理人が通知までに完了した、あるいは進行中の業務については、本人に責任があることはいうまでもない。たとえ契約でなくとも、両当事者は、本人と代理の関係から生ずる代理における一般的な権利や義務に拘束されるからである。

5）本人・代理人の能力

代理において、本人の能力は、同意を与えることができればよい。例えば、未成年者はほとんどの場合、代理人を指名でき、代理そのものを否認することができる。なお、代理人の指名によって本人の能力が増すことはない。例えば、不動産の売買に年齢制限が課されている場合、本人が未成年である一方、成人である代理人が本人に代わって不動産取引できるかというと、そのような取引はできない。なぜなら代理人が成人であっても、不動産を売買することは未成年である本人が持つ能力を超えることになるからである。

他方、代理人は、本人から指示されたとおりにできる精神的・肉体的能力が備わっていればよく、未成年者や法律上能力が制限される代理人であっても、その代理人の行為は本人に帰属する。したがって、本人に代わって未成年である代理人が契約を締結すれば、その契約に拘束されるし、代理人が未成年であり能力が制限されているとして契約無効を主張することはできない（むろん、代理人が幼児や意思能力がない人の場合は例外である）。

6）当事者の行為による代理

代理は、一方の言動によって他方に代理があると信じる、あるいは一方が他方のために動いたと信じる場合に生ずることがある。例えば、本人たちは代理関係について否定していても、第三者が当事者の言動・行動から代理関係があると信じた場合である。agency by estoppel（禁反言による代理）がそれである。禁反言とは、一方が、自分の意思に基づいて行った自らの行為に反した主張をすることを禁止することである。例えば、代理人は自身の言動や行為により代理権を得ることはできないが、その代理人があたかも本人に代わって複数の商談を進めたとする。本人も代理人の商談は知ってはいたが「見逃す」という自らの行為があった。ここにおいて、商談の相手方である第三者が、代理人が本人に代わって何かをすることについて本人から承認されていると合理的に信じるに足る場合、その代理人は代理権を本人から得たということができ、その商談について契約があれば本人に履行を求めることができるとする。

7) Ratification（追認）による代理

代理関係はないが、いわゆる自称「代理人」がある当事者のために表面上有効な行為をしたとして、その当事者が事実の結果を受け入れる、つまり代理人の行為を追認（ratification）することがある。この追認が成立するには、まず追認する当事者が、(1)いわゆる「代理人」がそのような行為をしたときにその場にいること、次に(2)その当事者が追認する前にすべての事実関係について把握していること、最後に(3)「代理人」のすべての行為について追認すること（追認の取捨選択はできない）である。従って、本人が「代理人」の行為の責任を回避するためには、その「代理人」の行為を知ったとき、すぐにその行為を否認しなければならない。

8) 本人及び代理人の義務

①本人に対する代理人の義務―Fiduciary Duty（信認義務）

代理人は本人に対して、受認者として忠実に、本人にとって最良の利益となるべく活動することが求められる。これをfiduciary duty（信認義務）という。例えば、本人に代わって回収した資金について本人に説明しない、または自分の資金と回収資金とを一緒にする、あるいは本人の財産を代理人の財産に引当てするのは、信認義務違反といえる。この場合、信認義務違反のみならず、刑事罰（信託財産の窃盗、横領）になるであろう。いずれにしても、本人に対して信認義務を果たしていく上で、代理人が負うべき信認義務の具体的内容は以下のとおりである。

②スキルと合理的注意を払い本人の指示に従う義務

代理人は本人が期待する以上の義務を負うものではないが、売買や契約締結など複雑な高いレベルの義務を負っていることはいうまでもない。例えば、株のブローカー、メーカーの販売代理店は、各々合理的な注意とスキルをもって活動することを念頭に置いて、代理を引き受けている。そのようなスキル・合理的注意を払って本人の指示に従わなければならない。

③利益相反回避義務

本人のために活動する代理人は、同じことについて自分のために動くことはできない。例えば、本人のためにある財産を買う代理人は、代理人の個人的あるいは私的な利益のためにその財産を購入してはならない。また、本人の商品を売ろうとする代理人は、その友人や関係者に対して特別あるいは安い価格で売ることはできない。なぜ代理人は述べたような行為ができないのか。なぜなら、これら行為は本人の利益に相反するからであり（利益相反という）、代理人はそのような利益相反を回避する義務を負っている。

④秘密保持の義務

代理人は、本人から得た秘密情報を公知にならないよう、第三者に対して保護しなければならない。むろん、代理関係の終了後は、そのような秘密情報は本人に返還されなければならない。

⑤通知義務

代理人は本人に代わって活動しているので、情報が本人に有益であれば、それらの情報をすべて本人に伝えなければならない。これにより本人は、自らの事業に関してさらなる事業可能性を追求でき、代理人に適切な指示ができる。

⑥計算報告義務

代理人は、本人に対しては計算記録を保持しておかなければならず、それゆえ本人は、常に業務進捗に従ってその計算記録をみることができる。代理契約終了時には、すべての財産は説明されなければならず、収入は代理契約に従って本人に帰属させなければならない。資金を一緒にすることは代理人の信認義務違反となる。

9）本人の代理人に対する義務

本人の代理人に対する義務は、ほとんどの場合本人と代理人とで交わす契約により決まるが、具体的に列挙すれば次のとおりである。

- 代理人の役務提供に対する補償義務

  ここでいう補償とは、通常、代理人のコミッションと理解されるが、補償義務に関する契約がない場合、代理人は自ら履行した役務の合理的価値（履行価値）によって補償される。ただし、無償で代理することに代理人が合意すれば、補償はないことはいうまでもない。さらに、その役務提供において本人が指示し、それにより代理人において生じた合理的な費用あるいは代理人が被った損失・損害についても、別途契約で規定がない限り負うものとされる。

・協力義務、危険通知義務

代理人が別途契約で規定されている義務を履行する際には、それを本人が支援・協力しなければならない。また、何かしら物理的危険や金銭的損失が予期されている場合には、それを代理人に通知しなければならない。なお、本人は代理人の義務である「信認義務」と同様の義務を負う必要はない。信認義務は代理人のみが負う義務である。

10) 第三者に対する代理人または本人の責任

代理人は本人の「分身」であり、本人の付与した権限内で代理人が活動するのであれば、その結果は本人が引き受けるのが原則である。さて、そのような関係において代理人、または本人の行為により第三者が損害を被った場合、その損害について、代理人と本人のどちらが（あるいは両方が）責任を負うのか。その責任は契約違反に基づく損害賠償責任か、あるいは不法行為に基づく損害賠償責任か。それぞれについて考察することとする。

契約違反に基づく責任を検討する場合、次の点についてみなければならない。

・第三者と契約する代理人にどのような権限が付与されているか。

・第三者に本人の素性等を開示したか。

まず「権限」については、誰から権限を得ているかという視点が必要で、2つに分かれる。これ以外に代理人に付与される権限はない。

actual authority（現実の代理権）は本人から、明示（口頭または文書）あるいは黙示（人から代理人に対して示された行為や発言で明示的に付与された権限に派生する）により付与される。例えば、明示的に本人から代理人が販売代理店として承諾される関係において、代理人がそのための商品を買い、店舗を管理し、支店を開設できるのは、明示的に付与された代理権に基づき、本人から黙示の契約締結権が付与されているためと理解される。

他方、apparent authority（表見的代理権）は上記の現実の代理権にある黙示で付与された代理権と異なり、本人の言動や行動から、あたかも代理人が、本人のために契約する権限を有しているように第三者が信頼することで生ずる権限である。例えば、代理人が本人から、事務所や肩書、スタッフなどをあてがわれれば、第三者は代理人が本人から何かしらの権限が付与されていると合理的に信じるということができる。つまり、第三者が合理的に信じるに足るか否かが鍵といえる。したがって、仮に第三者が知らない私的なメモが代理人と本人にあり、本人を拘束するものではなく、また代理人にはそのような権限がないとしても、第三者が合理的に信じるに足る要件が備われば、本人は代理人の締結した契約に拘束され、代理人の権限を否定することは禁止される。

第三者に対する素性等の開示方法により本人の立場は3つのパターンに分けられる。

・Disclosed Principal（顕名された本人）

代理人が本人のために活動していることを第三者が知っているか、知り得べきである、または第三者が本人の素性を知っている場合、その本人は「顕名された本人」という。

・Unidentifed Principal（特定されていない本人）

第三者は代理人が本人のために活動していると知っているが、本人の素性について知らない場合、本人は「特定されていない本人」という。これは本人がプライバシーを守りたい、あるいは本人が資産上の理由で本人の素性を隠しておきたい場合である。代理の事実は開示されているが、本人が開示されていない場合である。

・Undisclosed Principal（隠れた本人）

第三者には代理の事実も本人の素性もわからないような場合、「隠れた本人」という。

これら2つの指標により、代理人の行為により第三者が被った損害を本人が負担するか否かを分析する。

まず代理人が、その代理権について現実であれ表見的であれ付与されれば、本人が顕名であろうと隠れていようと、本人は契約上の責任を第三者に対して負う。したがって、権限がない代理人であれば、本人は第三者に対して契約上の責任を負うことはない。ただし、本人がその契約を追認すれば契約上の責任を負うこととなる(上記7)参照)。

追認は、契約条件の一部だけということはできず、契約条件のすべてを受け入れることになる。また、隠れた本人は追認できない。なぜならば、契約時点において第三者が本人の存在を知っていないからである。

次に、代理人の第三者に対する契約上の責任についてである。顕名された本人であって、代理人が現実であれ表見的であれ代理権を持っていれば、代理人に責任はない。しかし、代理人が代理権なく契約を締結した場合には、代理人自身がその契約の責任を負うことはいうまでもない。ただ、この場合でも、追認されれば代理人は責任を免れることができる。

11）代理人・本人の第三者に対する不法行為責任

先ほどまで第三者に対する契約上の責任について代理人、本人それぞれの面から触れたが、次は不法行為上の責任について代理人、本人の面から検討することとしたい。

不法行為責任は、故意または過失による行為によって、第三者に損害が生じたときに生ずる。まず、代理人は自らの行為によって第三者に損害を与えたことについて、自ら不法行為責任を負う。次に、その代理人の行為により生じた第三者の損害について、本人の不法行為責任はどのように考えるべきか。本人の不法行為責任は、次の直接責任と間接責任に分けられる。

◧ 直接責任 ◧

本人は以下の場合、代理人の不法行為に対して直接責任を負う。

・本人が代理人に不適切な指示・命令を出し、その結果として不法行為を引き起こした。
・本人により、代理人が不適切にあるいは誤って起用された。
・本人が業務について管理・監督すべきときに、適切にそのようにしなかった。

ここでは、本人が具体的に代理人に対して及ぼす行為等によるものであるがゆえに、直接責任を負うものとする。

◧間接責任◧

ここでの間接責任とは、使用者責任のことである。この使用者責任に基づき本人が不法行為責任を負うか否かの重要な判断基準は、代理人の行為がそのscope of employment（雇用の範囲）内にあるかどうかであり、さらにその雇用の範囲か否かを判断する場合、以下のメルクマールを用いる。ただ、現実の問題をこのメルクマールに当てはめながら、雇用の範囲内か否かを判断するのは難しい。個々の事実関係から注意深く判断することが求められる。

- ・その行為が、通常被用者によってなされる行為か。
- ・その行為の時、場所、目的
- ・以前の使用者と被用者の関係
- ・使用者の業務が異なる被用者に割振りされている程度
- ・行為が使用者の業務の範囲内か。もし範囲内であれば被用者に委託されてきたか。
- ・使用者はこのような行為を予測できるに足る理由があるか。
- ・権限を与えられた行為となされた行為と質における類似性
- ・危害が加えられた際の道具が使用者によって被用者に提供されたか。
- ・承認されている結果を導くための通常の手法からの逸脱の程度
- ・その行為が重大な犯罪か（故意の不法行為も含む）。

上記メルクマールで代理人の行為が雇用の範囲内と判断されれば、本人は代理人と「連帯して」（joint and several）不法行為責任を負う。

◧独立契約者の不法行為◧

独立契約者は使用者の支配・監督の下で活動しておらず、独立契約者自身の手段・方法により結果を出すこととなっている。したがって、使用者は独立契約者の不法行為に関して、原則として使用者責任による不法行為責任を負うことはない。

しかし、使用者は独立契約者に業務を「単純に」委任すれば、あるいは契約上独立契約者であると規定すれば、使用者責任による不法行為責任を免れると考えるのは早計である。例えば、使用者が第三者の安全を図る注意義務を負っており、それを独立契約者に委任できない義務となっている場合である。または、独立契約者であるにもかかわらず被用者であるような外観がある場合である。これらの中では、独立契約者の不法行為について使用者は、本人として使用者責任を免れることはできない。

◧ 代理人の不法行為 ◧

代理人は、前述のとおり、その雇用の範囲内で活動したか否かにより不法行為責任を負うかどうかが決まり、責任を負う場合は本人との連帯責任となる。損害を被った第三者は、代理人もしくは本人、またはその両方に対して訴訟提起できる。当然のことだが、第三者は本人と代理人から二重に損害賠償を受け取ることはできない。

◧ 犯罪に対する責任 ◧

仮に、本人が代理人の犯罪に対して指示、承認、あるいは参加した場合、本人は代理人と同様に刑事責任を負う。例えば、被用者がその代理においてから刑法について違反しているとき、その使用者が被用者の犯罪行為を知っている、あるいは知り得べきであるならば、使用者は責任を負うことになる。

12）代理の終了

当事者の行為により、代理関係を終了させることができる。もし代理に関する契約において代理の期間や目的が定められていれば、期間満了時、あるいは目的が達成されたときに終了する。そのような期間が定められていなければ、合理的な期間で終了する。

また、代理関係は、両当事者が終了することに同意するか、または本人による代理権の取消し、代理人による代理権放棄により終了する。取消しも放棄も、文書または口頭により同意の撤回を表明し、それを通知すればよい。ただし、表見的代理権がすでにないことを確実なものとするためには、本人は第三者に対して代理権が終了していることを通知しなければならない。その通知の方法は次の2つに分かれる。第三者が過去代理人と取引があるのであれば、実際その第三者に対して通知すればよい。他方、以前代理人と取引がない第三者に対してconstructive notice（擬制的通知）により通知することになる。擬制的通知とは、その第三者が読むか否かにかかわらず、代理が終了したことを何らかの刊行物等により公表することであり、これらの第三者に対して十分に通知したとする。

Practical Advice

1）独立契約者と被用者

代理関係について通常、ビジネスの世界では販売代理契約（sales representative agreement）という契約で、販売代理の業務範囲、費用、コミッション、支払方法などを取り決める。通常法人間で販売代理契約を結ぶことが多いが、中には「個人の能力」を買って個人と法人との関係で販売代理契約を結ぶことがある。この場合よく問題となるのは、契約した代理人である個人は果たして「被用者（従業員）」なのか、「独立契約者」なのかである。個人の過去の業務経験、人脈や技量などが極めて高く、他方、個人も自分の能力を発揮できるよう自分を代理人として起用してもらい、そこで活動したいという思惑もある。よってこの種の契約の場合には、「独立契約者」である旨の規定をsales representative agreementの中に設けることがある。

> Example 11-2：**sales representative agreementにおける「独立契約者」の規定**
>
> Relationship
>
> Either party is an independent contractor with regard to the other party and has no actual, apparent, or implied authority and shall not represent itself as having any actual, apparent, or implied authority to act for or otherwise to bind the other party to any agreement or arrangement.
> Further, neither party shall represent in any way that the other party is responsible for the acts of either party, either party's employees or servants. This agreement does not establish a joint venture, agency, or other partnership between the parties, nor does it create an employer-employee relationship.

しかしながら、このような規定を設けたからといって、無条件に「独立契約者」とみなされるわけではない。この独立契約者の場合、被用者（従業員）

と異なり、社会保険負担がないことから、使用者側にはメリットがある一方、行政当局からすれば、社会保険負担逃れとみなされやすい。

個人を販売代理として起用する場合、委任する内容など通常のsales representative agreementの諸条件のみならず、社会保険関係などを調査した上でその内容を契約書条件に反映させる対応が必要になる。

|R|E|V|I|E|W|Q|U|E|S|T|I|O|N|S|

11-1 委任状には代理人の署名は不要

Q power of attorney（委任状）を発行したいが、代理人の署名は必要か？

A 代理は契約ではない。本人と代理人双方が文書、または口頭で合意すればよい。したがって、約因も不要である。委任する本人の署名のみで委任状は成立する。したがって、代理人の署名は不要である。委任状には代理人の権限が規定されることになる。

11-2 取締役と会社の関係

Q 取締役は会社と代理関係にあるといえるか？

A 取締役は、会社に対して信認義務は負っているが、会社とは支配関係になく、取締役自身が経営判断し経営を行うことや自身の裁量に委ねられている（経営判断の原則）ことから、代理関係にはない。

11-3 代理人の信認義務

Q 会社から不動産売買を委任された代理人が、会社の不動産の地域で開発計画を知り、自らその不動産を本人から購入し、当該不動産を第三者に売却するのは信認義務に違反するか？

A 利益相反行為として信認義務（忠実義務）違反となりうる。代理人は、自分で知り得た情報（ここでは開発計画）については、逐次本人に伝える義務がある。また、本人から購入する際には、不当に市場価格から下げるといったことをせず、公正に取引する義務がある。いずれも信認義務に基づく代理人の義務である。今回の取引では、事前に本人に対して開発計画があることを伝え、かつ市場価格からしても合理的な価格を提示することにより信認義務が果たされる。

11-4 **第三者への連帯責任**

Q　会社が代理人に、ある製品を届けるよう指示し、その製品を届ける途中で代理人が交通事故を起こし、第三者にけがをさせた。代理人と会社はどのような責任を第三者に対して負うか？

A　代理人自身は、不法行為に基づく損害賠償責任を負うことになる。他方、本人である会社も、代理人とは使用者と被用者の関係にあり、また雇用の範囲内で行われたものであることから、会社も第三者に対して使用者責任を負うことになる。この場合、会社と代理人は、第三者に対して連帯して責任を負うことになる。

11-5 **取引関係のない第三者に対する「擬制的通知」**

Q　会社が起用した代理人と第三者との間で過去取引がある一方、会社が代理人の状況を不安視し、解雇した。しかし、引き続きその「代理人」は会社を代理して第三者と契約した。その契約について会社は責任を負うか？

A　会社がその第三者に対して代理関係が終了している旨通知しない限り、責任を負う。したがって、まず会社は取引関係のある第三者に対して代理関係の終了を通知する。さらに、業界紙などにおいて代理関係解消について公表する必要がある。これが現時点で取引関係のない第三者に対する「擬制的通知」とされる。そうすることで、会社は第三者から契約責任を問われることはない。なお、擬制的通知については後々の代理人との紛争を避ける意味で、単純に代理関係が終了した事実を伝えるにとどめるべきである。

〔山浦 勝男〕

References
樋口範雄『アメリカ代理法』弘文堂、2002年

第12章

雇用関係法

Employment USCPA

POINTS

- 米国の雇用は、自由に解雇できるemployment at willが原則である。
- Title VII（公民権法第7編）、ADEA、ADAなどの雇用差別禁止法制が定められている。
- FLSAは最低賃金や時間外割増賃金を定めている。
- 雇用機会均等委員会や労働省が労働法制を執行して労働者の保護を図っている。
- 労働災害が生じた際には、過失の有無にかかわらず、従業員は労災保険に基づく給付を受けられる。ただし、事業主に対する損害賠償請求はできない。
- 採用時に、雇用差別禁止に抵触するおそれのある質問をしないように注意する。

KEY LEGAL TERMS

employment at will【解雇自由雇用】 解雇や退職を自由に行うことができる期間の定めのない雇用。

Title VII【公民権法第7編】 人種、皮膚の色、宗教、性別または国籍による雇用差別を禁じた連邦法。

Equal Employment Opportunity Commission（EEOC）【雇用機会均等委員会】 主要な雇用差別禁止法制を執行する連邦機関。

affirmative action【積極的差別解消措置】 既存の差別を解消する目的で実施されるさまざまな積極的措置の総称。

Fair Labor Standards Act（FLSA）【公正労働基準法】 最低賃金や時間外割増賃金などの労働基準について定めた連邦法。

worker's compensation statute【労災補償法制】 労働に基づく死傷や疾病に対する補償について定めた各州の法制。

Basic Rules

1) 米国の雇用契約

かつて米国では、コモン・ローの下で、雇用は事業主と従業員の双方の自由意志に基づくemployment at will(解雇自由雇用)とされ、雇用契約の内容に対する政府の規制は極めて少なく、事業主からの解雇も任意に行うことができるのが原則であった。しかし、1960年代以降にemployment discrimination(雇用差別)を禁止する多くの法制が整備され、人種、皮膚の色、宗教、性別、国籍、年齢、障害、妊娠・出産などの事由に基づく雇用差別は違法とされるようになった。また、安全衛生や福利厚生など労働者の保護を目的とする法制の整備も進んできた。現在でも自由に解雇できるemployment at willが原則であることに変わりはないが、遵守すべき規制は多い。

2) 雇用差別禁止法制

①Title VII of the Civil Rights Act of 1964(公民権法第7編)

雇用における差別禁止法制のうち最も重要なものが、1964年制定の連邦法である公民権法第7編(Title VII)である。

Title VIIは、第703条(a)において、使用者(通商に影響を与える事業を行い、かつ、15人以上の従業員を使用している者)が、人種、皮膚の色、宗教、性別または国籍を理由に、(1)雇入れ、解雇、昇進、賃金その他の雇用条件において従業員を差別すること、(2)従業員や求職者の制限、隔離または分離を行うこと、を禁じている。また、第703条(b)において雇用斡旋機関が、第703条(c)において労働団体が、同様の理由によって差別を行うことを禁止している。

差別の類型としては、disparate treatment(差別的取扱)とdisparate impact(差別的効果)の2つがある。差別的取扱とは、使用者が人種、皮膚の色、宗教、性別または国籍に基づいて意図的に従業員を差別することをいう。例えば、応募資格を男性に限定した求人が差別的取扱の典型である。差別的効果とは、表面的には中立的な制度・慣行であっても、人種、皮膚の色、宗教、性別または国籍による結果として差別が生じることをいう。使用者に差別の意図があるか否かは問わない。差別的効果を認定した例としては、発電所の作業員の資格要件として高卒以上の学歴と学力テストを課したことにより、黒人に対する差別的効果があったとした判例や、刑務所の看守の資格要件として一定以上の体重や身長を求めたことにより、女性に対する差別的効果があったとした判例がある。

差別禁止に対して、一定の例外は存在する。第703条(e)は、宗教、性別または国籍については、特定の事業の正常な運営に合理的に必要な場合に限り、BFOQ(Bona Fide Occupational Qualification：真正な職業資格)とよばれる雇用条件を定めることを認めている。しかし、判例はBFOQをごく狭い範囲でしか認められない例外と解釈している。

こうした禁止に違反して差別がなされた場合、差別を受けた従業員は、自ら民事訴訟を提起して救済を求めることができるほか、連邦機関であるEEOC(Equal Employment Opportunity Commission：雇用機会均等委員会)に申し立てることができる。EEOCは、雇用差別禁止法制の執行を担当する機関であり、Title VIIの定める人種、皮膚の色、宗教、性別または国籍に加えて、後述するように年齢(40歳以上)、障害、遺伝情報に基づく差別の防止を図っている。EEOCは、被害者の申立てを受けた場合、investigation(調査)を行い、差別が存在すると考えられるときは当事者と協議してconciliation(斡旋)を行う。また、mediation(調停)により解決が図られる場合もある。斡旋により解決しない場合、EEOCは自ら訴訟を提起することができる。ただし、EEOCが訴訟提起するのは重要な案件に事実上限られており、年間9万件前後の申立てがある中で、提起される訴訟は年間数百件程度である。

②その他の雇用差別禁止法制

■ ADEA (Age Discrimination in Employment Act of 1967：雇用年齢差別禁止法)

1967年制定の連邦法であるADEAは、使用者による40歳以上の従業員に対する年齢に基づく差別を禁止している。ADEAにおける「使用者」は、通商に影響を与える事業を行い、かつ、20人以上の従業員を使用している者である。差別的取扱と差別的効果、BFOQなど、Title VIIとよく似た論点が存在する。EEOCが執行を担当する点も同様である。

■ ADA（Americans with Disabilities Act：障害を持つアメリカ人法）

1990年制定の連邦法であるADAは、使用者による、qualified individual（資格を満たす個人）に対する障害に基づく差別を禁止している。「使用者」の定義はTitle VIIと同様に、通商に影響を与える事業を行い、かつ、15人以上の従業員を使用している者である。「資格を満たす個人」とは、reasonable accommodation（合理的な配慮）があれば、保持または希望する雇用上の地位におけるessential functions（必須機能）を、遂行することができる者をいう。「合理的な配慮」とは、既存の設備を障害保持者にも使用できるように改良することや、職務や人員配置の見直し、時間割の変更、機器の入手や改良などを含むものとされる。なお、使用者が係る合理的な配慮を行わないことも差別として禁止されるが、係る配慮を行うことが事業運営にundue hardship（過大な困難）をもたらすことを使用者が証明した場合はこの限りでない。「必須機能」とは何かを判断するにあたり、使用者があらかじめ職務記述書を作成していた場合はその記載内容は必須機能とみなされる。「障害」とは、当人の主要な生活活動の1つ以上を実質的に制限する身体的または精神的な障害をいう。過去にそのような障害を有していた記録がある場合も保護の対象となる。ただし、ADAは禁止薬物を使用している者は保護していない。また、採用選考の段階で応募者の障害の有無や程度を調査することも禁止されている。

■ PDA（Pregnancy Discrimination Act：妊娠差別禁止法）

PDAは、1978年にTitle VIIに追加された改正法であり、妊娠または出産を理由とした雇用差別を禁止したものである。また、PDAは、事業主の健康保険に対して、女性従業員の妊娠・出産をその給付対象とすることも求めている。

■ EPA（Equal Pay Act：同一賃金法）

EPAは、1963年に後述のFLSAに追加された法律であり、男女差別解消の観点から、実質的に同一の仕事に対しては同一の賃金を支払うことを義務付けたものである。ただし、実績、仕事の質、年功等によって賃金に差をつけることは許容されている。EPAはTitle VIIと同様にEEOCによって執行されている。

③雇用差別に関係する事項

■ Affirmative Action（積極的差別解消措置）

積極的差別解消措置とは、既存の差別を解消する目的で実施されるさまざまな積極的措置の総称である。1965年のジョンソン政権の大統領命令は、積極的差別解消措置の実施を連邦政府との契約締結の条件とした。積極的差別解消措置の内容は多様であるが、マイノリティの雇用や昇進に向けた目標設定や優遇措置、大学入学におけるマイノリティに対する優遇措置などがある。しかし、マイノリティに対する優遇措置の実施には、優遇を受けられない多数派に対するreverse discrimination（逆差別）であるとの反発も生じ、訴訟も多く提起された。現在では、積極的差別解消措置を適法に実施するためには、(1) manifest imbalance（明らかな不均衡）を是正する目的でなされ、(2)優遇対象でない層に対するunnecessary trammel（不必要な制約）でないこと、が必要であると理解されている。

■ Sexual Harassment（セクシュアル・ハラスメント）

セクシュアル・ハラスメントは、Title VIIには特段の規定は設けられていないが、EEOCがガイドラインを発行し、違法となる場合を明らかにしている。セクシュアル・ハラスメントには、雇用上の地位や利益、または不利益の回避の代償として被害者に性的行動を求める*quid pro quo*（代償型）と、職場における周囲の歓迎されない性的言動により被害者にとって職場がひどく敵対的なものになっているhostile work environment（敵対的環境型）の2種類がある。代償型のセクシュアル・ハラスメントについては、事業主は厳しい責任を負うことが多い。一方、敵対的環境型の場合については、事業主に免責または責任軽減の余地がある。1998年に連邦最高裁は、事業主がセクシュアル・ハラスメントの防止及び是正のために合理的な注意を払っていたこと、ならびに、事業主が用意した防止・是正の機会を利用することを被害者が不合理に怠ったことを証明することにより、事業者が免責されうるとの見解を明らかにしている。

3）その他の雇用法制

①FLSA（Fair Labor Standards Act：公正労働基準法）

1938年制定の連邦法であるFLSAは、最低賃金や時間外割増賃金などの労働基準について定めている。FLSAは、年間売上が50万ドル以上の事業主、政府機関、医療機関、学校等の雇用する従業員に適用される。また、年間売上が50万ドルに満たない事業主の雇用する従業員であっても、当該従業員が通商または通商用商品の生産に従事する場合は適用される。

FLSAの定める最低賃金は、米国全土で同一額であり、最新の2009年7月24日改定では1時間当たり7.25ドルとなっている。なお、多くの州法においてもそれぞれ最低賃金を定めており、2021年8月時点の情報では、最高がワシントンDCの15.2ドル、最低がジョージア州とワイオミング州の5.15ドルとなっている。FLSAと州法の両方の適用対象となる従業員については、高い方の金額が最低賃金となる。

週に40時間を超える労働に対しては、事業主は通常の賃金の1.5倍以上の賃金を支払わなくてはならない。なお、管理者、専門職、外勤営業員など一部の職種については最低賃金や時間外割増賃金の規制の対象外とされている。

②ERISA（Employee Retirement Income Security Act：従業員退職所得保障法）

1974年制定の連邦法であるERISAは、従業員のための企業年金制度に関する規制を定めている。

かつては、企業年金が恩恵的なものと位置付けられていたため、事業主の都合により給付が恣意的に削減されることもあった。そこで、ERISAは、従業員の受給権を保護することを目的として、企業年金の管理者のfiduciary duty（信認義務）や情報開示義務等を定めている。

③OSHA（Occupational Safety and Health Act：労働安全衛生法）

安全衛生に関する包括的な連邦法が1970年制定のOSHAである。OSHAは、政府機関には適用されないが、通商に影響を与える事業を行う事業者に広く適用される。OSHAの執行官庁としてOccupational Safety and Health Administration（職業安全衛生局）があり、安全衛生基準の制定と執行、苦情調査や職場検査等を担っている。事業主は労働災害事故の記録を維持しなければならず、重大事故については職業安全衛生局に報告する義務を負う。また、事業主は職業安全衛生局が定める諸規則を遵守しなければならず、OSHAが認める権利を行使した従業員を不利益に取り扱ってはならない。

④Worker's Compensation Statute（労災補償法制）

労働災害発生時の補償に関しては、連邦法ではなく各州法が中心的な役割を担う。すべての州において労災補償法制があり、労働者やその家族に対して労働に関連する疾病や死傷の際に円滑に補償がなされるように図っている。

かつて労災補償法制が制定されていなかった頃は、従業員は労災の際にはコモン・ローに基づく裁判によって事業主の責任を追及するほかなく、立証責任や相手方の抗弁のハードルを乗り越えて補償を受けるのは容易ではなかった。そこで、労災補償法制は、労災保険の制度を導入し、原則として過失の有無や所在にかかわらず、労災の際には一定額の補償を給付するものとした。労災保険は、民営、州営あるいは事業主自身の自家運営を認める州もあり、州によって異なるが、いずれにしても事業主が保険料を負担する。その見返りとして、従業員は、労災により被った死傷や疾病について事業主に対して損害賠償請求を行うことはできない。給付の対象となるのは、就業時間中や休憩時間も含む雇用の過程において生じた傷害や、雇用から生じた職業病などである。通勤途中の事故は原則として対象にはならない。

⑤FMLA（Family and Medical Leave Act：家族医療休暇法）

1993年制定の連邦法であるFMLAは、政府機関及び50人以上の従業員を雇用する事業主に対して、傷病、出産、家族の介護を目的とした最長12週間の無給休暇を勤続1年以上の従業員に与えることを求めている。休暇はまとめて取得することも、最小1時間単位で分割して取得することもできる。休暇を取得した従業員には、休暇終了後には休暇取得前と同一または同等の仕事に戻ることが保証される。ただし、賃金が職場の上位10％に位置する従業員については、係る保証はない。

⑥WARNA (Worker Adjustment and Retraining Notification Act：労働者調整・再訓練予告法)

1988年制定の連邦法であるWARNAは、100人以上の従業員を使用する事業主に対して、事業場の閉鎖または大量のlayoff(一時解雇)を実施する場合は、従業員ならびに州及び地元当局に対して60日前までに通知しなければならないものと義務付けた。ただし、天災地変や合理的に予見が不可能な経営環境悪化のときはこの限りでない。

⑦EPPA (Employee Polygraph Protection Act：嘘発見器従業員保護法)

1988年制定の連邦法であるEPPAは、事業主が採用時または雇用期間中に応募者または従業員に対してポリグラフ(嘘発見器)を使用することを制限している。ただし、警備会社や規制薬物の製造・流通・販売事業者については、一定の要件の下にポリグラフ使用が認められている。また、窃盗、横領、スパイ行為などについて合理的な嫌疑のある従業員に対する使用も例外的に認められる。

Practical Advice

1) 独立契約者か従業員か

従業員の解雇が容易な米国ではあるが、それでも従業員を雇用すると各種の雇用法制に従った待遇が必要になることから、従業員として雇用するのではなくindependent contractor(独立契約者)として請負契約を締結することで対応しようという事業主の思惑が存在する。もちろん単に請負の形式をとるだけで雇用法制の潜脱ができるわけではない点は日本と同じである。独立契約者として扱ってよいかどうかは、事業主との関係を総合的に考慮して、事業主による管理と業務従事者の独立性の程度から判断しなければならない。この判断基準として参考になるのが、米国の国税局(IRS)が公表している“Common Law Rules”である。このルールは、behavioral(行動)、financial(財務)、type of relationship(関係の属性)の3つのカテゴリーに判断基準を整理している。

図表12-1：Common Law Rules

behavioral （行動）	業務従事者が何の仕事をどのように行うかを、事業主が指揮監督しているか、または指揮監督する権限を有しているか。
financial （財務）	業務従事者のビジネスが、事業主によってコントロールされているか（業務従事者はどのように対価を受け取るか、経費は補てんされるのか、誰が道具や原料を提供するのか等）。
type of relationship （関係の属性）	書面の契約または従業員向けの福利厚生（年金、保険、休暇等）があるか。関係は継続的か。遂行される業務は事業主のビジネスにとって重要か。

また、判断に迷った場合は、事業主または業務従事者のいずれからでも、Form SS-8という書類に状況を記入してIRSに提出すれば、税務上の扱いを独立契約者と従業員のいずれにすべきか判断してもらうことができる。

2）採用時の注意

米国で従業員を採用する場合、まず差別禁止法制に細心の注意を払わなければならない。Title VIIは、事業主が応募者に対して応募書類や採用面接で差別禁止事由に関する情報の質問をすること自体を禁止しているわけではないが、そのような情報の開示を受けておきながら採用しなければ、差別に基づく不採用だと訴えられるおそれがある。ADAはより直接的に、採用選考段階で応募者の障害の有無や程度を調査することを原則として禁じている。他方で、事業主が注意を怠って採用した麻薬や犯罪の常習者などの危険な者が、顧客や同僚を殺傷した場合には、事業主がnegligent hiring（過失雇用）の責任を問われるリスクもある。米国で採用面接を行う際には、どのような質問が許されるのか、文献を調べたり、専門家のアドバイスを受けるなどして、よく準備をしておく必要がある。

また、米国では雇用契約の解除は任意にできるのが原則ではあるが、採用面接において一定期間の継続雇用を示唆するかのような説明をすると、いざ解雇したときに契約違反だとして訴えられるおそれがあるので、注意が必要である。内定時に応募者に交付するoffer letter（内定通知）にも雇用契約がemployment at willであることを明記すべきであろう。

3) セクシュアル・ハラスメント対策の重要性

セクシュアル・ハラスメントのリスクは日本でも広く認識されるようになったが、訴訟社会である米国ではそのリスクは日本よりはるかに大きい。陪審制や懲罰的損害賠償制度の存在もあり、ときには数十億円規模の損害賠償判決が話題になることさえある。前述のとおり、代償型の場合は事業主は使用者として責任を免れることは難しいが、敵対的環境型の場合は事業主には免責の余地もあることから、事業主としては、日頃からセクシュアル・ハラスメント防止のための従業員教育の実施や苦情処理体制の構築を行うとともに、もしセクシュアル・ハラスメントが行われているとの情報が入った場合は、直ちに対応する必要がある。また、セクシュアル・ハラスメントが事実だと確認されたときは、加害者に対する懲戒処置も含め、有効な再発防止策を講じることが必要である。

|R|E|V|I|E|W|Q|U|E|S|T|I|O|N|S|

12-1 **60歳定年制**

Q　日本企業J社は、自社製品を全米で販売するための拠点として米国子会社A社を設立し、30名程度の従業員を雇用することにした。A社にもJ社と同じ60歳定年制を導入しても問題ないか？

A　A社は通商に影響を与える事業を行い、20名以上の従業員を雇用することから、ADEAの適用を受ける。ADEAは40歳以上の年齢を理由とする雇用差別を禁止していることから、A社が60歳定年制を導入することは違法となろう。

12-2 **時間外割増賃金**

Q　年間売上1,000万ドルのX社は、従業員Yとの間で時給10ドルの雇用契約を締結している。1週間の所定勤務時間は36時間であるが、ある週は業務量が多かったため、Yの勤務時間は50時間であった。FLSAに基づくとX社はYに少なくともいくら支払う必要があるか？

A　FLSAは、週40時間を超える労働に対して事業主は通常の賃金の1.5倍以上の賃金を支払わなくてはならないと定めている。Yの通常の賃金は時給10ドルであるから、40時間を超える勤務時間については時給15ドルを支払う必要がある。したがって、X社はYに少なくとも、40時間×10ドル＋10時間×15ドル＝550ドルを支払う必要がある。

12-3 **業務中の負傷**

Q　工場Aの従業員Bが製造作業中の事故で負傷した。事故の原因は、工場Aが作成した作業手順の不備によるものだった。Bが使用者である工場Aに対して係る負傷について損害賠償請求を行った場合、工場Aは拒絶できるか？

A　米国のすべての州では労災補償法制が定められており、労働災害の際には労働者は過失の有無に関係なく労働保険から一定の給付を受けることができる。しかし、その代わり、労働者は係る労働災害で被った死傷や疾病について使用者に損害賠償を請求することはできない。したがって、工場AはBの請求を拒絶できる。

〔小原 孝〕

References

中窪裕也『アメリカ労働法（第2版）』弘文堂、2010年

第13章

反トラスト法

Antitrust Law USCPA

POINTS

- 米国の反トラスト法には連邦法と州法とがある。
- 連邦反トラスト法の実体法規には、Sherman Act（シャーマン法）、Clayton Act（クレイトン法）、Federal Trade Commission Act（連邦取引委員会法）がある。
- 連邦反トラスト法の執行機関は、Department of Justice Antitrust Division（司法省反トラスト局）とFederal Trade Commission（連邦取引委員会）である。司法省は、大統領の指揮下にあるシャーマン法及びクレイトン法の執行機関として、違反行為に対する刑事及び民事の訴追権限を有する。連邦取引委員会は、クレイトン法及び連邦取引委員会法の執行権限を有する独立行政委員会であり、違反行為について自ら審査・審判を行うとともに一定の民事訴訟を提起する。また、企業結合規制については、司法省及び連邦取引委員会の双方が執行権限を有する。
- 反トラスト法の違反行為類型は、複数の企業間の共同行為と企業の単独行為とに大別され、価格カルテル等、特定の水平的競争制限行為は、"*per se* illegal"（当然違法の原則）の下、行為の効果や市場への影響等を分析することなく違法と判断される。その他の多くの行為類型については、"rule of reason"（合理の原則）により、競争促進効果と競争制限効果の分析による違法性の判断が行われる。
- 最近の動向としては、米国を含む各国・地域の競争当局間における国際的連携の強化、法人及び個人に対する厳罰化、外国企業、領域外の行為に対する国際的執行の拡大によるカルテル規制の厳格化の傾向のほか、デジタル市場における競争制限行為への対応、賃金協定や引き抜き禁止協定等の労働市場における競争制限行為に対する法執行が活発化している。

KEY LEGAL TERMS

***per se* illegal【当然違法の原則】** 競争制限効果の存在が明白な特定の違反行為類型について、行為の効果や市場への影響についての詳細な分析を行うことなく当然に違法であるとする考え方。

rule of reason【合理の原則】 行為の目的、市場への影響等、問題とされる行為の競争促進効果と競争制限効果の分析に基づき違法性を判断する考え方。

horizontal restraints of trade【水平的制限行為】 市場で競争関係にある企業間の共同行為。

vertical restraints of trade【垂直的制限行為】 製造業者と販売業者等の異なる取引段階に属する企業間で行われる取引制限行為。

unilateral conduct【単独行為】 企業が単独で行う競争排除に向けられた行為。

relevant market【関連市場】 供給者と需要者が取引を行い、供給者相互間または需要者相互間で競争が行われる場。

Basic Rules

1) 米国反トラスト法の構成

米国の反トラスト法とは、取引制限行為の禁止により消費者利益の増進を図ることを目的とした制定法の総称であり、1890年に制定されたSherman Act（シャーマン法）、1914年に制定されたClayton Act（クレイトン法）及びFederal Trade Commission Act（連邦取引委員会法）により構成される。反トラスト法の実体規定の中心は、第1条においてカルテル等の取引制限行為を禁止し、第2条において独占行為を禁止するシャーマン法である。一方、クレイトン法は、第3条において排他的取引や抱合せを禁止するとともに、第7条において株式取得、合併等の企業結合取引を規制している。また、連邦取引委員会の設立根拠規定を含む連邦取引委員会法は、第5条において不公正な競争方法を禁止している。

2) Horizontal Restraints of Trade（競争者間の水平的制限行為）

市場で競争関係にある企業間の水平的制限行為は、「数州間または外国との間の取引、通商を制限するすべての契約、トラストその他の形態による結合または共謀」を違法（重罪）とするシャーマン法第1条により規制される。対象となる行為は、複数の独立した行為主体による、「契約」、「結合」または「共謀」等の反競争的な共同行為である。価格、生産・販売数量、取引先や営業活動の範囲等に関する競争者間の合意、共謀は、通常、市場における直接的な競争制限効果を発生させる。特に、価格協定、市場分割及び共同の取引拒絶の各行為は、市場の競争への影響等に関する詳細な分析を行うことなく *per se* illegal（当然違法）と判断される。

■ Price Fixing（価格協定）

各企業による自由かつ自主的な価格設定は、経済活動及び競争行動の中核をなすものであり、こうした自由な価格設定が制限される場合には、市場における競争制限効果の発生が明白である。違法と判断される価格協定には、具体的な価格に関する合意のみならず、価格算定方法、価格引上の割合または割引率、手数料等の価格の一部についての合意も含まれる。価格引上の割合のみ（例えば、前年比10％増）を合意した場合も違法であり、その価格が合理的であること、価格引上により利益を得ていないこと等を主張しても正当化事由とはならない。

■ Market Division（市場分割）

市場分割は、複数の企業間で取扱商品の種類や販売地域、顧客の範囲を制限する合意である。特に、市場において競争関係にある企業間で市場分割の合意が行われる場合には、市場における直接的な競合を回避し、製品・サービスの供給量を制限することにより価格の維持、引上げを図るという価格協定と同様の競争制限効果をもたらすことが可能となる。また、違法と判断される市場分割の合意には、現在行われている事業に関する協定のみならず、将来行う予定の事業について販売地域や顧客の範囲を割り当てる合意も含まれる。

■ **Concerted Refusal to Deal（共同の取引拒絶）**

複数の企業が共同して特定の事業者を市場から排除する共同の取引拒絶には、事業者団体による新たなメンバーの加入阻止、特定の競争者に対する不可欠施設へのアクセスの拒否等、さまざまな形態の行為が含まれる。また、共同の取引拒絶は、水平的な競争関係にある企業間で行われる場合のほか、例えば、製造業者と販売業者が共同して低価格販売を行う特定の販売業者への製品の供給を停止する等、垂直的な取引関係にある企業間で行われる場合もある。垂直的関係にある企業間の共同行為であっても、価格の引上げや競争者の排除等の競争制限を目的とした行為については、当然違法の原則が適用される。

■ **Information Exchange（情報交換活動）**

企業が事業活動を行う際には、事業者団体の活動への参加、業務提携に関する交渉等、さまざまな場面で競争者の価格情報や業界全体の需給動向等に関する情報に接することが考えられる。事業活動に関する情報交換は、それ自体が直ちに当然違法と判断されるものではない。しかしながら、事前の情報交換と事後的な行動の一致から価格協定の存在を推認することは可能であり、競争者間の情報交換を通じて、相互に相手方の将来の価格設定を合理的に推測しうるような状況が存在する場合には、競争制限の合意として違法と判断されることになる。反トラスト法上、どのような場合に競争者間の情報交換が問題とされるかについて、一般的には、(1)情報交換の対象とされる情報が新しいものであり、(2)関連市場の寡占化が進行しており、(3)各社の供給する製品が同質であり相互に代替性が認められる場合に、情報交換が競争制限的な協調行動に結び付く危険性が高いと考えられる。原則として、競争者間で価格、生産量、供給量等の事業活動上の重要情報を交換することは回避すべきである。また、情報交換が不可欠である場合には、(1)客観的な第三者を通じて行う、(2)情報を入手しうる社内の担当者を必要最小限の範囲に限定するとともに、適切な情報遮断を行う、(3)過去の概括的な情報を用いる、(4)情報の主体を特定し得ない方法で行う等の措置を講ずることが必要である。

■ **Joint Venture**（ジョイント・ベンチャー）

ジョイント・ベンチャーは、市場への新規参入、技術の相互利用による迅速な新製品の開発、リスクを伴う事業への投資等を目的として行われる複数企業間の共同事業であり、契約上の協定から新会社の設立に至るまでさまざまな形態により行われる。また、事業内容についても、共同生産、共同販売、共同研究開発、共同購買等、極めて多岐にわたる。ジョイント・ベンチャーについては、競争者間の共同行為としての側面と各出資会社の事業活動の一部統合という側面が存在することから、シャーマン法第1条適用の可否の検討に加えて、クレイトン法第7条による企業結合規制の観点からの分析が必要となる。

シャーマン法第1条の観点からは、当該行為が各出資会社の経営資源の統合による効率性向上という競争促進効果を有するものであるか、あるいは、競争者間の競争回避行動として市場の競争に悪影響を与えるものであるかについての検討が必要である。例えば、出資会社間で合弁事業の対象に含まれない製品の販売、あるいは、合弁事業の対象地域外における事業活動について協調的行動が行われる場合には、反競争的な行動として当然違法の行為類型に該当する可能性が高いと考えられる。一方、出資会社間のジョイント・ベンチャーと競合する事業を行わないという協定については、通常、合弁事業の成功に合理的に必要な付随的制限として問題ないと判断されるものと考えられる。連邦取引委員会と司法省が公表した“Antitrust Guidelines for Collaborations Among Competitors”（「競争者間の協調行動に関する反トラストガイドライン」）においても、ジョイント・ベンチャーに関する協定の適法性について、事業の「統合に合理的に関連したもの」（“reasonably related to the integration”）であり、その「競争促進的な利益の実現に合理的に必要」（“reasonably necessary to achieve its procompetitive benefits”）と考えられる制限（付随的制限）であるか否かを基準として判断する旨が示されている。

3) Vertical Restraints of Trade（取引先との間の垂直的制限行為）

製造業者、卸売業者と小売業者等の異なる取引段階に属する企業間の垂直的制限行為についても、複数企業間の協定等を禁止するシャーマン法第1条による規制が行われる。また、垂直的制限行為は、シャーマン法第2条、クレイトン法第3条、連邦取引委員会法第5条の違反行為として問題とされる可能性もある。反トラスト法は、複数の企業が供給する異なるブランド品の間のinter-brand competition（ブランド間競争）を維持、促進することを重視しており、同一ブランド品を供給する販売業者間のintra-brand competition（ブランド内競争）を制限することについては、ブランド間競争を促進する効果がありうることを認めている。例えば、製造業者が販売業者の営業地域や顧客の範囲に一定の制限を設けることについては、販売業者間の重複投資を回避することにより効率的な流通網を構築するという競争促進効果を認めることが可能である。そのため、垂直的制限行為については、合理の原則に基づき、個別の事案ごとに、当該行為が市場の競争に与える影響についての分析が行われる。

■ Resale Price Maintenance（再販売価格維持）

製造業者が卸売業者や小売業者による製品・サービスの販売価格を制限する再販売価格維持は、垂直的な取引先との間の価格に関する合意として問題となる。再販売価格維持には、自社製品を一定価格以下で再販売することを制限するminimum resale price maintenance（最低再販売価格維持）と、一定価格以上で再販売することを制限するmaximum resale price maintenance（最高再販売価格維持）とがある。このうち、最高再販売価格維持については、1997年のState Oil Co. v. Khan事件連邦最高裁判所判決[1]において、最高再販売価格維持は消費者の利益となる低価格へと結び付くものである等の考え方に基づき、合理の原則による分析を行うべきとの判断が示された。また、2007年のLeegin Creative Leather Products, Inc. v. PSKS, Inc.事件連邦最高裁判所判決[2]は、最低再販売価格維持についても、(1)他のブランド品を販売する小売業者とのブランド間競争の促

1) 522 U.S. 3 (1997).
2) 127 S.Ct. 2705 (2007).

進、(2)新規参入の促進、(3)他の小売業者による販売促進に向けた投資に便乗して、自らは投資をせずに低価格販売のみにより顧客を奪う「ただ乗り」問題の解消、(4)小売業者に十分な利潤を確保することによるサービス向上等の競争促進効果が存在しうることを認め、合理の原則により、市場の競争への影響を分析した上で違法性を判断すべきとの考え方を明らかにした。ただし、合理の原則が適用されるとしても、行為者である製造業者が市場において有力な地位を占めている場合には、再販売価格維持が違法と判断される危険性は高くなる。また、一部の州の反トラスト法の下においては、最低再販売価格維持について当然違法の原則が維持されていることに注意が必要である。

■ **Territory / Customer Allocation（地域・顧客制限）**

製造業者により販売業者の販売地域または取引先の顧客の範囲に対する制限が行われる場合、特定の地域または顧客ごとに限定された販売業者のみが営業活動を行うこととなり、ブランド内競争の制限が発生する。一方、販売業者に一定の地域や顧客を排他的に割り当てることは、販売業者による重複投資の回避、「ただ乗り」問題の解消、効率的な流通網の構築等により、他の製造業者の製品とのブランド間競争を促進するという効果も有する。そのため、1977年のContinental T.V., Inc. v. GTE Sylvania, Inc.事件連邦最高裁判所判決[3]をはじめとする多くの事案において、合理の原則による競争促進効果と競争制限効果の分析に基づき、地域・顧客制限の適法性が認められている。ただし、市場支配力を有する企業により取引先に対する地域・顧客制限が行われる場合には、ブランド内競争の制限がそのまま市場におけるブランド間競争の制限効果を発生させると考えられ、違法と判断される危険性が高くなる。

■ **Tying（抱合せ）**

抱合せは、ある製品・サービスの販売に際して、これとは別の製品・サービスの購入を条件とする取引方法であり、前者がtying product（抱き合わせる製品）、後者がtied product（抱き合わされる製品）とよばれる。抱合せは、シャーマン法第1条のみならず、競争者と有体物の取引を行わない

3) 433 U.S. 36 (1977).

旨の協定等を禁止するクレイトン法第3条、不公正な競争方法を禁止する連邦取引委員会法第5条の違反行為として問題とされる可能性がある。また、行為者が抱き合わせる製品の市場において独占的な地位を有する場合には、この地位を利用して抱き合わされる製品の市場においても競争者を排除することが可能となり、独占行為等を禁止するシャーマン法第2条の問題とされることも考えられる。抱合せについては、(1) 2つの異なる製品・サービスの存在、(2)一方の製品・サービスの販売が他方の製品・サービスの購入を条件としていること、(3)供給者が抱き合わせる製品の市場において十分な市場支配力を有していること、(4)抱き合わされる製品の市場における取引への相当な影響があることの各要件を満たす場合、当然違法の類型に該当するものと考えられている。

4) Unilateral Conduct（単独行為）

企業の単独行為は、monopolization（独占行為）及びattempt to monopolize（独占の企図）を禁止するシャーマン法第2条により規制される。競争者または取引先との合意や協定は、複数の企業が共同して競争を回避する行動として問題となる。これに対して、企業の単独行為は、市場から競争者を排除して市場支配力を形成することが問題とされるものである。もっとも、競争者から顧客を争奪し、市場における自らの事業活動を拡大する行動は、まさに積極的な競争行動とも評価しうる。そのため、企業の単独行為に対する反トラスト法の適用は、正当な競争行動を妨げることなく不当な排除行為のみを規制するという困難な作業を必要とする。基本的には、(1)行為者の市場における地位・力、(2)競争手段としての不当性の有無の各観点からの検討が行われる。

■ Monopolization（独占行為）

独占行為の成立について、United States v. Grinnell Corp. 事件連邦最高裁判所判決[4]は、(1)関連市場における市場支配力の保有、(2)製品の優越性、経営への洞察力、または歴史的偶然の結果としての成長、発展とは区別される意図的な市場支配力の獲得または維持の各要件が必要であるこ

4) 384 U.S. 563 (1966).

とを明らかにした。

monopoly power（市場支配力）とは、市場における価格をコントロールし、競争を排除しうる力であると定義される。そして、ある企業が市場支配力を有するか否かの判断は、競争の範囲を決定する関連市場の画定を前提として初めて可能となることから、シャーマン法第2条の違反行為が問題となる事案においては関連市場の画定が重要な問題の1つとなる。関連市場は、競争関係にある製品の範囲と、事業活動が競合する地理的範囲の2つの側面から構成される。そして、製品相互間の競争関係の有無は、需要者の立場からの代替性、すなわち、製品Aについて"small but significant and non-transitory increase in price"（小幅ではあるが、実質的かつ一時的ではない価格引上）が行われた場合に、製品Aに代えて製品Bを購入しうるかを分析することにより判断される（SSNIP基準の考え方）。また、供給者の立場からの代替性についても、製品Aの価格引上に対応して、製品Bの供給者が、多大な費用やリスクを負うことなく、短期間のうちに製品Bに代えて製品Aを供給しうるかの分析により検討され、製品Aの供給が可能である場合、製品Aと製品Bの供給者の間に競争関係が認められることとなる。市場の地理的範囲についても、需要及び供給の代替性の観点から、有効な競争が行われている範囲を画定する作業が行われる。

次に、画定された関連市場における市場支配力の有無については、各企業の市場シェアが主な指標となる。例えば、United States v. E.I. duPont de Nemours & Co.事件連邦最高裁判所判決[5]は、セロファン包装材料の市場における約75%のシェアをもって市場支配力の存在を認めた。一般的には、市場シェアが約70%以上の場合には市場支配力の存在が推認され、シェアが約50%以下の場合には市場支配力は認めがたいとされる。市場支配力の認定については、barriers to entry（参入障壁）の有無、競争者の供給余力等の要因も考慮される。すなわち、行為者による価格引上の試みは、低価格を設定して市場に新規参入する企業、あるいは、競争者の価格引下による供給拡大によって妨げられると考えられるのである。

独占行為は、市場支配力の存在それ自体により認定されるものではな

5) 351 U.S. 377 (1956).

く、“willful acquisition or maintenance of monopoly power”(市場支配力を意図的に獲得、維持していること)が要件となる。すなわち、品質の向上や革新的な技術の導入等の正当な事業目的に基づく競争により市場支配力を獲得することは問題とされず、predatory pricing(略奪的価格設定)やrefusal to deal(取引拒絶)等、市場支配力を獲得、維持するための経済合理性を有しない略奪的、排他的行為が行われた場合に違法と判断されるのである。

■ **Attempt to Monopolize(独占の企図)**

シャーマン法第2条の違反行為である独占の企図は、(1)略奪的または反競争的な行為、(2)独占化に向けられた特定の意図、(3)独占を実現する危険な蓋然性の各要件を満たすことにより認められる。

独占行為を構成する略奪的価格設定や取引拒絶等の行為は、独占の企図の成立要件としてのpredatory or anticompetitive conduct(略奪的、反競争的行為)にも該当する。略奪的価格設定は、短期的には競争者を排除することを目的としてコスト割れ販売を行い、長期的には市場における競争を排除して独占利潤の獲得を目指す行為である。もっとも、顧客獲得のために価格を引き下げることは競争行動の本質的要素であり、安易に低価格販売を違法と判断することが企業の競争行動に与える萎縮的効果の弊害は大きい。そのため、正当な価格競争と反競争的な略奪的価格設定とは慎重に区別されなければならない。Matsushita Electric Industr. Co. v. Zenith Radio Corp.事件連邦最高裁判所判決[6]は、略奪的価格設定について、市場から競争者を排除した後に独占的な価格設定によってコスト割れ販売という形の投資の回収と利益の確保を予測しうる場合に経済合理性を有するが、市場への新規参入の可能性等、独占的な地位を十分な期間にわたって維持することは容易ではないとの考え方を明らかにした。その後、Brooke Group Ltd. v. Brown & Williamson Tobacco Corp.事件連邦最高裁判所判決[7]は、略奪的価格設定の存在を主張するためには、(1)被告の価格設定が相当な費用基準を下回るものであること、(2)被告がコスト割れ販売による投資を回収する蓋然性を有することの各要件の立証が必

6) 475 U.S. 574 (1986).
7) 509 U.S. 209 (1993).

要であることを示した。特に、投資を回収する蓋然性の要件については、仮に既存の競争者の排除に成功したとしても新規参入があれば価格引上による投資の回収は困難と考えられることから、実務上、その立証は極めて難しい。

独占の企図の主観的要件であるspecific intent（特定の意図）は、例えば、事業計画を示した社内文書等の直接証拠によって証明されることもあるが、過去に反復・継続して行われた反競争的行為からの推認も可能である。

a dangerous probability of achieving monopoly（独占を実現する危険な蓋然性）の要件については、行為者の関連市場におけるシェア及び参入障壁の有無等、独占行為における市場支配力の分析と同様の要因の分析が行われる。

5）合併規制

米国反トラスト法上、合併や株式取得等の企業結合取引は、競争を減殺し、または独占を形成しうるような株式及び資産の取得を禁止するクレイトン法第7条により規制される。本条の規制対象には、競争者間で行われるhorizontal mergers（水平的合併）、供給者と需要者の間のvertical mergers（垂直的合併）、競争関係にない企業間のconglomerate mergers（多角的合併）のすべてが含まれる。また、合併等の企業結合取引に対しては、シャーマン法第1条及び第2条も適用される可能性がある。

commerce test（通商要件）、size-of-transaction test（取引規模要件）及びsize-of-person test（当事者規模要件）から構成される届出基準を満たす合併については、Hart-Scott-Rodino Act（ハート・スコット・ロディノ法）と称されるクレイトン法第7A条により、司法省と連邦取引委員会の双方への事前届出が義務付けられ、法定の30日の待機期間の経過前に取引を完了することはできない。調査を担当することとなった当局は、競争上の問題点の有無についての第一次審査を行い、さらに詳細な調査の必要性を認めた場合、最初の届出から30日以内に当事者に対して追加資料の提出を求める（second request）。通常、提出を要請される追加資料の範囲は極めて広範であり、当事業者にとっては大きな負担となる。もっとも、届出件数全体に占める追加資料の提出要請がなされる案件の割合は少ない（2019年は3.0%）。そして、要請された資料が提出された日からさらに30日を経過すると、当事者は合併を完了させることが可能となる。一方、当局は、審査の対象とされた合併が反トラスト法に違反すると判断した場合、当該合併を阻止するために訴訟を提起する。

合併規制における事前届出及び審査制度の目的は、取引後の競争の減少により、価格の引上げ、供給量の制限、製品・サービスの品質低下等、需要者に不利益を与えることとなるような合併を規制することにあり、審査においては、合併により市場にどのような変化が生じるかを予測する。司法省と連邦取引委員会は、反トラスト法上の問題点の分析手法及び執行方針を明らかにするため、2010年8月に現在のHorizontal Merger Guidelines（水平合併ガイドライン）を公表するとともに、2020年6月には、新たにVertical Merger Guidelines（垂直合併ガイドライン）を公表している。1992年に公表された旧水平合併ガイドラインは、合併の競争制限効果の有無について、競争の範囲である関連市場の確定、Herfindahl-Hirschman Index（ハーフィンダール・ハーシュマン指数）を用いた当該市場の集中度の測定、当該合併による潜在的な反競争的効果の分析、潜在的な反競争的効果を相殺しうる参入の分析、合併により実現される効率性の考慮、破綻企業の抗弁の考慮という段階的な分析手法を採用していた。これに対して、2010年のガイドラインは、経済分析の活用を含む1992年以降の実務の発展を反映させて合併審査の透明性の向上を図るとともに、競争当局と裁判所の分析及び判断のかい離を解消するという観点から、競争制限効果の分析に関する各種の考慮要因について、証拠の種類、情報源及び評価方法を明らかにしている。垂直合併ガイドラインは、法執行を必要とする垂直合併による市場への悪影響について、川下市場の競争者への原材料供給の拒絶等による市場閉鎖効果、競争者との取引を通じて入手した競争上の重要情報の悪用及び市場における競争制限的な協調行動の危険性等を指摘している。

6) 反トラスト法と知的財産権の問題

発明者の保護を通じた技術革新による競争促進を図る知的財産権と競争制限行為の規制を目的とする反トラスト法とは、目的を達成するための手段は異なるものの、いずれも技術革新、競争促進という同一の目的を有する相互補完的な関係にあるものと理解されている。

知的財産権の行使に対する反トラスト法の適用は、主に、ライセンス契約に含まれる制限的条項の評価として問題となる。United States v. General Electric Co.事件連邦最高裁判所判決[8]は、特許権者が自ら製造する権利を留保する場合には自由に価格を決定できることを理由として、特許権者がライセンス契約においてライセンシーの製造する製品の販売価格を定めることは違法でないと判断した。ただし、ライセンシーが複数ある場合の価格制限については、ライセンシー間の価格協定と同様の効果を有することから問題となる。また、権利者が販売した製品の再販売価格を制限することも認められない。ライセンス契約における数量制限条項については、それが競争者間の水平的なクロス・ライセンス契約に含まれる場合には供給量の制限による価格維持・引上げという市場分割と同様の効果を有するものであり違法と考えられるが、取引先との垂直的なライセンス契約に含まれる場合には、一般的に合理的な制限と考えられる。

複数の特許権者がそれぞれの所有する権利を相互にライセンスするクロス・ライセンス、パテント・プールについては、シャーマン法第1条及び第2条の適用が問題となる。パテント・プールは、各企業が有する補完的な特許権の相互利用により競争を促進するという側面が認められる一方、競合する複数の特許権について相互ライセンスが行われる場合、市場支配的な地位を有する事業者間で相互にライセンスをしながら競合他社へのライセンスを拒絶するような場合には、競争者の排除による競争制限的な効果が認められることになる。

知的財産権と反トラスト法の適用に関する問題点については、司法省と連邦取引委員会による“Antitrust Guidelines for the Licensing of Intellectual Property”(「知的財産のライセンスに関する反トラスト法ガイドライン」)が

8) 272 U.S. 476 (1926).

公表されており、一般的な考え方として、反トラスト法の分析上、知的財産権も他の財産権と同様に取り扱われること、知的財産権の存在自体が市場支配力の形成を推定させるものではないこと、知的財産権のライセンスは、企業が製造における補完的要因を結合することを可能にして競争促進効果を有するものと認められることが明らかにされている。

Practical Advice

1) 法執行手続の概要と最近の動向

米国における反トラスト法執行の中心は、シャーマン法第1条の違反行為、特に、価格カルテル等の競争者間の競争制限行為の規制であり、法人及び個人に対する厳格な刑事訴追が行われている。シャーマン法上、法人に対しては1億ドル以下の罰金、個人に対しては100万ドル以下の罰金もしくは10年以下の禁固刑またはその併科という刑事罰が規定されている。ただし、罰金額の上限については、1987年に制定されたCriminal Fines Improvement Act(刑事罰金改善法)により、「違反行為により得た利益または与えた損害額の2倍」まで引き上げることが可能とされている。

刑事罰規定であるシャーマン法第1条の違反行為については、司法省が訴追権限を有しており、カルテル参加者からのリニエンシー申請、被害者からの情報提供等を端緒として捜査が開始される。リニエンシー申請により刑事訴追からの免責が認められる場合を除き、捜査の対象とされた企業は、(1)司法省の捜査に協力して司法取引による解決を図る、(2)刑事裁判において違反行為の存否を争う、のいずれの方針を選択するかについて判断しなければならない。司法取引による解決を選択する場合、司法省は、捜査協力の開始の前後により量刑上の取扱い(罰則の軽減の程度)を判断することから、迅速な方針決定を行うことが極めて重要である。しかしながら、同時に、刑事事件であるカルテルについては訴追側が合理的な疑いを超える程度にまで犯罪事実を立証する責任を負うこと、違反行為に対する罰則は極めて重大かつ厳格であることを考慮すれば、方針選択にあたっては、具体的な事実関係及び証拠内容の詳細について十分に検討することが必要不可欠である。

図表13-1：罰金額の推移

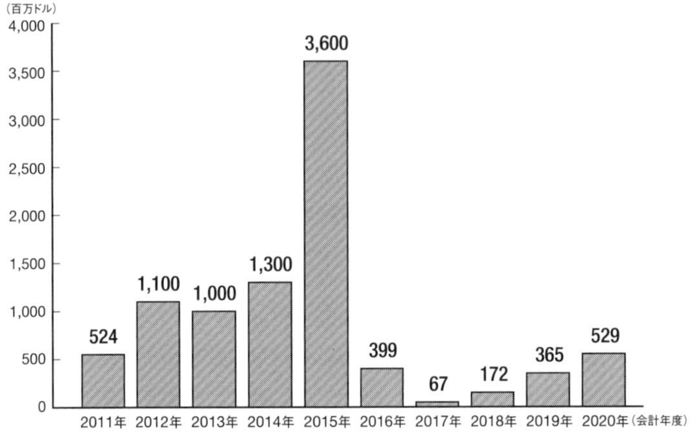

出所：米国司法省公表統計資料

図表13-2：禁固刑の刑期の推移

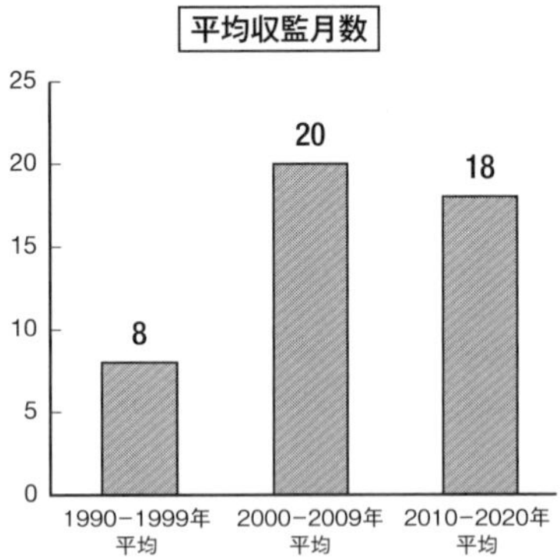

出所：米国司法省公表統計資料

2) Leniency（リニエンシー制度）

リニエンシー制度とは、違反行為の存在の当局への自主的な報告に対して制裁の減免を認めるという制度である。米国においては、所定の条件を満たす最初の申請者について刑事訴追からの免責が認められる。

免責付与の条件

① 申請時点において、司法省が違反行為に関する情報を他の情報源から得ていないこと
② 申請者が、違反行為の終了に向けて迅速かつ効果的に行動していること
③ 違反行為に関する誠実かつ完全な報告と捜査期間中の完全かつ継続的な協力を行うこと
④ 企業としての申請であること
⑤ 可能な限り、被害者に対して損害を賠償すること
⑥ 違反行為の首謀者や行為を開始した者ではなく、他社に違反行為への参加を強制していないこと

司法省による捜査の開始後であっても、司法省が公判を維持しうるだけの証拠を保有していない場合には、上記②から⑥の各条件を満たす最初の申請者について免責が認められる。また、企業が免責される場合、違反行為への関与を誠実かつ完全に認めたすべての役員及び従業員についても、捜査期間中の継続的な協力義務の履行を条件として、刑事免責が認められる。また、米国においては、捜査開始前に違反行為の存在を最初に報告した個人について刑事免責を認める個人リニエンシー制度も存在する。

米国のリニエンシー制度の大きな特徴の1つは、amnesty plus（アムネスティ・プラス）及びpenalty plus（ペナルティ・プラス）である。アムネスティ・プラスとは、最初の事件（第1事件）の第2順位以降の申請者であっても、他の事件（第2事件）について最初に申請を行った場合には、第2事件についての免責に加えて、第1事件についても罰金の減額を認めるものである。また、ペナルティ・プラスは、第2事件の申請が可能であったにもかかわらず、これを行わなかった場合に、第2事件の量刑を重くするというものである。これらの制度は、企業に対してあらゆる違反行為を当局に報告するインセンティブを与えるものであり、事件の連鎖的な摘発へとつながっている。

3）司法省による捜査手続

司法省は、リニエンシー申請により提供された情報等を捜査の端緒として、当該事実関係について捜査を開始すべきか否かを判断するための予備捜査を行う。その際には、リニエンシー申請者から社内の資料や電子メール等の証

拠を入手するのみならず、競争者との連絡に関する直接証拠を得るために通信内容の傍受を行うこともある。

刑事事件として捜査を開始する場合、文書の提出及び証人としての出廷を求めるgrand jury（大陪審）からのsubpoena（召喚状）の送達、また、立入検査が実施されることが多い。召喚状により提出を要請される文書の範囲は極めて広範であることから、資料の収集及び文書の提出については、司法省との間で提出を要する文書の範囲と提出期限に関する交渉を行うことが重要となる。また、召喚状を受領した場合には、関連する文書、資料等を破棄しないことを徹底することが必要不可欠である。実務上は、リニエンシー申請及び任意の捜査協力と司法取引による事件解決を図る事案が大半であり、社内調査に基づく事実関係のproffer（報告）、文書の提出及び関係した従業員等に対する任意の事情聴取により捜査が進行する。

4）Plea Agreement（司法取引）

司法取引は、公訴提起前の被疑者と訴追側（司法省）との間の合意であり、被疑者が有罪を認める答弁を行うとともに司法省に有利な証言を行う等、司法省の捜査及び公判活動に協力することを約束する一方、司法省は有罪を認めた起訴事実について量刑上有利な取扱いを行うとともに、他の事実については起訴しないことを約束するものである。司法取引を行う場合には、司法省との間で契約内容に関する交渉を行う。交渉においては、違反行為の範囲、違反行為の影響を受けたvolume of commerce（取引の範囲）、有責性の評価、捜査協力に基づく罰金減額の範囲等、多岐にわたる議論が行われる。

違反行為に対する罰金額は、Federal Sentencing Guideline（連邦量刑ガイドライン）に規定された方法により算定される。具体的には、違反行為の影響を受けた取引額の20％を基礎額として、違反行為に関する責任の重さに応じた有責性スコアに基づく倍率を乗じるとともに、捜査協力に基づく減額が考慮される。

司法省との間で合意が成立した場合、被告人は裁判所において合意内容に沿った有罪答弁を行い、通常、裁判所も合意内容に基づく判決を行う。

5）個人に対する刑事訴追

シャーマン法第１条は、法人とは別に個人に対する刑事罰を規定しており、特に、違反行為への関与が深く、社内における地位の高い役員・従業員について刑事責任追及の可能性は高くなる。その際、会社と個人との間の利益相反の問題が発生する可能性があり、個人としての刑事責任を問われる危険性の高い従業員、司法省から刑事責任を追及する可能性があるとして指定された従業員については、法人とは別に個人としての弁護人を選任して事件に対応することになる。

|R|E|V|I|E|W|Q|U|E|S|T|I|O|N|S|

13-1 **シャーマン法第1条の違反行為を構成する「契約」等の意味**

Q　競合他社が参加する会合において価格、販売量等に関する議論が開始された場合、反トラスト法の違反行為の認定を回避するためにはどのような行動をとればよいか？

A　他の会合参加者に対して議論に参加しない旨を明確に表示した上で、直ちに会合から退席するとともに、法務部門等の適切な部署に報告することが必要である。シャーマン法第１条の違反行為を構成する「契約」、「協定」等には、書面による契約や明示の合意のみならず、暗黙の了解なども含まれる。そのため、仮に、会合において発言せず、協議に参加しなかったとしても、その場に同席していた事実をもって合意に参加していたものと認定される危険性があることから、他の参加者に議論への不参加を明確に示して退席することが重要である。

13-2 当然違法の行為類型

Q 当然違法の原則の対象とされる違反行為類型には、どのような行為が含まれるか？

A 価格協定、市場分割、共同の取引拒絶のほか、入札談合、生産・販売数量の制限等、競争者が相互に供給を制限することにより価格の維持・引上げ等の競争制限効果を実現することのみを目的としており、コストの削減や効率性の向上等の競争の促進に必要な制限とは認められない行為について、当然違法の原則が適用される。

13-3 情報交換活動

Q 事業者団体の活動や競争者との提携交渉等において、反トラスト法の観点から共有すべきでない情報には、どのようなものが含まれるか？

A 競争者との間で共有することにより、市場における競争を減少させる方向に作用する情報の交換は行うべきではない。具体的には、(1) 現在及び将来の価格、(2) 価格設定方針及び価格戦略、(3) 生産・供給量、(4) 営業戦略、(5) 投資及び新製品の開発、(6) 費用等に関する情報が含まれる。

13-4 略奪的価格設定

Q 低価格設定による新規参入者に対抗するために、コスト割れ販売を行うことは認められるか？

A 競争者を排除するためにコスト割れ販売を行うことは、独占行為の手段としての略奪的価格設定に該当する可能性がある。略奪的価格設定の成立要件は、(1) 相当な費用基準を下回る価格設定、(2) 市場を独占した後にコスト割れ販売による投資を回収する蓋然性である。もっとも、実務上、独占的な価格設定をした場合には新規参入が発生する可能性があり、投資回収の蓋然性の立証は困難であること、また、価格競争は競争行動の本質的要素であり、短期的には消費者に利益を与えるものであること等の理由から、裁判所は略奪的価格設定の認定に消極的である。

13-5 **ハーフィンダール・ハーシュマン指数**

Q 合併審査における市場集中度の測定に用いられるハーフィンダール・ハーシュマン指数とは、どのようなものか？

A ハーフィンダール・ハーシュマン指数は、すべての市場参加者の各市場シェアを二乗した数値の合計であり、各競争者間の格差を反映することにより市場構造を明らかにする。例えば、市場シェア10%の企業が10社存在する場合は1,000、1社独占の場合には10,000となり、数値が高くなるほど市場集中度は高くなる。

〔宮川 裕光〕

References

J.H.シェネフィールド、I.M.ステルツァー『アメリカ独占禁止法ー実務と理論[改訂版]』三省堂、2004年

村上政博『アメリカ独占禁止法ーアメリカ反トラスト法[第2版]』弘文堂、2002年

American Bar Association, Section of Antitrust Law, *Antitrust Law Developments, 7th edition,* American Bar Association, 2012.

第14章

財産法

Property USCPA

POINTS

- propertyは、動産と不動産に大別される。
- 動産には、有体財産と無体財産がある。権利も無体財産に含まれる。
- 不動産の所有権には、現在権と将来権がある。
- 不動産の権原移転には譲渡証書の引渡しを要する。第三者対抗要件を具備するためには譲渡証書の登録が必要である。
- 地役権、賃借権、時効取得、共同所有などは日本法と一定程度は類似する。

KEY LEGAL TERMS

real property【不動産】 土地、建物、樹木その他の土地に対する定着物またはそれらに対する権利。

personal property【動産】 不動産以外の財産物。tangible（有形）かintangible（無形）かを問わない。

fixture【不動産定着物】 不動産に恒久的に付属せしめられた動産。

mortgage【抵当権】 抵当権設定者に対して抵当権者が有する債権を担保するために抵当権設定者の所有する不動産に設定される担保権、またはその証書。

lease【賃貸借】 不動産または動産の所有者が他人にその使用権を移転する有償の契約。

bailment【寄託】 動産の所有者である寄託者がその権原を移すことなく占有のみを受寄者に移転すること。

Basic Rules

1）Propertyの種類

propertyという語は、「所有権」という意味と、所有権の対象となる「財産物」という意味の両方を有する。本稿では、後者の意味で説明する。財産物は、personal property(動産)[1]とreal property(不動産)に大別される。

2) Personal Property (動産)

①動産とは

動産とは、不動産以外の財産物をいい、tangible(有形)かintangible(無形)かを問わない。tangible personal property(有体財産)とはphysical possession(物理的所持)が可能な有体物をいい、日本民法の動産とほぼ同義である。intangible personal property(無体財産)とは物理的所持が不可能であるが法的に所有可能な権利をいい、契約上の権利、株式、債券などの債権や、特許権、商標権、著作権などの知的財産権が代表的である。日本民法では動産とみなされる権利は無記名債権にとどまっており、米国法における範囲の方が広い。

なお、不動産に恒久的に付属せしめられた動産はfixture(不動産定着物)とよばれ、不動産の一部とされる。不動産に付着した動産がfixtureであるか否かの判断にあたっては、付着させた者の意思、付着の形態や恒久性、当該物品の使用目的等が考慮される。ただし、事業用の賃貸借不動産に賃借人が設置した物品はtrade fixture(業務用定着物)とよばれ、動産として扱われるので、賃借人は賃貸借終了時に自らの資産として引き揚げることができる。

②動産の取得

動産を取得する方法としては、主に以下のものがある。

■ **Contract(契約)**

最も一般的な動産の取得方法は、売買契約による譲受けである。

■ **Gift(贈与)**

贈与とは、donor(贈与者)がdonee(受贈者)に対して自発的に無償で財産物を移転することをいう。贈与の要件は、贈与者の意思、目的物の引渡し、及び、受贈者の承諾である。目的物の引渡しを要する点において、贈与を諾成契約とした日本民法と異なる。

1) 米国法におけるpersonal propertyは、上記のとおり日本の「動産」よりやや広い概念であり、「人的財産」と訳することもある。本章では、理解の便宜のため「動産」と訳した。

■ **Will（遺言）**

贈与者が生前に作成していた遺言によって贈与がなされる場合はtestamentary giftとよばれ、贈与者の死によって発効する。

■ **Possession（占有）**

発見された目的物の占有を取得することにより権原を取得する場合、目的物の属性によって以下のケースがある。

所有者が非自発的にどこかで紛失してしまったがその権利を放棄していないlost property（遺失物）が発見された場合、発見者が無償受寄者とされ、所有者以外の者に対して対抗できる権原を取得するが、所有者から返還請求があれば応じなければならない。

所有者が自発的にどこかに置いたが、それを取り戻すことを忘れたmislaid property（置き忘れ物）が発見された場合、置き忘れ場所の所有者が無償受寄者となり、所有者以外の者に対して対抗できる権原を取得するが、所有者から返還請求があれば応じなければならない。

所有者が意図的に放棄したabandoned property（遺棄物）や、野生の動植物などのunowned property（無主物）については、発見者が完全な権原を取得する。

■ **Confusion（混和）**

confusionは一般的な辞書では混同と訳されるが、日本民法の「混同」とは意味が異なり、むしろ「混和」とほぼ同義である。すなわち、複数の所有者が有する同種の目的物が混ざり合って元の状態を識別できなくなることをいう。この場合、別段の立証がなされない限り、全所有者が均等の割合で目的物を共有することとなる。

③Bailment（寄託）

寄託とは、動産の所有者であるbailor（寄託者）がそのtitle（権原）を移すことなくpossession（占有）のみをbailee（受寄者）に移転することをいう。寄託の要件は、寄託者による権原保持、対象物の引渡し、受寄者による占有、及び、受寄者の返還義務である。寄託は、寄託者の利益のためになされる場合（例：寄託者の車を無償で受寄者が預かる）、双方の利益のためになされる場合（例:

寄託者の車を有償で受寄者が預かる)、及び、受寄者の利益のためになされる場合(例:寄託者の車を受寄者が借りて使う)に分類される。受寄者は目的物の管理にあたりduty of care(注意義務)を負うが、かつては上記の分類に応じてslight care(軽度の注意)、ordinary care(通常の注意)、extraordinary care(高度の注意)が求められるとされていた。しかし、近年では利益を受ける当事者と対価の有無だけで機械的に受寄者の注意義務が定まるのではなく、個別事案の状況に即してreasonable care(合理的な注意)が求められるとされる傾向がある。受寄者は書面による合意により受寄者の責任を限定することができるが、ホテルや駐車場など事業者による責任限定は禁止または制限されていることが多い。寄託は、寄託目的の達成、終了の合意、目的物の滅失・盗難、受寄者の不正使用等により終了し、目的物が受寄者の過失なく滅失・盗難された場合や受寄者が目的物に先取特権や留置権を有する場合等を除き、受寄者は目的物を寄託者に返還しなくてはならない。旅客または貨物の公共輸送機関はcommon carrierとよばれ、輸送中の貨物に生じた損害については、受寄者としては特別な厳格責任を負う。ただし、寄託者の責に帰すべき事由、不可抗力、貨物の固有の特性等による損害等は除く。また、common carrierが契約によって賠償責任上限を設けることも可能である。

3) Real Property(不動産)

①不動産とは

real propertyとは、不動産または不動産に関する権利を意味する。不動産とは、土地、建物、樹木その他の土地に対する定着物をいう。未収穫の農作物は不動産の一部であるが、未収穫の段階でも独自に取引対象として売却された場合は動産とみなされる。

②不動産に関する権利の概要

不動産に関する権利は、possessory interest(当該不動産を占有することができる権利)と、nonpossessory interest(当該不動産を占有することができない権利)やmortgage(抵当権)に大別される。possessory interestは、日本民法の所有権に似たfreehold(自由保有権)と、日本では債権とされるleasehold(賃借権）から構成される広い概念である。自由保有権は、present interests（現在権）とfuture interests（将来権）という2つのカテゴリーに分かれている。自由保有権の代表的なものが日本の所有権に相当するfee simple absolute（絶対的単純不動産権）である。nonpossessory interestは、日本の用益物権に類似するものであり、easement（地役権）が典型である。不動産に関する権利は、日本の体系と異なるところが多い上、教科書によっても用語や整理に違いがあり理解が難しい。あえて体系図化を試みると、**図表14-1**のとおりである。

図表14-1：不動産に関する権利の体系図

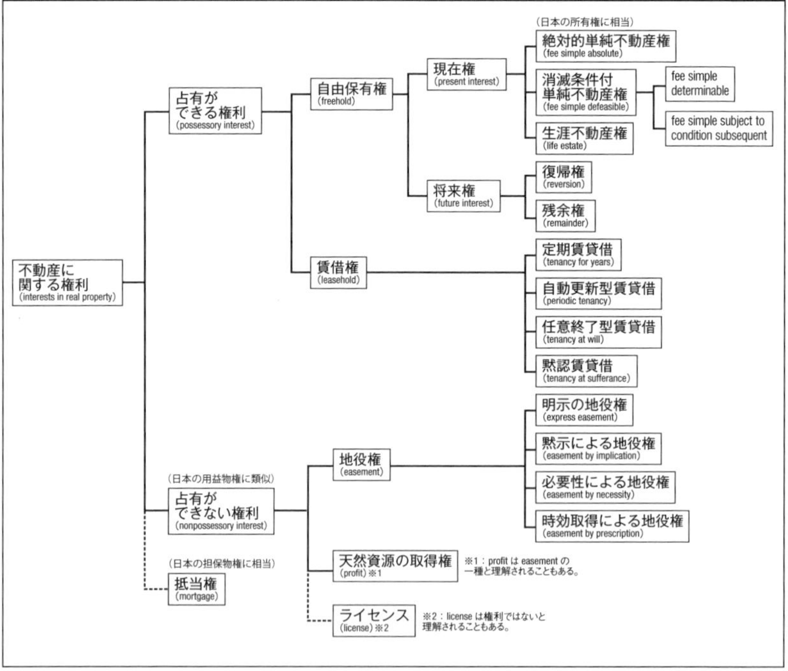

③自由保有権

■ 現在権

現在権とは、現在直ちに不動産の占有をすることができる自由保有権をいう。現在権は、**図表14-2**のように、絶対的単純不動産権、fee simple defeasible（消滅条件付単純不動産権）、life estate（生涯不動産権）に区分される。

図表14-2：現在権の区分

fee simple absolute （絶対的単純不動産権）	存続期間に限定のない自由保有権。当該不動産に対する絶対的な権利であり、日本の所有権の概念に最も近い。
fee simple defeasible （消滅条件付単純不動産権）	一定の条件の成就により消滅する可能性がある自由保有権。条件成就により自動的に権利が消滅する場合はfee simple determinableといい、条件成就により特定の者に権利を消滅させる形成権が生じる場合はfee simple subject to condition subsequentという。
life estate （生涯不動産権）	特定の個人の生存期間中のみ存続する自由保有権。その個人の死亡によって生涯不動産権は消滅する。

※上記のほかに、許諾を受けた者の直系子孫にのみ相続可能なfee tailという現在権も存在したが、近年では多くの州で廃止されている。

どの不動産も最初は絶対的単純不動産権しか存在せず、権利移転の際も大抵は絶対的単純不動産権のまま移転する。しかし、絶対的単純不動産権を有する者は、その不動産権を他者に譲渡する際に、消滅条件を付すこともできる。消滅条件が付された場合は、譲受人は絶対的単純不動産権ではなく消滅条件付単純不動産権や生涯不動産権を授与されることになる。消滅条件付単純不動産権や生涯不動産権が授与されるときには、同時に後述の将来権も生じることになる。

■ 将来権

将来権とは、不動産の占有を現在ではなく将来することができる権利をいい、消滅条件付単純不動産権または生涯不動産権が存在している場合にのみ存在する。ここでは代表的な2つを簡潔に紹介する。

■ Reversion（復帰権）

復帰権とは、授与された消滅条件付単純不動産権や生涯不動産権の消滅後に、現在権が授与者に返される場合の将来権をいう。

【具体例】
絶対的単純不動産権者のOliverが、Adamに「To Adam for life」と記載した譲渡証書を交付した場合、Adamは生涯不動産権を取得し、Oliverは復帰権を自らに留保したことになる。したがって、Adamの死後は再びOliverが絶対的単純不動産権者となる。

■ **Remainder（残余権）**

残余権とは、授与された消滅条件付単純不動産権や生涯不動産権の消滅後に、占有が第三者に移転する場合の将来権をいう。

【具体例】
絶対的単純不動産権者のOmarが、Aliceに「To Alice for life, then to Ben and his heirs」と記載した譲渡証書を交付した場合、Aliceは生涯不動産権を取得し、Benは残余権を取得したことになる。したがって、Aliceの死後はBenが新たに絶対的単純不動産権者となる。

④不動産の権原移転

不動産のtitle（権原）、すなわち自由保有権を移転する原因は、贈与、遺言、時効取得、eminent domain（土地収用）など多くあるが、ビジネス法の観点から最も重要なのが売買契約である。売買契約に基づく権原の移転は、(1)売買契約の締結、(2) deed（譲渡証書）の引渡し、(3)譲渡証書の登録、というプロセスを経るのが一般的である。

売買契約の締結

不動産の売買契約は、statute of frauds（詐欺防止法）の観点から、対象物件、当事者、売買価格等の重要事項を記載した書面で作成の上、当事者が署名する必要がある。

別段の約定がない限り、売主は不動産のmarketable title（瑕疵のない権原）を保証する黙示の義務を負う。

なお、売買契約の締結のみによって権原が移転するわけではなく、後述する譲渡証書の引渡しが必要である。売買契約締結から実際の権原移転までの期間の危険は一般には買主が負うものとされるが、州によっては売主が負うものとしている。

譲渡証書の引渡し

不動産の権原は、譲渡証書の引渡しによって移転する。譲渡証書には、図表14-3に示した3種類があり、権原の保証に差異がある。

図表14-3：譲渡証書の種類	
warranty deed （瑕疵担保証書）	売主は権原を保証し、権原に瑕疵があった場合は売主が担保責任を負う。
bargain & sale deed （取引証書）	売主は、売主自身がもたらした権原の瑕疵の不存在は保証するが、以前の所有者がもたらした権原の瑕疵については担保責任を負わない。
quitclaim deed （権利放棄証書）	売主は権原の保証を一切行わない。

◧ 譲渡証書の登録 ◧

不動産の権原の移転を当事者以外の第三者に対抗するためには、譲渡証書を登録する必要がある。すなわち、譲渡証書の登録により、買主は第三者に対して権原移転のconstructive notice（みなし通知）をなしたものとされ、登録以降に売主から権原を譲り受けた第三者に対抗できる。権原を譲り受けた買主が譲渡証書の登録をする前に善意の第三者が権原を譲り受けた場合は、州によって扱いが異なり、善意の第三者が優先されるNotice方式を採用する州や、先に登録をした方が優先されるNotice-Race方式を採用する州がある。

⑤Leasehold（賃借権）

賃借権とは、不動産のlease（賃貸借）においてtenant（賃借人）がlandlord（賃貸人）から借り受けた不動産を占有することができる権利である。

◧ 賃貸借の種類 ◧

賃貸借には、図表14-4に示した4種類がある。なお、1年を超える期間を定める不動産賃貸借契約は詐欺防止法により書面でなされる必要がある。

図表14-4：賃貸借の種類	
tenancy for years（定期賃貸借）	あらかじめ特定された一定期間継続する賃貸借。期日到来時には何らの通知を要することなく終了する。
periodic tenancy（自動更新型賃貸借）	一定期間を定めた賃貸借であり、かつ、いずれかの当事者が終了の通知を行わない限り、同じ期間で自動更新されるもの。
tenancy at will（任意終了型賃貸借）	期間の定めがなく、いずれの当事者も任意に終了させることができる賃貸借。ただし、州によって一定期間前の事前通知を義務付けている場合がある。
tenancy at sufferance（黙認賃貸借）	賃貸借契約の終了後も賃借人が不法に占有を継続する場合に発生する。黙認賃貸借は、賃貸人が賃借人に対して、立ち退きを求めるか、新たな自動更新型賃貸借として扱うこととしたときに終了する。

◧ **賃借人の義務** ◧

賃借人はrent（賃借料）を賃貸人に支払う義務を負うほか、賃貸借契約や州法に別段の定めがない限り、賃貸借不動産のordinary repair（通常の修繕）を行う義務を負う。

◧ **賃貸人の義務** ◧

賃貸人は、賃借人に賃貸借不動産の占有を移転し、quiet enjoyment（平穏享有）、すなわち賃貸人や第三者から明渡要求されることなく平穏に使用せしめる義務を負う。賃貸人が賃借人の賃貸借不動産の使用を妨げることは、平穏享有させる義務の不履行とされる。

また、多くの州で、居住用の賃貸借不動産については、賃貸人はimplied warranty of habitability（居住可能性の黙示保証）の義務を負うものとされている。

◧ **賃借権の譲渡・転貸** ◧

賃借人は、賃貸借契約で制限されている場合を除き、賃貸人の同意を要することなく、賃借権の全部または一部を第三者に移転することができる。賃借権の全部の移転はassignment（譲渡）、一部の移転はsublease（転貸）とされる。賃借権の譲渡または転貸をした場合でも、元の賃借人は引き続き賃貸人と賃貸借契約の関係にあり、賃貸人に対する一切の義務を負担しなければならない。

⑥日本の用益物権に類似するもの

■ Easement（地役権）

地役権とは、他人が所有する土地（承役地）を特定の目的で使用することのできる権利等をいう。地役権者に承役地の通行など積極的行為を認める場合が大半であるが、承役地の所有者に一定の不作為の義務を課す場合もある。地役権は、express easement（明示の地役権）のほか、easement by implication（黙示による地役権）、easement by necessity（必要性による地役権）、easement by prescription（時効取得による地役権）などがある。

・明示の地役権

明示の地役権は、証書により明示的に設定される。承役地の所有者が新たに地役権者に地役権を許諾するexpress grantと、承役地となる土地を譲渡する際の譲渡証書において売主が地役権を留保するexpress reservationとが存在する。

> 【具体例】
> ・A氏がB氏に対してA氏所有地の通行権を許諾（express grant）
> ・A氏がB氏にA氏所有地を譲渡する際に、自らの通行権を留保（express reservation）

・黙示による地役権

詐欺防止法の例外として、当事者による黙示の地役権設定があったものとして裁判により認められた地役権をいう。

・必要性による地役権

公道に出ることができない袋地の所有者が公道に出るために周囲を取り囲んでいる土地（囲繞地）を通行することができる権利。日本の囲繞地通行権に相当する。

> 【具体例】
> A氏所有地を通らないと公道に出ることができない袋地の所有者B氏はA氏所有地の通行権を取得

・時効取得による地役権

公然かつ敵対的な使用が法定期間を超えて継続してなされた場合に認

められる地役権。

■ **Profit**（天然資源の取得権）

天然資源の取得権とは、他人の土地の穀物の収穫、動物の捕獲、木材の伐採、鉱物の採掘などを行う権利をいい、地役権の一種と理解されることもある。当該土地に立ち入るための地役権をあわせて取得することが多い。

■ **License**（ライセンス）

ライセンスとは、土地の所有者が他人に土地の使用や立入りを許すことをいう。ライセンスは原則としていつでも取り消すことができるので、権利ではなく単なる恩典に過ぎないと理解されることもある。

⑦Mortgage（抵当権）

抵当権とは、mortgagor（抵当権設定者）に対してmortgagee（抵当権者）が有する債権を担保するために抵当権設定者の所有する不動産（抵当不動産）に設定される担保権（抵当権）またはその証書（抵当証書）をいう。

◧ 抵当権の設定と登録 ◧

抵当証書は、書面で作成され、抵当権設定者により署名される必要がある。また、譲渡証書の引渡しにより権原が移転するのと同様に、抵当証書の引渡しにより抵当権は有効に成立する。抵当証書の登録が、第三者に対するみなし通知となる点も譲渡証書と同様である。

◧ 抵当権の効力 ◧

日本と同様に、抵当権設定者は、抵当不動産の占有を継続し、使用することができる。抵当権者は、被担保債権の担保として抵当不動産の換価価値を把握する。

◧ 抵当権の実行 ◧

被担保債権が債務不履行となった場合、抵当権者は抵当不動産をforeclosure（抵当権実行手続）により売却、換価して被担保債権の充足を図ることができる。抵当権実行手続は、司法手続を経なければならない。抵当権設定者は、抵当権実行手続による売却が実行されるまでは、equity of redemption（受戻権）を有しており、債務の元本、利息、諸費用を弁済することによって抵当不動産の売却を阻止できることが一般的である。売却により被担保債権の額に満たない収入しか得られなかった場合、抵当権者は抵当権設定者に対して残額の支払いを請求することができる。逆に、被担保債権を上回る収入を得た場合は、抵当権者は余剰額を抵当権設定者に返還しなければならない。

■ **抵当不動産の譲渡** ■

抵当証書に別段の定めがない限り、抵当権設定者は抵当不動産を第三者に譲渡することが可能である。この場合、買主は、抵当権の負担付きの不動産を取得することになる。買主が被担保債権のassumption（債務引受）をするときは、買主は被担保債権の債務を負うことになる。

■ **抵当権の譲渡** ■

抵当権者は、抵当権設定者の同意を要することなく、抵当権を第三者に譲渡することができる。ただし、被担保債権と切り離して抵当権のみを譲渡することを認めない州もある。

⑧不法占有による時効取得

adverse possession（不法占有）による時効取得は、日本の時効取得にほぼ類似するものであり、所有者でない者が不法占有を一定期間継続することにより権原を取得することをいう。不法占有の要件は、open and notorious（公然）、actual（実際）、continuous（継続的）、hostile（敵対的）な占有である。敵対的かどうかは、所有者の許可を得ていないことを意味し、占有者の主観は関係ない。時効取得に要する期間は、各州のstatute of limitation（出訴期限法制）により定められる。不法占有された土地の現在権を有する者は係る出訴期限内に不法占有者に対する法的手続を開始しなければ、権原を失うことになる。なお、不法占有者は時効取得により現在権を取得することができるが、将来権を取得することはできない。

4）共同所有

米国法においても日本と同様に複数の所有者による財産物の共同所有の関係が成立しうる。主なものは図表14-5のとおりである。

図表14-5：共同所有の種類	
joint tenancy （合有）	同一の証書の記載によって対象物の均等な持分を同時に手に入れた複数人による共同所有。各人は対象物の全体を使用できる。共同所有者の１人が死亡した場合は、その者の有していた持分は、残る他の共同所有者に均等に帰属する（right of survivorship：生存者財産権）。共同所有者の１人が持分を他人に譲渡した場合は、その者に関して合有は消滅し、共有に切り替わる。
tenancy in common （共有）	対象物の均等または不均等な持分を有する複数人による共同所有。各人は対象物の全体を使用できる。共同所有者は生存者財産権を有さず、共同所有者の１人が死亡した場合は、その相続人が持分を相続する。持分の譲渡も可能である。
tenancy by the entirety （夫婦全部保有）	夫婦間でのみ生じる一種の合有。他人への持分譲渡は一切行うことができず、夫婦のどちらか一方が死亡した場合は、その持分は残る一方に帰属する（生存者財産権）。夫婦が離婚した場合は夫婦全部保有は消滅し、共有に切り替わる。

Practical Advice

1）Title Search（権原調査）

個々の不動産ごとに記録を管理している日本の不動産登記簿と異なり、米国の登録制度は州によってやや異なるが、基本的に不動産自体ではなく譲渡証書等の証書を登録する仕組みである。一部の州ではトレンスシステムという不動産ごとに登録をする仕組みも導入しているが、あまり普及していない。

したがって、不動産を購入したり賃借しようとする場合に、相手方が真の所有者であるかどうかを調べる権原調査は日本ほど容易ではない。その土地の所有権を最初に政府から与えられた者から現在の所有者まで、途切れることなく権原が移転していること（chain of title）を、登録所が提供しているgrantor index（譲渡人インデックス）またはgrantee index（譲受人インデックス）で検索の上、登録された譲渡証書の記載を確認していくことになる。最初に誰が所有権者であったかはわからないことが多いので、現在の所有者から譲受人インデックスを使って過去に遡っていくのが一般的であろう。なお、実務的には、権原調査は専門の調査会社に依頼することが多いようである。また、title insurance（権原保険）に加入することで権原に瑕疵がある場合のリスクに備えることができる。

2）Mineral Interest（鉱物権）

米国では原則として、地下鉱物を採掘する権利はその土地の所有権者に帰属している。しかし、土地の所有権者は、第三者への許諾または土地譲渡時に自らに留保する方法により、所有権と切り離した形で鉱物権（地下鉱物の採掘権）を発生させることができる。その場合、所有権の譲渡や鉱物権の譲渡が重なるにつれ、次第に鉱物権の所在が見えにくくなることがある。さらに、鉱物権が生涯不動産権に基づいて許諾されたものであったり、鉱物権自体に期限が付されていることもあり、鉱物権についての権原調査は複雑で専門的な仕事である。こうした資源開発に関わる権原調査や、権利者との契約・交渉を得意とするlandmanとよばれる専門家も米国には大勢いる。

3）Second Mortgage（二番抵当権）

不動産には複数の抵当権を設定することができる。最初に登録された抵当権をfirst mortgage（一番抵当権）といい、二番目に登録された抵当権をsecond mortgage（二番抵当権）という。法的には三番目以降も可能であるが一般的ではない。

二番抵当権が実行された場合、一番抵当権は影響を受けず、買受人は一番抵当権が付いたままの抵当不動産を取得することになる。逆に、一番抵当権が実行された場合、二番抵当権は消滅し、一番抵当権者の被担保債権が充足された後の残額があれば二番抵当権者の被担保債権の引当てとなる。このように二番抵当権は一番抵当権よりもリスクが高いため、二番抵当権を担保とする融資利率も高めに設定される。

|R|E|V|I|E|W|Q|U|E|S|T|I|O|N|S|

14-1 **生涯不動産権が授与された土地**

Q　Owenは自らが絶対的単純不動産権を有する土地Xについて、友人であるAnnに生涯不動産権を与えることとし、「To Ann for life」と記載した譲渡証書を引き渡した。その後Owenは亡くなり、Owenの息子のBobが全財産を相続した。やがてAnnも亡くなり、Annの息子のCharlesが全財産を相続することになった。土地Xは誰のものになるか？

A　Annに生涯不動産権を授与した際にOwenは自らに復帰権を留保していた。Owenの死亡によりOwenの復帰権はBobが相続した。したがって、Annの死亡によりAnnの生涯不動産権は消滅し、土地Xは復帰権を有するBobのものになる。

14-2 **二重譲渡された不動産**

Q　Oscarは4月1日に土地YをAlexに譲渡した。Alexは4月20日に譲渡証書を登録した。一方でOscarは、4月10日に同じ土地Yを事情を知らないBillに譲渡した。Billは4月30日に譲渡証書を登録した。土地Yのある州がNotice方式を採用している場合、土地Yは誰のものになるか？

A　Notice方式においては、土地を譲り受けてから譲渡証書の登録をするまでの間に二重譲渡を受けた善意の第三者が現れた場合、登録の先後にかかわらず善意の第三者が優先する。したがって、土地YはBillのものとなる。

14-3 **不動産の共同所有**

Q　Amanda、Becky、Cindyの3人は土地Zをjoint tenancy（合有）の関係で共同所有していた。Amandaは自らの持分をDickに売却した。次いでBeckyが亡くなり、Edwardがその全財産を相続した。土地Zは現在どのような共同所有の関係にあるか？

A　合有の関係においては持分は均等であることから、Amanda、Becky、Cindyはそれぞれ土地Zの3分の1ずつの持分を有していた。しかし、AmandaからDickへの持分売却により、AmandaとBecky及びCindyの間における合有の関係は消滅し、土地ZはDickが3分の1、Becky及びCindyが3分の2の持分を有するtenancy in common（共有）の関係になった。また、Becky及びCindyが有する土地Zの3分の2の持分についてはBeckyとCindyの間では引き続き合有のままであったが、Beckyの死亡によりright of survivorship（生存者財産権）を有するCindyのものとなった。よって、現在は土地Zの3分の1をDick、3分の2をCindyが共有の関係で共同所有している。

14-4 不動産の時効取得

Q Lauraは友人のTomに12年前から住居を賃貸している。しかし4年前に喧嘩をしたことから、Lauraは賃貸借契約の解約をTomに通知し、立ち退きを求めた。Tomは立ち退きの求めに応じず、現在に至っている。州の定める出訴期限は10年である。Tomは時効による住居の取得を主張することができるか？

A 時効取得のためには、占有が敵対的でなければならない。Tomが12年前に開始した占有は賃貸借契約に基づく適法なものであるから敵対的ではない。4年前の解約通知以降は敵対的になったと考えられるが、州の定める出訴期限である10年未満のため、Tomは時効取得を主張することはできない。

〔小原 孝〕

References

Roger Bernhardt, Ann M. Burkhart, *Property (4th Edition)*, West Group, 2003.

第15章
環境法
Environment

POINTS

- 環境関係の法令には、連邦法の規定のほか、州法の規定も存在する。連邦法の文言や立法過程等に照らし、連邦法の趣旨と抵触しない場合には、州法の規定は有効と解されている。
- 多くの環境関係法は、連邦環境保護庁に規則制定や執行の権限を付与しており、連邦環境保護庁が環境関係法に基づく規制の履行を担っている。
- 環境関係法が規制の対象とする分野は、大気、水質、廃棄物処理、有害物質、絶滅危惧種保護等多岐にわたり、多数の個別の法令が存在する。
- 主要な環境関係法には司法審査の手続きに関する規定も含まれており、市民訴訟の手続きが規定されている点に特徴がある。
- 環境関係法の各法規の内容は専門的で複雑であるため、環境関係法の規制に関わる事業を行う場合などは、環境関係法に詳しい専門家のアドバイスを受けることが肝要である。

KEY LEGAL TERMS

Environmental Protection Agency (EPA)【連邦環境保護庁】国家環境政策法制定に伴い創設された連邦政府の行政機関。多くの連邦法により、規則制定や民事・行政・刑事上の執行権限が付与されている。
National Environmental Policy Act (NEPA)【国家環境政策法】環境保全に関する基本政策を規定した法律。連邦行政庁に対して環境に配慮する責任を課している。
environmental impact statement (EIS)【環境影響説明書】国家環境政策法により、実行されようとする行為が連邦政府による重要なものであり、環境に重大な影響を与える場合に政府が作成を義務付けられる、環境評価に関する書面。

National Ambient Air Quality Standards (NAAQS)【連邦大気質環境基準】連邦環境保護庁が大気浄化法に基づいて作成する。同基準に基づき、各州が同基準を達成するための施策を作成する。

Basic Rules

1) 実体法

①一般法

■ NEPA (National Environmental Policy Act：国家環境政策法)

国家環境政策法は、環境保全に関する基本政策を規定し、すべての連邦行政庁に対して環境に配慮する責任を負わせている。世界に先駆けて連邦政府の環境保全責任を法的に明文化した画期的な法律である。同法を履行する行政機関として、連邦環境保護庁：Environmental Protection Agency (EPA)が創設された。同法は、連邦政府による環境に対する重大な影響を持つ重要な行為について、environmental impact statement (環境影響説明書)の作成を義務付けている。環境影響説明書の作成が必要となる連邦政府による行為は広く解されており、連邦準備制度による資金提供や、連邦政府の許可等も含まれる。

②個別法

■ The Clean Water Act (水質汚濁防止法)

水域の水質汚染を修復し、高品質に維持するための法律である。地表水への汚染物質の排出を規制するため、連邦環境保護庁に広範な権限を付与している。

同法は、米国内の水域への個別排出源からの汚染物質の排出を禁止し、河川への排水は原則として違法としている。したがって、同法において認められる河川への排水は、同法または同法に基づいて制定された行政規則により許可が不要とされたものか、あるいは所定の許可を得たものに限られる。公共汚水処理場については、別途異なる規制を行っている。排出に関する許可は、連邦環境保護庁または同庁からの委任を受けた州によって、全米汚染物質排出削減制度に基づいて発せられる。同法は、個別排出源からの排出規制の基準の設定を連邦環境保護庁に義務付けている。(1)排出源が新設のものか既存のものか、(2)排出物が通常汚染物質、有毒汚染物質、その他の汚染物質のどれに該当するか、(3)排出源が公共汚水処理場を通過させて汚染物質を排出するか否かにより、排出規制の基準を区分している。

同法や同法に基づく連邦環境保護庁または州により発せられた許可の条件に違反した場合、連邦環境保護庁は、違反者に対して遵守・是正を求める命令を発するか、民事訴訟を提起することが可能である。

■ The Clean Air Act（大気浄化法）

大気の質の保護・向上、大気汚染の防止を目的として制定された法律である。汚染物質を大気中に排出する結果をもたらす各種の活動を規制し、規制を執行する権限を連邦環境保護庁に付与している。同法は、工場・プラントといった固定発生源にとどまらず、自動車等の移動発生源も規制対象としており、規制の範囲は広範である。

同法は、大気中への汚染物質の排出防止のために、連邦環境保護庁に連邦大気質環境基準、新規発生源性能基準、有害大気汚染物質に関する排出基準の3種類の基準を設定することを義務付けている。

1990年の法改正により、固定発生源から排出される有害汚染物質の規制対象が7物質から188物質へと大幅に拡大された。

同法は、連邦大気質環境基準を遵守させるための主たる責任を各州に負わせており、各州において基準を達成し維持するための実施プランを作成し、連邦環境保護庁に提出することとされている。

連邦環境保護庁は、州の実施プランに対する違反があると判断した場合、違反者及び州に対して違反の事実の通知を行い、その後一定期間（30日）を経過すると、違反者に対して、州の実施プランもしくはその許可の条件、または禁止事項の遵守を求める命令を発することができる。また、連邦環境保護庁は、違反者に対して行政制裁金を科したり、民事訴訟を提起することも可能である。

■ **RCRA（Resource Conservation and Recovery Act：資源保護回復法）**

資源保護回復法は、有害廃棄物の発生からその最終的処理・処分までのすべての段階における汚染の防止、将来における浄化の必要性の予防に関する基本的な枠組みを規定している。有害廃棄物の発生者、輸送者、及び有害廃棄物を処理・貯蔵または処分している施設（TSD施設）に関する操業条件、表示義務等を定めている。

有害廃棄物の発生者、輸送者には、廃棄物管理票への記載、記録の保存、表示等の義務を課している。資源保護回復法の規制の対象の中心となるTSD施設の所有者、管理者は、資源保護回復法の規定及び行政規則、TSD許可の条件を遵守すべき複雑で厳しい義務を負う。

同法は、連邦環境保護庁に同法の執行のための広範な権限を付与している。連邦環境保護庁は、同法における有害廃棄物の処理に関する義務に違反した者に対し、直ちに義務を遵守すること、または各違反につき1日2万5,000ドル以下の民事制裁金を科すことを内容とした行政命令を発令することができる。連邦環境保護庁は、行政命令の発令に代えて、民事訴訟を提起することも可能である。

■ **CERCLA（Comprehensive Environmental Response, Compensation and Liability Act：包括的環境対処補償責任法）**

公衆の健康や環境に対して危険となりうる有害物質の廃棄や除去を規制することを目的とした法律である。公衆の健康や環境に影響を与える有害物質による汚染が発生した場合、汚染する責任者が特定されるまでの間、汚染の調査、除去を連邦環境保護庁が行うこと、除去にかかる資金を、化学工業会及び医薬品工業会から税金として徴収して設立した、信託基金から支出すること等が規定されている。同法は有害物質の除去費用を、有害物質に関与したすべての潜在的当事者に負わせているが、当事者が特定できない場合や当事者に費用の負担能力がない場合には、信託基金が費用を負担することとされている。潜在的当事者とは、(1)施設の現在の所有者、管理者、(2)施設の過去の所有者、管理者、(3)有害物質の発生者、(4)有害物質の輸送者である。

同法の執行のために、連邦環境保護庁は、行政命令の発令、民事訴訟提起の権限が付与されている。同法に基づいて連邦環境保護庁が負担した費用に関しては、潜在的当事者に対する填補賠償請求が認められている。

◧ その他の環境関係法 ◧

上述した主要法令のほか、環境関係の連邦法としては、Toxic Substances Control Act（有害化学物質規制法）、Federal Insecticide, Fungicide, and Rodenticide Act（連邦殺虫・殺菌・殺鼠剤法）、Oil Pollution Act（油濁防止法）、Safe Drinking Water Act（安全飲料水法）、Energy Policy and Conservation Act（エネルギー政策保全法）、Endangered Species Act（絶滅危惧種保護法）等、多種多様な個別法規が制定されている。また、Occupational Safety and Health Act（労働安全衛生法）、Emergency Planning and Community Right-to-Know Act（非常時計画及び地域住民の知る権利法）等にも、有害物質に関連する規制がある。

連邦法のほか、各州の州法の規定も存在する。連邦法の文言や立法過程等に照らし、連邦法の趣旨と抵触しない場合には、州法の規定は有効と解されている。

2）手続法

judicial review（司法審査）とは、政府の活動が法令に従い適法に遂行されているか、法令により授権された裁量の範囲内で適切に遂行されているかどうかを裁判所が判断することをいう。司法審査訴訟には、(1)個別法令に基づく司法審査訴訟、(2)一般法に基づく司法審査訴訟、(3)制定法に基づかない司法審査訴訟がある。

◧ 個別法による規定 ◧

司法審査訴訟の一般法であるAdministrative Procedure Act（連邦行政手続法）は、司法審査手続に関して個別制定法の規定が存在する場合には、その手続きに従うものと規定している（第703条）。そこで、司法審査訴訟の手続きにおいては、まず個別制定法の規定が存在するかどうかを確認する必要がある。

主要な環境関係法には、司法審査の手続きに関する規定が盛り込まれており、上述した水質汚濁防止法、大気浄化法、資源保護回復法にも司法審査手続の規定がある。そのため、多くの場合、環境関係法に関する司法審査訴訟は、個別制定法の手続きに従って行われる。

■ **Administrative Procedure Act (連邦行政手続法)**

個別制定法に司法審査手続の規定が存在せず、または不十分である場合には、一般法に基づく手続きがとられる。環境関係法に関する手続きにおいて最も代表的な一般法は連邦行政手続法である。環境関係法においては、主要な個別法令に司法審査手続の規定が置かれているが、個別法令による司法審査訴訟の対象とならない行為については、連邦行政手続法に基づく司法審査訴訟が重要な意義を有する。例えば、NEPA (国家環境政策法)に基づく環境影響評価の手続き・内容の違法性を争う訴訟の場合、連邦行政手続法による司法審査訴訟が用いられる。

■ **制定法に基づかない司法審査訴訟**

制定法に基づかない司法審査訴訟とは、裁判所が判例法によって発達させてきた救済手段をいう。環境関係法の分野では、実務的な重要性はさほど高くないと考えられるが、個別制定法の規定が不十分な場合等に用いられる場合がある。

■ **Citizen Suit (市民訴訟)**

市民訴訟とは、特定の私人・私企業・統治団体などが環境関係法に違反する行為を繰り返している場合に、市民が当該違法行為の是正のために提起する特別の形式の訴訟をいう。(1)特定の私人・私企業・行政機関などが法令や行政処分による義務を履行しない場合に、市民が当該違法行為者を被告として、法令等の遵守や義務の履行を求めるもの、(2)行政機関が違法行為を是正する措置をとらずに放置している場合に、市民が当該行政機関を被告として、一定の措置を求めるものの2類型に大きく分けられる。主要な環境関係法には、それぞれ市民訴訟の手続きが規定されている。

■ **ADR（裁判外紛争解決手続）**

環境関係法の分野では、ADRの利用が拡大している。事業者や連邦環境保護庁等の行政当局にとって、訴訟手続は費用対効果の点でメリットが少ないことが主要な要因と考えられる。包括的環境対処補償責任法は、ADRの概念を具体化しており、連邦環境保護庁のガイドラインも、多様なADR手続と中立的第三者の選定方法を定めている。

Practical Advice

1）大規模建設事業に関与する場合

連邦準備制度の自由準備金を用いた大規模な建設事業で、大気中及び水域への汚染物質の排出が避けられない事業に関与する場合を想定する。このような場合には、少なくとも、国家環境政策法上の環境影響説明書、水質汚濁防止法上の許可、大気浄化法上の許可の取得が必要となる。

こうした手続きを怠ると、連邦環境保護庁による行政命令の発令、民事制裁金の賦課、罰金等の刑事罰などが科されるほか、市民訴訟を含む民事訴訟の対象ともなり、事業の停止が命じられることもある。

2）製品の原料を変更する場合

米国で製造する製品の原料を変更する場合には、有害化学物質規制法等の連邦法、州法、行政規則の規定を確認して行う必要がある。特に、変更後の原料が新規の化学物資である場合には、有害化学物質規制法により、連邦環境保護庁への事前の通知が必要となり、特定の化学物質については記録保持や報告の義務も課されている。数種類の化学物質で構成される複合材料の場合には、それぞれの物質についての規制を確認することも必要となる。有害化学物質に関する規制は複雑であるため、専門家へ相談することが重要である。

3）TSD施設に関与する場合

米国内で、TSD施設の管理に関わる事業を行う場合を想定する。TSD施設の管理者は、資源保護回復法の規定等を遵守すべき義務を負い、同法に基づく厳格、複雑で、かつ高額な費用を要する義務の履行が求められる。したがって、TSD施設の操業に関わる者は、環境コンサルタント等の専門家のアドバイスを受ける必要性が高い。

4）M＆Aにおける環境デューディリジェンス

M＆Aにおいて、対象会社が潜在的に危険性のある化学物質を扱う施設を保有、運営している場合等、環境関係法の規制に関わる場合には、通常、環境コンサルタント等の専門家による環境調査が行われる。調査の対象や方法は事案によってさまざまであるが、現在、過去の施設の所有者、運営者との面談、過去の資料のレビュー、政府記録のレビュー、現地調査等が行われることが多い。

REVIEW QUESTIONS

15-1 多岐にわたる環境関係法とその規制対象

Q 環境関係の連邦法には、どのようなものがあるか？

A 国家環境政策法、水質汚濁防止法、大気浄化法、資源保護回復法、包括的環境対処補償責任法、有害化学物質規制法、連邦殺虫・殺菌・殺鼠剤法、油濁防止法、安全飲料水法、エネルギー政策保全法、絶滅危惧種保護法等があげられる。環境関係法が規制の対象とする分野は、多岐にわたり、多数の個別の法令が存在する。

15-2 国家環境政策法に基づく連邦行政庁の環境配慮責任

Q 国家環境政策法の概要はどのようなものか？

A 環境保全に関する基本政策を規定した法であり、すべての連邦行政庁に対して環境に配慮する責任を負わせている。連邦政府による環境に対する重大な影響を持つ重要な行為について、environmental impact statement（環境影響説明書）の作成を義務付けている。

15-3 環境関係法令の履行を担う連邦環境保護庁

Q 環境関係法における連邦環境保護庁の役割はどのようなものか？

A 多くの連邦法により、法令の執行権限が付与されており、法令の履行を担う。規則・基準の制定、基準等に基づく許可、違反者に対する行政命令の発令や民事訴訟の提起等、法令の執行に関する役割は多岐にわたる。

15-4 TSD施設の管理者義務は「厳格・複雑・高額」

Q 米国においてTSD施設の管理に関わる事業を行う際の留意点は何か？

A TSD施設の管理者は、資源保護回復法の規定等を遵守すべき義務を負い、同法に基づく厳格、複雑で、かつ高額な費用を要する義務の履行が求められる。したがって、TSD施設の操業に関わる者は、環境コンサルタント等の専門家のアドバイスを受けることが肝要である。

15-5 環境関係法における市民訴訟は2類型

Q 環境関係法における市民訴訟にはどのような類型があるか？

A (1) 市民が法令等に違反している者を被告として、法令等の遵守や義務の履行を求めるもの、(2) 行政機関が違法行為を是正する措置をとらずに放置している場合に、市民が当該行政機関を被告として、一定の措置を求めるものの2類型に大きく分けられる。

15-6 M&Aにおける環境デューディリジェンス

Q 米国における環境関係法規制に関わるM＆Aで、通常行われる環境調査はどのようなものか？

A 調査の対象や方法は事案によってさまざまであるが、現在、過去の施設の所有者、運営者との面談、過去の資料のレビュー、政府記録のレビュー、現地調査等が行われることが多い。

〔原田 真〕

References

畠山武道『アメリカの環境訴訟』北海道大学出版会、2008年
山本浩美『アメリカ環境訴訟法』弘文堂、2002年
ダニエル・A・ファーバー『アメリカ環境法』勁草書房、2020年

第16章
不法行為法
Tort

POINTS

- 不法行為法は、主として各州の判例によって形成されている。
- 不法行為法は、個々の類型の不法行為（ネグリジェンス、暴行/不法接触、名誉毀損、ニューサンス等）の総体として存在する。
- 不法行為法は、過失責任主義の原則がとられており、帰責事由のない行為の自由の保障を図っている。
- 不法行為の主たる救済方法は、損害賠償と差止命令であり、損害賠償には、補償的損害賠償のほか、非補償的損害賠償としての懲罰的損害賠償や名目的損害賠償がある。
- 多くの州において不法行為法改革が行われているため、各州における不法行為法改革についての現状および今後の進展の確認が必要である。

KEY LEGAL TERMS

comparative negligence【比較過失】 被告・原告の過失の度合に応じて各自の不法行為責任を相対的に認定する法理。過失による不法行為の抗弁事由の１つ。

contributory negligence【寄与過失】 自己の損害の発生に寄与した原告自身の過失が少しでもある場合、原告の損害賠償請求をすべて否定するというコモン・ローの伝統的な法理。過失による不法行為の抗弁事由の１つ。

negligence【過失，過失による不法行為】 合理人が果たすべき注意義務に違反すること、または、そのような注意義務違反によって成立する不法行為類型のこと。

nuisance【ニューサンス】 過度の煤煙、騒音、悪臭、蒸気などによって他人の土地の利用や共有を妨げる迷惑行為に関する不法行為。

***res ipsa loquitur*【過失推論則】** 一定の場合に状況証拠によって過失（義務違反）の存在を推論することを認める法理。

Basic Rules

1）Tort（不法行為法）とは

tort（不法行為）とは、他人の権利・利益を侵害する行為を指し、これを規律する米国の不法行為法は、主として各州の判例が法源となっている。ただし、例外的に連邦法が法源となっているものもある（例：原子力損害賠償法[Price-Anderson Nuclear Industries Indemnity Act, 42 U.S.C §2210等]）。州法のほかに、不法行為法に関するRestatement（最新のものはRestatement (Third) of Torts：第3次不法行為法リステイトメント）も二次的法源として裁判や立法に影響を与えている。

米国の不法行為法は、以下のような特徴がある。

- 日本の不法行為法（民法）にみられるような、不法行為責任についての一般的原則は存在せず、個々の類型の不法行為についてルールの総体として存在している。具体的な類型としては、後述するnegligence（過失による不法行為）、strict liability（厳格責任）、intentional torts（故意による不法行為）、defamation（名誉毀損）、nuisance（ニューサンス）などがある。
- 過失責任主義の原則がとられており、帰責事由のない行為の自由の保障を図っている。日本のように被害者の救済を重視するよりも社会的に問題のある行為を抑止することに力点を置いている。

2）Negligence（過失による不法行為）

過失による不法行為の成立要件は、行為者が(i)注意義務を負っているにもかかわらず、(ii)その注意義務に違反し、(iii)その注意義務違反と因果関係がある、(iv)損害が発生することである。

①Duty of Care（注意義務）

■ どのような注意義務が求められるか

人は、通常程度の思慮分別を備えたreasonable person（合理人）として行動する注意義務を負うことが原則とされる（reasonable person standard；合理人基準）。この合理人は、平均人と近似した概念ではあるが、必ずしも同一ではない。したがって、仮に社会一般に準拠している慣行があったとしても、それが注意義務の基準になるとは限らない。

■ 誰に対して注意義務を負うか

誰に対して注意義務を負うかについては、Palsgraf v. Long Island Railroad Co. 事件[1]以来、以下の２つの見解がある。

・Cardozo裁判官の見解

被告は、その状況の下で被害の及ぶ危険ありと通常人が予見できた原告に対してのみ（言い換えれば、予見できる「zone of danger（危険範囲）」に位置する原告に対してのみ）注意義務を負うとする見解。

・Andrew裁判官の見解

被告は、世間一般の誰に対しても注意義務を負うとする見解。この見解では、予見が難しい被害者については、後述の法的因果関係の問題として被告の責任の有無を検討することになる。

多くの判例は、Cardozo裁判官の見解によっており、リステイトメントもそれを踏襲しているが、見解が統一されるには至っていない。

■ 注意義務の例外

◧ 子ども ◧

4歳以下の子どもについては、注意義務を果たす能力なしとされる。また、5歳以上18歳以下の子どもについては、同等の年齢、教育程度、知性および経験を持った合理人が基準となる。ただし、子どもが車の運転などのadult activity（成人の活動）に従事していた場合は、原則どおり合理人基準を用いる。

◧ premises（土地、建物等）の所有者・占有者 ◧

premisesの所有者・占有者は、premisesへ立ち入った者に対しては、当該立ち入った者の種類に応じて以下のような注意義務を負う。

・所有者・占有者がその立ち入りに気付いていない不法侵入者

何らの注意義務を負わない。

・所有者・占有者がその立ち入りに気付いている不法侵入者

1）Palsgraf v. Long Island Railroad Co., 248 N.Y. 339, 162 N.E. 99, 59 A.L.R. 1253 (1928)

その状態が人工的で、高度に危険で、隠れたものであり、所有者・占有者が知っているものについては注意義務を負う。

・licensee（立入被許可者／許された人）

licenseeとは、自分の利益のために、または所有者・占有者の経済的利益以外の利益のために、明示的または黙示的に立ち入りを許された者である（例：ホームパーティに呼ばれたゲスト）。licenseeに対しては、その状態が隠れたものであり、所有者・占有者が知っているものについては注意義務を負う。

・invitee（被誘引者／招かれた人）

inviteeとは、所有者・占有者の経済的利益のために、明示的または黙示的に立ち入りを許された者である（例：商店の客）。inviteeに対しては、その状態が隠れたものであり、所有者・占有者が知っているか、知りうべきものについては注意義務を負う。

いずれの場合も、所有者・占有者が警告を行った場合は、その注意義務を果たしたことになる（例：モールに置かれた「Wet Floor」との表示板）。また、侵入者が一定の年齢以下の子どもの場合は、所有者・占有者は、いずれについても合理人としての注意義務を負う。なお、所有者・占有者の活動が原因となって、premisesへ立ち入ったものが損害を被った場合は、所有者・占有者がその立ち入りに気付いていない不法侵入者である場合を除き、所有者・占有者は、合理人としての注意義務を負う。

■ **作為義務（救助義務）**

原則として、危険な状態にあるものを積極的に救助する作為義務はなく、仮に救助しなかったとしても原則として過失による不法行為を構成することはない。ただし、以下のような場合は、例外的に救助義務を負う。

・当事者間に特別な関係がある場合（例：家族、宿泊業者と客）

・被告が先行行為によってリスクを創出した場合

・任意に救助行為を開始した場合

②Breach of Duty（義務違反）

義務違反は、注意義務を負っている者がその注意義務を果さなかったこと（当該状況に置いて、合理人がなすであろうことをなさないこと、または合理人がなさないであろうことをなすこと）であり、その行為（不注意）はnegligence（過失）とも称される。

■ Negligence *Per Se*（制定法違反即過失）

刑事罰を伴う制定法の違反の立証をもって、過失の立証に代えることができる場合がある。そのためには、以下の要件が満たされる必要がある。

- 原告が当該制定法が保護する対象者に含まれること。
- 原告が被った損害が当該制定法が予防しようとした種類の損害であること。
  例）道路交通法で定められたスピードに違反して、道路脇を歩いていた歩行者をはね、怪我を負わせた場合において、当該道路交通法の違反をもって、注意義務違反の立証に代える。

■ *Res Ipsa Loquitor*（過失推論則）

一定の場合に状況証拠によって過失の存在を推論することを認める法理である。過失の主張・立証が困難な場合でも、以下に示す状況証拠が裁判で提出されたときは、一応の証拠を提出したものとして扱われる。

- 原告の損害を生ぜしめた事物がもっぱら被告のコントロール下にあったこと、および
- その被害が何者かの過失なしには通常は発生しえないようなものであること。

これらの状況証拠が提出されたときは、裁判官は原告の請求を却下することはできず、過失の存否は、事実認定者（陪審または裁判官）の判断に付託されることになる。もっとも、事実認定者は、被告の反証の有無にかかわらず、これらの証拠に基づき過失の存在を認定することも否認することも可能である。その点において、立証責任の転換や過失の推定がなされるわけではない。

③Causation（因果関係）

因果関係ありとするためにはfactual causation（事実的因果関係）とlegal causation（法的因果関係）がともに成立する必要がある。

■ 事実的因果関係

事実的因果関係の有無については、原則としてbut for test（行為なければの基準）で判断する。したがって、もし被告の行為がなかったとしたら原告の損害は生じていなかったとするならば、被告の行為が原告の損害の原因であり、因果関係ありとする。

例外として、以下のような場合がある。

・原因の複合

例として、A、Bそれぞれが別個に失火し、この火が合わさって他人の家を全焼させたが、そのどちらか一方だけでも家は全焼していたと考えられる場合、行為なければの基準によるならば、Aの過失と損害の間にも、Bの過失と損害の間にも事実的因果関係は存在しないことになってしまう。そこでこのような場合は、被告の行為が損害を生ぜしめる実質的な要因であれば、事実的因果関係を認める（substantial factor test:実質的要素基準）。

・二者択一の原因

例として、A、Bの狩猟家がそれぞれ、うずらの音のした方を散弾銃で撃ったところ、他人の目にそのうちの１つの弾丸が当ってしまったが、どちらの弾丸が当ったかわからない場合、行為なければの基準によるならば、Aの過失と損害の間にも、Bの過失と損害の間にも事実的因果関係は存在しないことになってしまう。そこでこのような場合は、立証責任を転換し、被告が自らの行為が原因でないことを立証できない限り、両被告に連帯責任を負わせる。

■ 法的因果関係

被告の過失と原告の損害との間の因果的な関係性が法の救済を発動するのに適切なほどに近接的であるか否かという視点から判断する因果関

係であり、どこまで責任を負わせるべきかと言う法的な価値判断の問題である。この法的因果関係の有無については、foreseeability test（予見可能性の基準）で判断し、被告の過失から生じた損害が、その過失の結果生ずると予見することが合理的に可能であった場合は、因果関係ありとする。被告の行為と原告の損害の間に第三者の行為が介在しない場合は、不断の連鎖があれば法的因果関係は肯定される。これに対して、被告の行為後、第三者の行為あるいは現象が介在した場合は、介在した行為や現象が予見可能でなければ、法的因果関係は切断される。

④Damages（損害）

被告は、損害が予見可能な損害と同一種類のものである限り、事実的因果関係をたどるすべての範囲の損害について責任を負う（egg-skull rule: 卵のような頭蓋骨のルール）。例えば、被告の過失により火傷した原告が、たまたま特異な体質で、その火傷が癌に発展した場合、被告は癌による損害についても責任を負う。損害賠償は、原則として、compensatory damages（補償的損害賠償）であるが、被告の過失が無謀なものである場合は、懲罰的損害賠償が認められることもある。

⑤Defense（抗弁事由）

被告の抗弁事由には以下のものがある。

■ Contributory Negligence（寄与過失）

寄与過失は、自己の損害の発生に寄与した原告自身の過失が少しでもある場合、原告の損害賠償請求をすべて否定するというコモン・ローの伝統的な法理である。例えば、信号を無視して道路を横断した原告が、不用意な速度で走る被告の車にはねられ、怪我を負ったとしても、この寄与過失によれば、原告は一切損害賠償請求ができないことになる。ここでいう過失の有無は、過失による不法行為の要件としての過失と同様に合理人の基準で判断する。寄与過失は、原告にとっては過度に酷な結果となるとの批判もあり、被告の行為が極めて無謀な行為である場合や損害を防止しうる最終的な機会が被告にあったとされる場合などには、寄与過失の適用を否定する（last clear chance doctrine)などの例外が裁判所で認められてきている。

■ Comparative Negligence(比較過失)

被告・原告の過失の度合に応じて各自の不法行為責任を相対的に認定する法理である。前述のように寄与過失に伴う問題点をさらに解消すべく導入されたものである。この比較過失も以下の類型に分かれる。

◧ Modified Comparative Negligence(修正型比較過失)◧

原告の過失が一定の割合以上の場合は、損害賠償請求をすべて否定するという法理である。この考え方を採用している州が最も多いが、一定の割合を50%と設定(50% bar rule)する州と51%に設定(51% bar rule)する州に分かれる。この法理によれば、例えば、交通事故でAの過失が30%、Bの過失が70%で損害はともに1万ドルの場合、AはBから、7千ドルの損害賠償を受けうるが、BはAから一切の損害賠償を受けられないことになる。

◧ Pure Comparative Negligence(純粋型比較過失)◧

日本の過失相殺と同様に、純粋に過失割合に応じた損害賠償を認める法理である。この法理によれば、例えば、交通事故でAの過失が30%、Bの過失が70%、損害はともに1万ドルの場合、AはBから、7千ドルの損害賠償を受け、BはAから3千ドルの損賠賠償を受けうる。結果的に、差し引きAはBから4千ドルの支払を受けることになる。

図表16-1：寄与過失と比較過失の採用状況

Contributory Negligence採用法域（5法域）	アラバマ、ワシントンDC、メリーランド、ノース・カロライナ、バージニア
Modified Comparative Negligence 50% bar rule採用法域（10法域）	アーカンソー、コロラド、ジョージア、アイダホ、カンサス、メイン、ネブラスカ、ノースダコタ、テネシー、ユタ
Modified Comparative Negligence 51% bar rule採用法域（23法域）	コネチカット、デラウェア、ハワイ、イリノイ、インディアナ、アイオワ、マサチューセッツ、ミシガン、ミネソタ、モンタナ、ネバダ、ニューハンプシャー、ニュージャージー、オハイオ、オクラホマ、オレゴン、ペンシルバニア、サウス・カロライナ、テキサス、バーモント、ウエストバージニア、ウィスコンシン、ワイオミング、
その他のModified Comparative Negligence*採用法域（1法域）	サウスダコタ
Pure Comparative Negligence採用法域（12法域）	アラスカ、アリゾナ、カリフォルニア、フロリダ、ケンタッキー、ルイジアナ、ミシシッピ、ミズーリ、ニューメキシコ、ニューヨーク、ロードアイランド、ワシントン

＊slight negligence（軽過失）以外は、損害賠償請求を否定

■ Assumption of Risk（危険の引受け）

原告が被告の過失ある行為から生じる被害の危険を任意に引き受けたとされる場合、その被害について損害賠償請求を否定する法理である。原告が事故の法益に対する侵害の危険を知っており、かつ、その危険を冒すことに同意していたことを要する。

◧ express assumption of risk（明示的危険の引受け）◧

契約条項等で明記される危険の引受けである。

◧ implied assumption of risk（黙示的危険の引受け）◧

明示的な危険の引受けはないが、状況証拠によって引受けがあったと解される場合である。

3）Strict Liability（厳格責任）

厳格責任は、故意や過失の存在を成立要件とせず、発生した結果について不法行為責任を負わせるものである。

①動物

野生の（危険な）動物（例：蛇、ライオン等）の所有者・占有者は、厳格責任を負う。これに対して、飼い慣らされた（本来的には危険でない）動物（例：犬、猫等）の所有者・占有者は、原則として厳格責任を負うものではないが、当該動物が通常の同種の動物よりも危険な性質を有していることを知っていた場合は、厳格責任を負う（例：以前にも人を噛んだことがある気性が荒い犬）。

②異常に危険な活動

異常に危険な活動（例：爆破物、火薬、有害化学物質、放射性物質等の取扱い）に従事する者は、厳格責任を負う。当該行為が異常に危険な活動であるか否かについては、当該行為が通常行われていないものであり、かつすべての行為者が合理的な注意を払ったとしても、なお当該行為が物理的損害の予見可能かつ相当重大なリスクを生じさせるものであるかどうかで判断される。

③Product Liability（製造物責任）

詳細は第17章「製造物責任法」参照。

4）Intentional Torts（故意による不法行為）

intentional torts（故意による不法行為）の類型には人に対するものとして、battery、assault、false imprisonment、intentional infliction of emotional distress、財産に対するものとしてtrespass to land、trespass to chattels、conversion　が含まれる。故意による不法行為は以下のような特徴がある。

・その大半は、損害の立証がなくても、不法行為が成立し、nominal damages（名目的損害賠償）が認められる。

・punitive damages（懲罰的損害賠償）が認められる場合が少なくない。

・加害者の予見可能性の範囲、種類を超えて損害が生じた場合であってもそれについて損害賠償が認められる（例：他人の自動車を無断で1日使用し、使用後返却しようと考えていたが、使用中に道路脇の枯れ枝が偶然に落下し、自動車が使い物にならなくなってしまった場合、仮に枯れ枝の被害について過失がないとしても、自動車に生じた損害についても賠償責任を負う)。

故意による不法行為が成立するためには、一般的に被告のact(行為)、被告のintent(故意)、causation(因果関係)が必要とされる。「行為」は、意思に基づく行動である必要があり、単純な身体の反射行動は「行為」には当たらない。「故意」は、通常、general intent(一般的故意)で足り、特定の危害や結果の発生を意図していたことは必要でなく、特定の危害や結果が相当程度確実に起こるという認識があれば足りる。また、Aを殴ろうとしたところ、誤ってBを殴ったような場合は、transferred intent(故意の移転)の法理により、Bに対する故意による不法行為が成立する(intentional infliction of emotional distress、conversionを除く)。「因果関係」は、被告の行動が危害や結果をもたらす実質的な要因であることを意味する。

①Battery(暴行/不法接触)

batteryは、故意による原告の身体への損害または不快を与える接触行為である。「損害または不快を与える接触行為」とは、合理人が容認しないような物理的接触行為を意味する。「原告の身体への接触」は、人に接続している物への接触も含まれる(例:原告が肩から下げているハンドバッグを引っ張る)。

因果関係は、直接的なものに限られず、例えば、ガラスのドアを割ることによって、近くにいる原告にその破片が当たるような間接的なものであってもよい。

②Assault(身体的威迫/不法接触未遂)

assaultには、故意に暴行/不法接触を受けるというおそれを生ぜしめた場合と実際に暴行/不法接触を意図しながら接触が起こらず未遂に終わった場合が含まれる。故意に切迫した暴行/不法接触の合理的懸念を抱かせる行為を行うことが必要となるが、原告が現実に畏怖の念をいだく必要はない。

③False Imprisonment(不法監禁)

false imprisonmentは、故意に人を一定の範囲に監禁または拘束する行為である。手段としては、物理的な手段(例:施錠)のみならず、言葉で脅して行動の自由を奪うことも含まれる。時間の長短は問わない。多くの判決では、被害者が監禁あるいは拘束されているということに気付いていることを要求している。一方向だけの行動の自由を奪うだけでは不十分であり、全ての方向への行動の自由を奪う必要がある。また、合理的な脱出手段があり被害者がそれに気付いている場合は、本不法行為は成立しない。

④Intentional Infliction of Emotional Distress（精神的苦痛の故意による賦課）

intentional infliction of emotional distressは、20世紀後半になって新たに認められるようになった不法行為であり、これまでに述べた人に対する故意による不法行為と異なり、損害（精神的損害）の発生が要件とされている。本不法行為が成立するためには、故意に極端で非道な行為によって被害者に重大な精神的損害を与えることが必要である。「極端で非道な行為」であるか否かについては、それが公衆の面前でなされているか否か、反復継続したものであるか否か、被害者が精神的弱者（子ども、高齢者等）であるか否かなどで総合的に判断し、単なる侮辱的な言動であるに留まる場合は、不十分とされる。ビジネスの場面でも、セクシャル・ハラスメントなどのハラスメント行為について認められることが少なくない。

⑤Trespass to Land（土地に対する侵害）

trespass to landは、故意に被害者の不動産を物理的に侵害する行為である。占有を奪うこと、侵入すること等が「侵害」に当たる。被告自身が不動産に侵入しなくても、物を投げ入れる、放水する、動物を追い込むなどの行為も「侵害」に当たる。一旦立ち入りを許された者が退去を求められてもこれに従わないこと、不動産に立ち入る正当な権限がなくなった後に立ち入ることなども本不法行為を構成する。また、原告が現実に利用可能な不動産の上空、地下も「不動産」に含まれる。「故意」については、他人の不動産に侵入しているという認識は必要でなく、自分の土地であると勘違いして他人の土地に侵入した場合でも故意を阻却しない。

⑥Trespass to Chattels（動産に対する侵害）

trespass to chattelsは、故意に他人の動産についての占有権を侵害し、これによって損害を生じさせる行為である。この後のconversionに比べると損害の程度は小さい。

⑦Conversion（横領/動産侵害）

conversionは、故意に他人の動産をその所有権限を排除するような、または権限と両立しないような方法で支配することである。具体的な行為としては、窃取、転売、横領、返却の拒否、重大な改変、破壊などが該当する。「故意」については、仮に当該動産が自分の物だと思って行動した場合でも本不法行為が成立する。また、盗品であることを知らずに譲り受けた者についても本不法行為が成立する。

⑧抗弁事由（defense）

intentional tortsに対する抗弁事由の代表的なものは以下のとおりである。

■ Consent（同意）

被害者が問題となる行為に同意している場合、故意による不法行為は成立しない。同意は明示でも黙示でもよいが、被害者が同意についての能力を有することが必要である。幼児、精神障害者、泥酔者等は、同意についての能力を有していないとされる。

■ Self-Defense（正当防衛）

◧ 自己についてのSelf-Defense（正当防衛）◧

自己の生命・身体に対する侵害があると合理的に信じるに足る状況において、そのような侵害から身を守るために合理的に必要とされる措置をとることができ、この防衛行為は不法行為とならない。銃などの殺戮的な武器の使用は、生命に対する侵害のおそれがある場合にのみ可能である。誤想防衛は、合理的な錯誤であれば、抗弁となるが、過剰防衛は、合理的に必要と思われる程度を超えれば、抗弁とならない。

◧ 他人についてのSelf-Defense（正当防衛）◧

他人の生命・身体に対する侵害についても、そのような侵害から身を守るために合理的に必要とされる措置をとることが許されるが、誤想防衛を認めるかどうかについては、州によって考え方が分かれる。

■ Defense of Property（財産防衛）

自己の財産を防衛するために合理的に必要とされる措置をとることも許される。ただし、相手方に死や重傷を招く防衛行為は許されない。

■ Necessity（緊急避難）

自然の力をはじめ原告と関係のない原因で損害発生のおそれが生じたときに、それを避けるために他人の財産を犠牲にすることであり、その種類に応じて以下のように扱われる。

◧ Public Necessity（公的緊急避難）◧

地域全体に影響を与える損害の回避のための緊急避難であり、抗弁は絶対的であり、生じた損害について一切責任を負わない（例：延焼をくい止めるために、まだ燃えていない隣家を破壊する）。

◧ Private Necessity（私的緊急避難）◧

被告本人を含め特定人の損害を回避するために他人の財産を犠牲にすることであり抗弁となるが、この場合、生じた実損害については賠償義務を負う（例：狂犬から逃れるために他人の庭に逃げ込んだ場合、侵入行為自体は不法行為とされないが、もし、その侵入行為によって、庭に栽培されていた花を踏みつけて棄損した場合は、その損害を賠償する必要がある）。

5）Defamation（名誉毀損）

名誉毀損の成立要件は、(i)原告に関して、(ii)個人の名声・評判を下げる表現が、(iii)第三者へ公表され、(iv) damages（損害）が発生することである。意見の表現も、特定の事実に基づく場合は名誉毀損に当たる。表現はその言説を理解できる第三者に公表される必要がある（したがって、英語しか理解できない人に日本語で書いた表現を呈示しても名誉毀損には当たらない）が、第三者は多数である必要はなく１人に対して伝達した場合でも名誉毀損を構成する。公表する意思さえあれば、相手の名誉を毀損するという認識は必要ない。

①Libel（文書誹毀）とSlender（口頭誹毀）

名誉毀損は、さらに文書誹毀と口頭誹毀に分けられ、それによって原告の損害についての立証責任が異なる。

■ **Libel（文書誹毀）**

文字あるいはその他の永続的な形態による表現で、この場合、general damages（通常損害）が推定されるので、現実の損害を被ったことを立証する必要はない。

■ **Slender（口頭誹毀）**

口頭による表現で、この場合、損害は推定されず、現実の損害を被ったことを立証しなければいけない。ただし、以下のいずれかの表現に当たる場合、slender *per se*（それ自体で訴えうる口頭誹毀）として、general damages（通常損害）が推定されるので、現実の損害を被ったことを立証する必要はない。

- loathsome disease（嫌悪される病気。例：伝染性の性病）にかかっているとの誹謗
- 女性のunchastity（不貞）についての誹謗
- 不道徳あるいは重要な犯罪（禁固刑以上を以て処罰しうる犯罪）を犯したとの誹謗
- 職業についての適性を欠くとの誹謗

②公共的関心事項に関する表現

公共的関心事項に関する表現については、さらに合衆国憲法修正第１条の表現の自由との兼ね合いで、(v)表現が虚偽であること、(vi)被告に過失があることが成立要件として付加され、原告はこれらも立証する必要がある。過失については、原告が公人の場合、表現が虚偽であることの認識、または未必的認識が被告にあることを立証する必要があり、私人である場合は、表現が虚偽であることについて、被告に過失があることを立証する必要がある。

③defense（抗弁事由）

名誉毀損の抗弁事由には、以下のものがある。

- 相手方の同意がある。
- 表現が真実である。
- privilege（特権）がある。

特権には、absolute privilege（絶対的特権）とqualified privilege（条件付特

権)がある。前者には、国の職務執行に際しての言説(例：裁判中の裁判官、弁護士などの発言、議会での議員の発言、政府高官による職務上の発言等)、夫婦間でのコミュニケーションがある。後者には社会的に有益な言説で、誹毀的な内容が言説において必然性あるいは関連性があり、それが真実であると被告が信じている場合(不実の可能性を意に介することなく無視している場合を除く)は、抗弁となる。

6) プライバシーの権利の侵害

プライバシーの権利の侵害に該当するものとして以下の類型がある。

①Appropriation of Name or Likeness(他人の写真または肖像の盗用)

原則として、製品やサービスのプロモーションや宣伝のために使用していることが必要である。

②Intrusion upon Person's Seclusion(他人の隔離された生活領域への侵入)

具体例としては、他人の寝室に隠しカメラを仕掛ける、他人の部屋を双眼鏡で覗き込む等の行為がある。

③Publication of Facts Placing Person in False Light(他人について誤った印象を与える事柄の公知化)

ここでいう事柄は、誹毀的な内容のものである必要はない。誹毀的な内容である場合は、名誉毀損と本不法行為の両方が成立することになる。

④Public Disclosure of Private Facts(他人のプライベートな事柄の公衆への公知化)

名誉毀損の「公表」と異なり、公衆一般に知らせることを必要とする。

⑤Defense(抗弁事由)

- 同意
- 名誉毀損の特権

公表が要件となる③の「他人について誤った印象を与える事柄の公知化」と④の「他人のプライベートな事柄の公衆への公知化」については、名誉毀損についての特権も抗弁自由となる。

7）Misrepresentation（不実表示）

①故意による不実表示

故意による不実表示が成立するための要件は、(i)被告による不実表示、(ii)scienter(故意)、(iii)原告の信頼を誘発する意図、(iv)因果関係、(v)原告による正当な信頼、(vi)損害が存在することである。「被告による不実表示」は、重要な過去または現在の事実を対象とする。積極的に不実表示がなされることが必要であり、重要な事実や意見を開示しなかったとしても原則として不実表示には当たらない。「故意」は、不実であることの認識、または未必的認識である。事実についての原告の信頼は、「原告の正当な信頼」とされるが、意見、価値、質についての表示への原告の信頼は、原則として「原告の正当な信頼」とされない。

②過失による不実表示

故意による不実表示が成立するための要件は、(i)ビジネスあるいはプロフェッショナルとしての立場における被告の不実表示、(ii)特定の原告に対する義務違反、(iii)因果関係、(iv)原告の正当な信頼 、(v)損害が存在することである。

8）Interference with Business Relations（ビジネス関係の侵害）

他者間の有効な契約関係またはビジネス上の期待が存在することを知っている被告が故意にその関係や機会を侵害し損害を生じさせる不法行為である。自らのビジネスを得るために、あるいは自らの利益を守るためになされた場合は、privilege(特権)として抗弁事由になりうる。

9）Nuisance（ニューサンス）

過度の煤煙、騒音、振動、悪臭、蒸気などによって他人の土地の利用や享有を妨げる迷惑行為に関する不法行為である。nuisanceは、private nuisance(私的ニューサンス)とpublic nuisance(公的ニューサンス)に分類される。trespass to landが物理的な侵害行為によって土地の占有を妨げる不法行為であるのに対して、nuisanceは、土地の利用や享受を妨げる不法行為である。

①Private Nuisance（私的ニューサンス）

特定の私人の土地の利用や享有を妨げる場合である。

②Public Nuisance（公的ニューサンス）

一般公衆が享受する共通の権利の行使、または公共財産の使用を妨げる場合である。

③Defense（抗弁事由）

原告がニューサンスが起こっている場所に移動してきた場合でも、原則として抗弁にはならない。また、用途地域の法令を遵守しているとしても抗弁となるとは限らない。

10）Remedies（救済方法）

不法行為の主な救済方法は、損害賠償と差止命令である。

①damages（損害賠償）

損害賠償は、compensatory damages（填補損害賠償/補償的損害賠償）とnon-compensatory damages（非填補損害賠償/非補償的損害賠償）に分かれる。compensatory damagesは、原告の被った身体、財産その他の損失を填補するものであり、不法行為ではこれが基本的な救済方法である。non-compensatory damagesには、nominal damages（名目的損害賠償）とpunitive damages（懲罰的損害賠償）があり、前者は、損害の発生を立証しなくても成立する不法行為について、実質的損害の発生が認められない場合、または原告が損害額を立証しない場合に被告に課される名目的でごく少額な損害賠償である。後者は、加害行為の悪性が高い場合に、被告に対する懲罰および一般的抑止効果を目的として、填補損害賠償のほかに認められる損害賠償である。

②injunction（差止命令）

被告に一定の行為をなすことを禁じ、または一定の行為を命じる裁判所の命令である。差止命令は、損害賠償が利用できない場合、または損害賠償では不十分な場合に裁判所の裁量で出される。

11）Vicarious Liability（代位責任）

代位責任は、両者の関係を基礎としてある者が行った不法行為の責任を他の者に課すものであり、その代表的なものにRespondeat Superior（使用者責任）がある。これによると、使用者は被用者が職務過程で不法行為によって第三者に損害を与えた場合、使用者の過失の有無を問わず、損害賠償責任を負う。被用者の故意による不法行為については、原則として本法理は適用されないが、以下の場合は例外的に適用される。

・有形力の行使が職務として認められている場合（例：警備員）。
・職務によって軋轢が生じる場合（例：債権取立人）。
・使用者に直接的に利益をもたらす場合（例：トラック会社のドライバーが会社のトラック用のガソリンを盗む行為）。

なお、親は、子の不法行為に関しては代位責任を負わないのが原則である。

12）Joint and Several Liability（連帯責任）

２人以上の者の不法行為が合わさって原告に損害を与えた場合、仮にそれぞれが独立して行動していた場合であっても、ともに損害について連帯責任を負う。被告の一方が自己の負担割合を超えて損害賠償の支払いをした場合、他の連帯責任者に対して、超過部分を求償することができる。

13）当事者の死亡

①Survival Statute（訴権存続法）

コモン・ローでは、かつて不法行為者または被害者の死亡によって、不法行為訴権は消滅するものとされていたが、現在では、多くの州で訴権存続法が制定され、被害者の損害発生時から死亡時までに発生した損害賠償請求権は、本人死亡後も存続することとされている。これによって存続した損害賠償請求権は、故人の遺産が承継し、遺言執行者または遺産管理人が行使することになる。

②Wrongful Death Action（不法死亡法）

コモン・ローでは、かつて民事裁判所において人の死亡を権利侵害として訴えることはできないという原則から、いかなる者も他人の死亡によってもたらされる損害につき損害賠償の訴えを提起することができないとされたが、現在ではすべての州で不法死亡法が制定され、配偶者や近親者が被った損害(扶養の喪失等)について、賠償請求することを認めている。

Practical Advice

1) 会社による従業員のEメールの閲覧とプライバシー

従業員が会社から貸与されたコンピュータを利用して送受信するEメールの内容の閲覧は、それが正当な事業上の目的のために行われる限り、会社は、自由に行いうると考えられており、プライバシー侵害の問題とはならない。連邦法の電子コミュニケーションプライバシー法(Electronic Communication Privacy Act)でも職場のEメールは会社に所有権があることが定められており、従業員のプライバシーについての期待は保障されていないとされる。この点をさらに明確にするために、会社としては、就業規則や従業員ハンドブックなどで、会社が従業員のEメールを閲覧することがある旨を明記しておくことが望ましい。

2) Tort Reformation(不法行為法改革)

クラスアクションや懲罰的損害賠償を背景にした損害賠償額の高額化については、かねてから問題が指摘されてきたが、現在、ほとんどの州において、制定法や判例法で何らかの不法行為法改革が進められている。具体的な内容としては、懲罰的損害賠償額の制限、慰謝料等の非経済的損害賠償の制限、連帯責任の制限などがある。各州における不法行為法改革についての現状および今後の進展の確認が必要である。

|R|E|V|I|E|W|Q|U|E|S|T|I|O|N|S|

16-1 過失による不法行為の抗弁事由(比較過失)

Q Pは、Dの過失による事件によって100万ドルの損害を被ったが、Pにも過失があり、それぞれの過失割合は50:50であった。適用される不法行為法がジョージア州法である場合、DがPにも過失があるとの抗弁を主張・立証したとき、DがPに対して負う損害賠償額はいくらか？

A　ジョージア州は、modified comparative negligence の50% bar ruleを採用している。Pの過失は50%であるので、Pの損害賠償請求はすべて否定されるので、Dは、Pに対して負う損害賠償額はゼロということになる。

16-2 名誉毀損と抗弁事由

Q　Dは、かつて部下であったPから、Pが転職するに当たって内定を得ている転職先企業からの照会先になって欲しいとの依頼があったので、これを引き受けたところ、Pの転職先企業から書面でPについてのいくつかの質問が送られてきた。Dは、これに書面で回答し、Pの転職先企業に返信したが、そのうちの１つの質問はPの勤務態度で何か気になったことはないかとの質問であったので、Pは、事実に基づき、Pが部下であった３年の間に無断欠勤が３回あった旨を記載した。しかし、結果的には、転職先企業はPを採用した。Dの行為は、名誉毀損に該当するか？

A　名誉毀損が成立するためには、(i) 原告に関して、(ii) 個人の名声・評判を下げる表現が、(iii) 第三者へ公表され、(iv)damages（損害）が発生することが必要であるが、本問では、(i) から (iii) は明らかに満たしているほか、当該誹毀行為が書面でなされているので、libelに該当し、通常損害が推定されるので、名誉毀損が成立する可能性がある。もっとも、Dの回答は、社会的に有益な言説であり、誹毀的な内容が言説において必然性あるいは関連性があり、それが真実であるとDが信じている場合に当たるので、Dは、qualified privilege（条件付特権）の抗弁を主張することによって、名誉毀損の成立を妨げることが可能である。

〔飯田 浩司〕

References

樋口範雄『アメリカ不法行為法［第2版］』弘文堂、2014年
望月礼二郎『英米法［新版］』青林書院、1997年
田中英夫『英米法辞典』東京大学出版会、1991年
鴻常夫『英米商事法辞典［新版］』商事法務研究会、1998年
砂田卓士、新井正男『英米法原理［補訂版］』青林書院、1992年
Bryan A Garner, *Black's Law Dictionary 11th Edition, Thomson* Reuters, 2019.

第17章

製造物責任法

Product Liability

POINTS

- 製造物責任は、主として、州法（判例法）で規定されている。
- 製造物責任に関する法理には、過失責任、保証責任、厳格責任などがある。実際の訴訟では、これら過失責任、保証責任、厳格責任など複数の訴訟原因を併記することが一般的である。
- 問題となっている製品に「欠陥」があるか否かが重要なポイントになるが、この「欠陥」には、①製造上の欠陥、②設計上の欠陥、③不十分な警告がある。
- 被告が製造物責任の成立を否定するために主張する抗弁としては、技術水準、寄与過失･比較過失、危険の引受け、誤使用、改造などがある。
- 日本企業もこれまで少なからず、米国での製造物責任をめぐる訴訟の被告となってきたが、米国の製造物責任訴訟は、懲罰的損害賠償、クラスアクションなどによるその賠償額の高額化、ディスカバリーなどに要する費用や負担などが企業にとって問題となっている。

KEY LEGAL TERMS

design defects【設計上の欠陥】 製品は設計・仕様どおりに製造されたが、そもそも設計・仕様自体に問題がある場合。

inadequate warning【不十分な警告】 製品の使用方法についての適切な指示または製品の有する予想される危険性についての適切な警告がなされていない場合。

manufacturing defects【製造上の欠陥】 製造過程において問題があったために、製造者が意図する設計・仕様と異なった製品が製造され、設計・仕様どおりの製品よりも危険になる場合。

state of the art【技術水準】 製造物を流通に置いた時点の科学的・技術的水準に照らして、危険の予見や結果の回避が可能でなかった場合には、製造物責任の成立を否定するもの。
strict liability【厳格責任】 故意・過失の立証がなくとも、発生した結果について不法行為責任を負うもの(無過失責任)。

Basic Rules

1) 製造物責任とは

製造物責任は、製品の欠陥によって被害を受けた者に対して、製造者、卸売業者、小売業者などの製品の製造、供給または販売に関わった者(以下「製造者等」)が負う責任である。米国での製造物責任に関する法理は、各州の判例法が中心であるが、近年は、一部の州で製造物責任に関連する制定法を設けているところもある。また、連邦の制定法や行政規則の中にも、製造物の安全性に関する規定が存在する。モデル法やさらには連邦法として、統一的に製造物責任を規定する試みもなされてはいるが、いまだ成立するには至っていない。

2) 製造物責任の請求原因

製造物責任の請求原因としては、故意による不法行為責任、過失による不法行為責任、不実表示、保証責任、厳格責任が挙げられる。

これらのうち、契約法上の責任である保証責任以外は、すべて不法行為法上の責任である。

3) Intentional Tort(故意による不法行為)

故意による不法行為責任は、被告である製造者等が原告の生命・身体、財産等を故意に侵害した場合、あるいは侵害の可能性が相当に確実であることを知っていた場合に生じる。

4) Negligence(過失による不法行為)

過失による不法行為責任/過失責任は、被告である製造者等が原告の生命・身体、財産等を過失によって侵害した場合、言い換えれば、被告が原告に対して有している法律上の注意義務を怠り、これによって原告に損害を与えた場合に生じる。

5) Misrepresentation(不実表示)

不実表示は、製品の品質等に関する重大な事実に虚偽の表示があり、これが相手方の信頼を惹起した場合に、不法行為責任を負わせるものである。

6) Warranty(保証)

保証責任は、被告である製造者等が製品の性能や品質等についてなしたexpress warranty(明示の保証)またはimplied warranty(黙示の保証)に違反がある場合に生じる。

保証責任は、契約法上の責任であり、前述の不法行為責任と異なり、被告である製品の製造者等の故意や過失を立証する必要はなく、保証違反が事実として生じたということを立証すればよい。

7) 伝統的な法理の修正

以上の伝統的な法理については、当初、被害者である原告が製造物責任を追及していく上でいくつかの限界を有していた。

例えば、過失責任については、原告は、被告に過失があることを立証しなければならないが、この立証は、現実には、容易ではない。こういった原告側の立証の負担を軽減するために登場したのが、*res ipsa loquitur*(Thing speaks for itself:過失推定則)やnegligence *per se*(法律上当然の過失)の法理である。前者は、原告に被害を生じさせた原因とされる手段がもっぱら被告の支配下にあり、その被害が何者かの過失なしには通常は生じようがないものであるときは、これらについての証拠を提出することで、被告の過失を推定するというものである[1]。後者は、当該事件と関連性のある生命・身体や財産等の安全を守るための法令の違反をもって、過失ありとするものである。しかし、これらはいずれも過失の要件を不要とするものではない。

また、過失責任、保証責任のいずれに関しても、コモン・ローの伝統的な

1) Escola v.Coca Cola Bottling Co. of Fresno, 24 Cal. 2d 453, 150 P.2d 436 (Cal. 1944).

考え方によれば、原告と被告の間にはprivity of contract（直接の契約関係）が存在することが必要であった[2]。この法理によると、例えば、原告が配偶者の買った車をたまたま運転し、その車の欠陥が原因となって事故を起こし、傷害を受けた場合であっても、原告は、車の販売業者に不法行為や保証責任を追及できないことになってしまう。そこで裁判所は、まず、過失責任に関して、劇薬のように、他人の生命にimminently dangerous（急迫して危険）な製品については、直接の契約関係を例外的に不要とし[3]、さらにinherently dangerous（本来的に危険）な製品についてこの例外の適用を拡げていった。そして、マックファーソン事件[4]において、裁判所は、必ずしも本来的に危険とはいえない製品についても、その製品が不注意に製造されたら、生命・身体が危険にさらされることが合理的に確実である場合は、危険物として、直接の契約関係は不要と判示するに至った。一方、保証責任に関しても、裁判所は、直接の契約関係を徐々に廃止していった[5]。

8）Strict Liability（厳格責任）

製造物責任について伝統的な法理は、上記のような修正を施されることによって、製造物責任事件の解決に当たってきたが、不法行為責任についての過失の立証の必要性、被告による保証の排除や合理的な期間内の通知の必要性など、被害者にとっては、依然として活用するための障害となる点が少なくなかった。大量生産が進み、また技術の高度化、製品の複雑化が進む中で、製造物責任事件をより迅速かつ適切に救済するための法理が必要とされてきた。そんな中で登場したのが、strict liability（厳格責任）の法理であり、1963年のグリーンマン事件[6]がそのリーディング・ケースである。この事件は、グリーンマン氏が妻からクリスマスのプレゼントとして贈られた電動工具を使用して作業をしている際に、欠陥が原因で木片が飛び出し、これが額に当たり重傷を負ったことから、小売店とメーカーに対して保証責任及び過失責任に基づいて損害賠償請求したものである。被告側は、カリフォルニア州民法（Civil Code）第1769条によって、原告は合理的な期間内に保証義務

2）Winterbottom v. Wright, 10M. & W.109, 152 Eng.Rep. 402(1842).
3）Thomas v. Winchester, 6 N.Y. 397 (1852).
4）MacPherson v. Buick Motor Co., 217 N.Y. 382, 111 N.E. 1050 (1916).
5）Baxter v. Ford Motor Co., 168 Wash. 456, 12 P.2d 409 (1932); Henningsen v. Bloomfield Mortors, Inc., 32 N.J. 358, 161 A.2d 69 (1960).
6）Greenman v. Yuba Power Products Inc., 59 Cal.2d 57, 27 Cal.Rptr. 697, 377 P.2d 897, 13 A.L.R.3d 1049 (1963).

違反がある旨の通知をなさなければならないにもかかわらず、このような合理的な期間内に通知をなしておらず、保証義務違反に基づく損害賠償請求をなし得ないとしてこれを争った。裁判所は、被告側の主張を退け、消費者が製造者に対して損害賠償を請求する場合には、この規定が適用されないと判示し、その根拠として、製品の欠陥が検査されることなく使用されると知りつつ市場に置いた製品に欠陥があることがわかり、それによって人身に傷害が生じた場合、メーカーは、不法行為上の厳格責任を負うとした。これによって、製造物責任について、保証責任を追及する場合であっても、合理的な期間内の通知を原告が行ったかどうかは問われないこととなり、また、不法行為上の過失責任の追及に関しても、過失の立証に代えて、欠陥の存在を立証することで足りることとなった。この事件を受けて、1965年に発表されたRestatement (Second) of Torts(第二次不法行為法リステイトメント)でも、第402条Aに“unreasonably dangerous”(不当に危険な欠陥)から生じた損害について、売手がそのような製品を販売する事業に従事しており、製品が売られた状態から実質的な変更が加えられることなく使用者あるいは消費者に到達することが期待され、かつそのように到達する場合には、メーカーが厳格責任を負うことが明記されている。

なお、一見、厳格責任が原告にとって最も有利であり、製造物責任を追及する際には、訴訟原因として厳格責任だけを主張すればよいようにも思われがちであるが、実際の訴訟においては、上記の過失責任、保証責任、厳格責任など複数の訴訟原因を併記することが一般的である。過失責任が認められた方が損害賠償額の裁定が大きくなること、保証責任は、後述するように経済的損失についての損害賠償請求が認められやすく、また、出訴期間も長いことなど、それぞれに長短があるからである。

9) Defect(欠陥)

欠陥は、(1) manufacturing defects(製造上の欠陥)、(2) design defects(設計上の欠陥)、(3) inadequate warning(不十分な警告)に分類される。

製造上の欠陥とは、製造過程において問題があったために、製造者が意図する設計・仕様と異なった製品が製造され、設計・仕様どおりの製品よりも危険になる場合をいう。これについては、本来の設計・仕様と比較したり、同一工程で製造された別の製品と比較したりすることにより、立証が可能である。このような欠陥判定の基準は、deviation-from-the-norm test（標準逸脱基準）とよばれている。

設計上の欠陥とは、設計・仕様どおりに製造されたが、そもそも設計・仕様自体に問題がある場合をいう。設計上の欠陥があることが判明した場合、その設計・仕様を採用しているすべての製品が欠陥を有していることになり、被告にとって多大な影響が出る可能性がある。製造上の欠陥の場合と比べて、客観的な判断は容易ではなく、欠陥判定の基準としては、consumer expectation test（消費者期待基準）やrisk utility test（危険効用基準）が用いられてきた。前者は、通常の消費者が合理的に期待する安全性が備わっているか否かを基に欠陥の有無を判定するものであり、後者は、製品が有する危険性と有用性を比較し、危険性が有用性を超える場合に欠陥ありとするものである。前者は、原告側に極めて有利な基準であるといえ、現在は、危険効用基準が主流となっている。

不十分な警告とは、製品の使用方法についての適切な指示または製品の有する予想される危険性についての適切な警告がなされていない場合をいう。これについても、設計上の欠陥と同様の判定基準が用いられる。

10）Damages（損害賠償）

製造物責任が成立する場合、原告の救済手段としては、損害賠償請求を求めることになるが、アメリカ法の下での損害賠償の主要なものとして、compensatory damages（填補損害賠償／補償的損害賠償）とpunitive damages（懲罰的損害賠償）がある。

填補損害賠償は、原告が現実に被った損害を補償する損害賠償である。填補損害賠償の対象になる損害は、以下のように分類することができる。

■ **Physical Harm（有形的損害）**

・Personal Injury（人身損害）

（例）治療費・入院費、休業による逸失利益、後遺障害による逸失利益、精神的損害（慰謝料）等

・Property Damages（財産損害）

（例）欠陥のある製品によって他の物が壊れた場合の修理費用または代替物購入費用等

■ **Economic Loss（経済的損失）**

（例）欠陥によるその製品の価値の減少、機械が期待した作動をしないことから生じた収益不足等

過失責任や厳格責任に関しては、上記のうちもっぱら経済的損失のみを求める損害賠償は認められないのに対して、保証責任に関しては、もっぱら経済的損失のみを求める損害賠償も認められている。したがって、もっぱら経済的損失の損害賠償のみを求める場合は、保証責任に基づいた請求を行うことになる。なお、この場合は、直接の契約関係の要件を満たすことが必要となる。

懲罰的損害賠償は、主として不法行為訴訟において、被告の加害行為が悪質である場合に、懲罰的意味合いで認められる損害賠償である。支払いは原告に対して行われる。英米法に特有の制度であるが、英国では、対象となる場合に限定を加えてきたのに対して、米国では、1960年代以降、その活用が進み、アメリカ法の特徴の1つになっている。懲罰的損害賠償は、害意性が強い場合にのみ認められる損害賠償なので、通常の過失による不法行為の場合や契約違反の場合には認められない。懲罰的損害賠償の額については、原則として陪審が決め、実際の損害額の数倍あるいは数百倍にも及ぶ懲罰的損害賠償が填補賠償に付加して認められることも少なくない。その金額が巨額に及ぶこと、予測が困難であること、製造物責任保険でカバーできないことなど、企業などからの制度への批判も多いところである。

11）Defense（抗弁）

製造物責任訴訟において、被告は、製造物責任の成立を否定するために、おおむね以下のような抗弁を主張することが可能である。

- State of the Art（技術水準）
- Contributory Negligence（寄与過失）、Comparative Negligence（比較過失）（詳細は第16章「不法行為法」参照）
- Assumption of Risk（危険の引受け）
- Misuse（誤使用）
- Alteration（改造）

技術水準の抗弁とは、製造物を流通に置いた時点の科学的・技術的水準に照らして、危険の予見や結果の回避が可能でなかった場合には、製造物責任の成立を否定するものである。過失責任の抗弁になるほか、場合によっては厳格責任についての抗弁になると考えられるが、概念自体が多義的なこともあり、その要件や効果も必ずしも一義的に捉えられているわけではない。こういった技術水準の問題に関して、1998年に刊行されたRestatement (Third) of torts: Product Liability（製造物責任：第三次不法行為リステイトメント）では、合理的な代替設計を採用していれば、その製品がもたらす被害の予見可能な危険を減少、回避することができた場合で、かつ、その代替設計が採用されなかったことによって、その製品が合理的に安全ではなくなった場合は、設計上の欠陥に当たるとしている。

危険の引受けとは、原告が製品の危険を認識しながら、自らの意思でこれを引き受けることをいい、この場合、仮にその製品の使用によって損害が生じたとしても、損害賠償請求ができないことになる。もっとも、これについても前述の比較過失と同様に、結果発生について危険の引受けが寄与した割合を考慮して、損害賠償額の減額を行う州が増えている。この危険の引受けの抗弁は、原則として、過失責任、不実表示、保証責任、厳格責任に適用される。

誤使用とは、原告が製造者の予期しない方法で製品を使用することであり、このような誤使用が合理的に予見できない種類のものである場合は、損害賠償請求が認められないことになる。この誤使用の抗弁は、原則として、過失責任、保証責任、厳格責任に適用される。

改造とは、製品が原告の手を離れた後に、製造者が予期できない改造がなされることであって、当該改造が製造者にとって合理的に予見できない種類のものである場合は、損害賠償請求は認められないことになる。この改造の抗弁は、原則として、過失責任、保証責任、厳格責任に適用される。

12）製造物責任法についての改革

連邦政府は、商務省を中心とする委員会での検討を経て、1979年10月に統一製造物責任モデル法を発表したが、このモデル法は、コネティカット州、ワシントン州、カンザス州などのわずかな州で部分的に採用されたにとどまっており、統一州法としての機能を果たすには至っていない。この統一製造物責任モデル法が不調に終わった後も、製造物責任を連邦法によって整備しようという動きが続いているが、法律成立には至っていない。

また、1980年代の半ばには、全米各州でも州法としての不法行為法の改革運動が起こり、懲罰的損害賠償や連帯責任を制限することを含めて、多くの州でも州法改革のための立法化がなされた（tort reform）。しかし、これらの州法としての改革法も、そもそも製造物責任を立法の対象から除外していたり、また、いくつかの州でこういった改革法自体を違憲と判断する州最高裁の判断がなされるなど、製造物責任の問題点を直接的に解消するには至っていない。

Practical Advice

1）PLP対策とPLD対策

製造物責任に関して企業がとるべき対策は、PLP（product liability prevention：事故自体の発生を防ぐ）ための対策とPLD（product liability defense：事故が発生した場合でも損失を最小限に食い止める）ための対策の2つの側面から実施する必要がある。PLP対策としては、製品の安全性を確保するための全社的な推進体制の構築が必要であり、安全性確保のための社内標準、プロセスの策定やその検証、また、従業員へのトレーニングなどが重要となる。

また、PLD対策としては、訴訟等での重要な証拠となる社内文書等の管理体制、適切な製造物責任保険の付保、製造委託先や販売先等の取引先との間の責任分担を明確にした契約書の締結、クレーム対応、リコール、訴訟対応などが重要となる。

こういった推進体制の構築や検証に関しては、ISO (International Organization for Standardization：国際標準化機構)による品質マネジメントシステムに関する国際標準であるISO 9000シリーズの認証取得も有益である。

2) 取引先との契約

日本企業あるいはアメリカ内にある日本企業の現地法人が製品や部品を製造し、販売店等を通じてアメリカ国内での販売がなされる場合、これらの日系企業を被告あるいは共同被告とする製造物責任訴訟が起こされる可能性があることはいうまでもないが、仮に日系企業が被告とならず、現地の販売店等のみが被告となった場合でも、販売店等から求償請求がなされる可能性がある。販売店等、製造や加工に関与しない者からは、当初の取引契約交渉において、製造業者がすべての製造物責任を負担すべきとの要求をなされる可能性が高いが、その場合でも、求償を認める条件(目的外使用や改造があった場合の適用除外、クレームがあった場合の一定期間内の通知義務等)や保険金の負担割合などの条項を通じて、相手方にも一定の責任を分担してもらうように交渉をすることが重要である。とりわけ、部品製造業者として完成品製造業者に部品を納入している場合は、部品の製造販売から得られる利益に比して、極端に高い危険や責任を負うことがないように留意する必要がある。

|R|E|V|I|E|W|Q|U|E|S|T|I|O|N|S|

17-1 **製造物責任の請求原因**

Q　製造物責任の請求原因となるのは、もっぱら厳格責任か？

A　製造物責任の請求原因には故意による不法行為、過失による不法行為、不実表示、保証責任、厳格責任など複数のものが存在し、これらにはそれぞれ一長一短があるため、実際の訴訟においても、これら複数の訴訟原因を併記することが一般的である。

17-2 **経済的損害**

Q　原告の損害がもっぱら経済的損失である場合、厳格責任を請求原因として損害賠償を得ることができるか？

A　過失責任や厳格責任に関しては、もっぱら経済的損失のみを求める損害賠償は認められない。これに対して、保証責任に関しては、もっぱら経済的損失のみを求める損害賠償も認められている。

17-3 **保証責任の排除**

Q　製品の売買に関する契約書等において、販売者の一切の保証責任を排除する特約は有効か？

A　製品から生じた身体的損害に関するconsequential damages（派生的損害）の制限は、原則としてunconscionable（非良心的）とされ、効力を生じない［U.C.C.§ 2-719］。

本章は拙著「製造物責任法」『ケースブック アメリカ法概説』（レクシスネクシス・ジャパン、2007年）に修正・加筆したものである。

〔飯田 浩司〕

References

樋口範雄『アメリカ不法行為法』弘文堂、2009年
佐藤智晶『アメリカ製造物責任法』弘文堂、2011年
平野晋『アメリカ不法行為法』中央大学出版部、2006年
杉野文俊『米国の巨額PL訴訟を解剖する』商事法務、2004年

第18章

知的財産法（特許法・商標法・著作権法）

Intellectual Property Laws

POINTS

- 米国では特許、商標、著作権を連邦制定法により保護する。
- 米国の特許制度は建国以来、最初で真の発明者に特許を付与する先発明主義を貫いてきたが、国際調和を図るべく、先願主義に移行した。
- 特許出願と審査に関与するすべての個人は、米国特許商標庁に対して公正かつ誠実である義務を負う。これに違反すると裁判において不公正行為と認定され、特許権が権利行使不能になることがある。
- 米国の商標制度の大きな特徴は使用主義であり、歴史的に商標はコモン・ローにより保護されてきた。米国における商標の保護は、各州におけるコモン・ローによる保護、各州における制定法による保護、及び連邦制定法による保護の多重構造である。
- 米国の著作権制度は、連邦著作権法による保護に一元化されており、連邦著作権法は発行済みか否かを問わず「固定された」著作物を対象とするため、州の著作権法は未固定の著作物を対象とするのみである。

KEY LEGAL TERMS

first-to-invent system【先発明主義】最初に発明をした発明者に特許権を与える制度。

first-to-file system【先願主義】最初に特許出願を行った者に特許権を与える制度。

information disclosure statement (IDS)【情報開示陳述書】特許出願した発明の特許性に関する重要な情報を米国特許商標庁に開示する書類。

post-grant review【特許付与後異議申立】発行された特許に対して第三者が異議申立をする制度。

inter partes review【当事者系審判】当事者対立構造の下で特許の無効

を請求する制度。
trade dress【トレード・ドレス】商標法で保護される商品のデザイン、あるいは商品・サービスの全体的なイメージ。
fair use【フェア・ユース】著作権侵害の主張に対する抗弁事由としての公正な利用行為。

Basic Rules

1) 特許法

①沿革

特許権は独占的排他権という対世的に強力な権利であるため、特許権は州法による保護では不十分であり、また、複数の州で権利行使された場合に統一がなければならないことから、合衆国の建国当初から特許権は州法ではなく連邦法の下で制定しようとする動きが活発であった。合衆国憲法第1条第8節第8項の「著作者及び発明者に対して、その著作物及び発見に関する排他的権利を一定期間付与することにより、科学と有用なart(技芸)の進歩を促進すること」という規定を根拠にして、1790年に最初のPatent Act(連邦特許法)がU.S.C.(United States Code：合衆国法典)のTitle 35(第35編)として制定された[35 U.S.C.]。この建国当初の特許法において、保護対象、特許要件、明細書提出、権利侵害に対する救済など、今日の特許法の基本思想の原型となるものがすでに定められている。最初で真の発明者に特許を与えるfirst-to-invent system(先発明主義)も建国当初の特許法において確立されたものであり、2011年9月16日に成立したAIA(America Invents Act：米国発明法)により、国際的なharmonization(調和)を図るべく、先発明主義からfirst-to-file system(先願主義)に移行する(先願主義の施行は2013年3月16日)まで、先発明主義は米国特許法の根幹思想であった。

特許権の付与は個人発明家や企業にとって発明をする意欲を駆り立て、発明の保護を通して産業の発展を促進する効果がある。その一方で、長期に存続する独占権のゆえに市場が特定の企業により寡占される状態となり、自由競争が阻まれる。特許法は産業立法であり、国内産業の育成や国際競争力の強化などを図る上で、特許制度の策定は極めて国家政策的なものである。自由競争のために特許権の保護を制限しようとするアンチパテント政策と、国際的な産業競争力を高めようとするプロパテント政策の間で、米国の特許制度は大きく揺さぶられてきた。

1929年10月24日(ブラック・サーズデイ)にニューヨーク証券取引所で株価が大暴落したことをきっかけに世界大恐慌が起きた。大恐慌の最大の原因は大企業による市場の寡占化にあると分析した米国政府は、1930年からアンチパテント政策を始める。企業を寡占・独占に向かわせたのは特許制度であると考えたからである。米国政府は、特許法と対極にあるantitrust law(反トラスト法/独占禁止法)を強化した。これ以降、米国は1970年代終わりまでの50年間、強力なアンチパテント政策を採用する国となった。

しかし、アンチパテント政策をとっていた1970年代、米国の経済成長は低迷し、失業者が増えて戦後最悪の経済状況となっていた。米国は1980年代に従来のアンチパテント政策からプロパテント政策へ大きく舵を切る。特に、レーガン政権下で、産業競争力委員会により1985年に米国の産業競争力を高める政策として知的所有権を強化すべきとする「ヤングレポート」が発表されると、CAFC(United States Court of Appeals for the Federal Circuit:連邦巡回区控訴裁判所)が設置されるなど、知的財産権の保護が強力に推し進められた。知的財産の強化により、貿易赤字と財政赤字という「双子の赤字」に苦しんでいた米国の産業界の競争力は急速に回復していった。

米国のプロパテント政策は、通商法スペシャル301条(米国の通商法における知的財産権に対する対外制裁に関する条項)にみられるように、外国との貿易にも大きく影響を与え、知的財産を保護しない国には容赦なく対外制裁を加えるまでになっていく。

しかし、一方では、行き過ぎたプロパテント政策の弊害も顕著になってきた。個人発明家がサブマリン特許[1]を日米のメーカーに権利行使して巨額のライセンス収入を獲得し、社会問題となった時代である。今日では法制度の改正によりサブマリン特許はほとんど存在しなくなったが、特許権を保有す

1) 米国の特許制度では、GATTウルグアイラウンド協定により、1994年に特許法が一部改正されるまでは、特許の存続期間は権利付与から17年であり、1999年に特許法がさらに一部改正されるまでは、出願公開制度もなかった。特許が成立するまでは出願内容が公開されず、特許権付与の日から存続期間が起算されるため、出願から長期間公開されずに潜伏し、技術が陳腐化され利用が広がってから、特許を成立させることが可能であった。潜水艦のようにある日突然、特許が現れて権利行使されたことから「サブマリン特許」とよばれた。

るが実施することのないNPE(non-practicing entity：特許不実施主体)による特許権の行使が社会問題となっている。

行き過ぎたプロパテント政策に対する反省と改革を求める声が、情報産業界から上がった。ソフトウェア製品は、多くのソフトウェアモジュールで構成されており、そのうち、1つのモジュールでも特許を侵害すれば製品全体に差止めがかかる。また、損害額の算定にはentire market value(全体市場価値)ルールが適用され、部品特許であっても、製品全体の価格の25%(合理的なロイヤルティは製品価値の25%とするルールが一般的である)に販売総数を乗じて損害賠償額が決まるため、巨額の損害賠償額になる。これに悩まされた情報産業界は、米国の特許制度の改革の必要性を社会に強く訴えた。

これを受けて、米国の議会は、「先発明主義」に比べて特許審査が効率的で訴訟費用も軽減することのできる「先願主義」に移行する特許法改革案を発表する。しかし、この法案には、情報産業界の要望した損害賠償の負担を軽減するための改正が含まれていたため、侵害者には多額の損害賠償額を要求したいバイオ・製薬業界からの激しい反対にあった。連邦巡回区控訴裁判所が全体市場価値ルールを見直す判決を出した[2]こともあって、情報産業界は損害賠償額の見直しを法案に盛り込むことを見送るに至り、最初に出願した者に特許権を与える先願主義を中心とする改正法案に落ち着き、2011年9月16日、先発明主義に終止符を打つAIA(米国発明法)の成立をみた。

②特許の保護対象

プロセス、機械、製造物もしくは組成物が特許による保護対象である[35 U.S.C.§101]。アメリカ独立宣言の起草者の1人であるトマス・ジェファーソンの言葉である「太陽の下、人間が創作したすべての事物が発明の対象となる」という考え方が根底にあり、前述した合衆国憲法第1条第8節第8項のart(技芸)を保護する観点から、特許の保護の範疇はtechnology(技術)よりも広い。経済社会における人為的な取決めをもとにしたビジネス方法も、今日では特許の保護対象となっている。

③情報開示義務

米国では、特許審査手続において信義誠実の原則を採用しており、それ

2) Uniloc USA, Inc. v. Microsoft Corp., 447 F.Supp.2d 177 (2006).

を法文上明確にし、違反者に対する罰則を規定する。米国で特許を取得するには、特許出願人は、USPTO (The United States Patent and Trademark Office：米国特許商標庁)に対して公正かつ誠実である義務 (以下、単に「誠実義務」という)が課せられる。この誠実義務に反する行為は、inequitable conduct (不公正行為)とよばれ、不公正行為があった場合、特許を取得できても特許権の行使ができなくなる。

特許出願中に特許出願人に課せられる誠実義務として、情報開示義務がある。特許を取得するには発明に対してnovelty (新規性)及びnon-obviousness (非自明性)などの特許要件を満たす必要があるが、特許出願と審査に関わるすべての人は、出願した発明の特許性に関して重要な情報を自ら知っていれば、その情報をIDS (information disclosure statement：情報開示陳述書)によって米国特許商標庁に開示する義務を負う。情報開示義務に違反した場合、特許権が権利行使不能になるという罰則が設けられている。特許出願の審査は出願人と米国特許商標庁の間で非公開になされる手続きであるため、出願人に高いレベルの誠実義務を負わせたものである。

情報開示義務に違反し、情報開示義務を果たさなかったことに重過失があった場合または米国特許商標庁を欺く意図があった場合は、不公正行為とされる。出願した発明の特許性を否定するような公知文献を知りながら、意図的にその文献を隠して特許を取得しようとする行為は、不公正行為とみなされる。出願した後、発明に関連する先行技術を知るに至ったが、開示するのをうっかり忘れていたという場合でも、米国特許商標庁を欺く意図はなかったことを立証できない限り、欺く意思が推定される危険性がある。発明者、発明者の同僚・上司、知財担当者、弁理士／弁護士を含め、発明の権利化に携わるすべての人が、特許されるまでの間に知り得た重要な情報をすべて開示するように努めなければならない。

特許出願の審査段階では、情報開示義務違反については審査が困難であるため、審査の対象にはされていない。そのため、情報開示義務違反があっても特許は取得できてしまう。後日、特許権者が特許侵害訴訟を起こしたとき、被告から先行技術文献を意図的に隠していたなど、情報開示義務違反があったことが不公正行為として指摘され、特許権の行使ができなくなることがある。ただし、情報開示義務違反が不公正行為であると認定されるためには、開示すべきであったとされる情報が発明の特許性に対してmateriality（重要性）を有すること、かつ米国特許商標庁を欺く意図（intent to deceive）があったことについての立証が必要である。2011年、連邦巡回区控訴裁判所はen banc（大法廷）において、特許出願人に課せられた情報開示義務に対する違反に起因する不公正行為の判断基準を明確化する判決を出し、重要性及び欺く意図の認定基準を大幅に引き上げた[3]。その結果、被告が特許権者の不公正行為を立証することは従前よりは難しくなった。

④米国第一国出願義務と外国出願許可

日本人であっても米国滞在中に発明をした場合、その発明は米国内でなされた発明になり、米国特許法の制約を受ける。米国内でなされた発明を米国特許商標庁の許可（ライセンス）なしに、外国出願することを禁止した米国特許法第184条に日本人も留意しなければならない。米国特許法第184条によれば、米国の企業等に出向していた会社員が現地でした発明を米国で特許出願することなく帰国した場合、その発明については米国を第一国として特許出願する必要がある。その後、米国出願を基礎として日本で特許出願する。仮に、米国を第一国として特許出願せずに、日本で先に出願した場合は、米国では特許を取得できない。もっとも、その場合でも日本の特許は特許独立の原則（パリ条約）に従って、米国特許とは別に有効に存在することができる。

米国特許法第184条はさらに、国防上の理由により、米国でなされた発明を米国出願から6ヵ月以内に外国に出願することについて禁止している。ただし、米国特許商標庁から外国出願許可をもらった場合は、6ヵ月以内であっても外国出願することが許される。これは米国のEAR（Export Administration Regulations：輸出管理規制）に絡む問題であり、軍事技術に関連する情報が特許出願の形で外国に輸出されることを規制するために設けられている。暗号技術など国家の安全に関わる技術は、民生のものであっても輸出管理規則の対象になりうる。国際テロリズムに対する対策が強化されており、国家安全保障の観点から規制が強化される傾向が強くなっている。

3) Therasense, Inc. v. Becton, Dickinson, and Co., 649 F.3d 1276 (Fed. Cir. 2011).

米国でなされた発明を無許可で外国出願した場合、米国でその発明について特許を取得できず、すでに特許されていた場合はその特許は無効である。ただし、無許可で外国出願したことが、過失によるのでも、詐欺的意図によるのでもない場合は、遡及的に外国出願許可を得ることができる。故意に無許可で外国出願をした場合、違反者には罰金または禁固の刑事罰が科される［35 U.S.C.§186］。

⑤特許権の共有

米国法では、特約がない限り、特許権の共有者は他の共有者の承諾を得ずして自己の持分を譲渡したり、第三者に実施権を許諾できる。日本の会社が米国の企業や大学と共同開発して、特許権が共有になった場合、米国側の特許権者が、日本の会社が知らない間に、自己の持分を競合他社に譲渡し、気がついたときには競合他社との共有特許となっていたという事態も起こりうる。特許権が共有に係る場合は、他の共有者の承諾なくしては自己の持分の譲渡や実施許諾ができない旨の特約を定めた契約にしておく必要がある。

一方、侵害訴訟は、共有者全員が共同して提起する必要があり、他の共有者の同意なしに、単独で提起することはできない。特許権の行使を受けた被告が、米国特許公報に名前が掲載されていない共同発明者の存在を指摘し、自分はその共同発明者から遡及的にライセンスを得ていたことを抗弁として主張した特許侵害訴訟事件において、裁判所は、本訴訟は共同発明者が共同して起こしたものではないことを理由に原告の訴えを棄却した[4]。米国では、人材が流動しているため、後になって共同発明者がいたということが明らかになることもある。共同開発プロジェクトなどで共同発明を出願するにあたっては、発明者をもれなく確認しておくことが重要である。

⑥実施権の許諾

実施権の許諾（ライセンス）には、各州の契約法が適用される。特許権者が第三者にexclusive license（排他的実施権）を許諾した場合、自らが特許発明を実施できるかどうかは契約次第である。日本では特許法上、専用実施権は独占的排他権であり、特約がない限り、特許権者でも実施することができない。しかし、米国の場合、特許法上の規定はないため、排他的実施権といっ

4) Ethicon Inc. v. United States Surgical Corp., 45 USPQ2d 1545 (Fed. Cir. 1998).

ても一般には日本の専用実施権のような独占性はなく、自由契約の原則の下、特許権者が実施できるように契約されることも多い。米国で実施権を許諾する際は、特許権者が実施する権利を留保するかどうかを契約上で明記することを忘れないようにする。

日本でいう通常実施権は、米国ではnon-exclusive license(非排他的実施権)とよばれるが、米国ではexclusive licenseやnon-exclusive licenseの定義が特許法で規定されているわけではないので、契約書でその用語が意味する内容を説明し、後で問題が生じないように配慮する必要がある。

実施権者は、実施権を米国特許商標庁に登録することができるが、これは実施権の成立要件でも対抗要件でもない。実施権者は実施権を登録しなくても、特許権の譲受人等に対して自己の実施権をもって対抗することができる。日本では、通常実施権は登録しないと第三者に対抗することができないが、米国ではそのような特許法上の制約はない。したがって、ライセンス契約後に特許権が第三者に移転するようなことがあっても、ライセンシーは登録なしに新しい権利者に対抗することができる。その意味で米国ではライセンシーは特許権の移転に伴うリスクから守られている。

⑦特許付与後異議申立

AIA(米国発明法)は、発行された特許に対して第三者が異議申立をすることができる制度として、post-grant review(特許付与後異議申立)を新設した。米国特許商標庁内のPatent Trial and Appeal Board(審判部)が申し立てられた異議を審理する。特許付与後9ヵ月以内に、先行技術に基づく新規性欠如及び自明性、実施可能要件違反、best mode(ベストモード)開示義務[5]を除く記載要件違反を無効理由として、異議申立をすることができる。事実に直接関連する証拠に対するものに限り、discovery(ディスカバリー)が認められる。特許付与後異議申立制度には、不適切に発行された特許に対して迅速な異議申立が可能であること、先行技術以外に基づく異議申立が可能であること、訴訟と比べ費用・時間の負担が少ないことなどの利点がある。

⑧当事者系審判

AIA(米国発明法)は、当事者対立構造の下で特許の無効を請求することが

5) 明細書に発明を実施するための最良の形態を記載することを求める要件。

できる制度として、inter partes review(当事者系審判)を新設した。特許付与後9ヵ月以後(特許付与後異議申立がなされている場合は、その手続終了日以降)、特許存続期間中に、特許または刊行物に基づく新規性欠如及び自明性のみを無効理由として請求することができる。これは従前のinter partes reexamination(当事者系再審査)に代わるものであるが、審査官による再審査というよりは、当事者対立構造によるtrial(トライアル)に近い手続きであり、宣誓供述書、宣言書を提出する証人の証言録取書、その他公正な判断のために必要な証拠を広範に収集することのできるディスカバリー制度が導入されている。

⑨補充審査

supplemental examination(補充審査)は、特許権者が、自らの特許に関連すると考えられる情報の検討または訂正を米国特許商標庁に対して請求する制度である。特許出願の審査過程において発生した、特許権の権利行使を不可能にするような過ちを特許権者が治癒する機会を与える。出願した発明の特許性に関する重要な情報は、前述のようにIDS(情報開示陳述書)によって米国特許商標庁に開示する義務があるが、何らかの理由で情報開示義務を果たしていなかった場合でも、特許付与後に補充審査により米国特許商標庁に当該情報の検討を請求することができる。これにより、審査過程における情報開示義務違反が不公正行為とされ、特許権の行使ができなくなる事態を避けることができる。

特許権者は、特許権を行使する前に、補充審査を用いてこのような不備を治癒することにより、不公正行為に基づいて主張される潜在的な特許無効性を克服することができる。一方、特許を利用する側は、特許ライセンス交渉の段階や、特許を保有する企業の買収交渉の段階において、特許の有効性に関して疑問を払拭するために、特許権者に補充審査を行うことを契約の条件の1つとして求めることもできる。

⑩損害賠償請求と差止請求

特許権は連邦法上の権利であるため、特許侵害訴訟は連邦裁判所の管轄であり、特許権の侵害はdistrict court(連邦地方裁判所)に訴える。連邦地方裁判所の判決に不服がある場合、判決の統一を図るために、特許に関する事件を専門に扱う特別な控訴裁判所であるCAFC（連邦巡回区控訴裁判所）に控訴しなければならない。CAFCの判決に不服である場合は、最終審として連邦最高裁判所に上告できるが、CAFCの判例を変更することになるような重大事件でない限り、一般には上告は受理されないので、事実上、CAFCが最終審になることがほとんどである。

特許権者は侵害者に対して損害を補償するのに十分な損害賠償金を請求することができる。特許の権利範囲を定めるclaim（クレーム）は、陪審ではなく判事が法律問題として解釈する。これはMarkman hearing（マークマン・ヒアリング）とよばれている。損害賠償額は事実問題としては陪審が評決により決定するが、最終的な金額は判事が判決により決定する。特許権を故意に侵害した場合、裁判所は、損害賠償を実際に認定された損害額の3倍まで増額することができる。懲罰の意味があり、損害賠償額を3倍までの範囲でどれだけ増額するかは、故意侵害の程度に応じて、判事の裁量に任される。企業としては故意侵害が推認されないように手当てをしておくことが必要である。例えば、特許権の侵害を警告された場合、米国の特許弁護士に鑑定書の作成を依頼し、非侵害の見解を取得するなどの対策が大切になってくる。

また、損害賠償額には利息がつくことに留意する。侵害行為が行われてから判決が出るまでの期間分の利息が損害賠償額に加算され、最終的な賠償金額が定められる。利息の額の決定も判事の裁量である。仮に判決が出るまでに10年かかったとすると、10年分の利息を支払うことになり、利息だけでも相当な金額になることがある。訴訟を長引かせるよりは和解した方が得策であることもある。

金銭賠償では十分でない場合に、裁判官の裁量で差止請求が認められる。差止めは、相手方の製品の製造・販売等の侵害行為をやめさせる、非常に強力な権利である。特許権を保有するが実施することのないNPE（特許不実施主体）が特許権を行使する際、損害賠償は別として、相手方の侵害行為の差止を請求することまで認めるべきかどうかは、衡平の観点から論議をよんできた。2006年連邦最高裁判所は、差止めを認めるための基準として、以下の4要素をあげ、差止めによる救済措置の適用基準を、従前よりは厳しくする判決を出した[6]。

・差止めを認めなければ原告が取り返しのつかない損害を被ること
・法律上の救済措置（損害賠償）では原告の損害を救済するのに不適切であること
・原告と被告の被害バランスを考慮すると衡平法上の措置（差止め）が適切であると認められること
・差止めを認めても公共の利益を損なわないこと

2）商標法

①沿革

ランハム法は、連邦制定法の中で商標の保護に関して最も重要であり、1946年に制定された。もともと米国では、商標の保護は不正競争の防止を目的とする各州のコモン・ロー（判例法）によって図られてきた。しかし、取引が州境を越え、さらには国際間に発展する実情を受け、商標に関する連邦法が制定されるに至った。Trademark Act of 1946（商標に関する連邦法）は、U.S.C.（合衆国法典）のTitle 15（第15編）に規定されている［15 U.S.C. Chapter 22］。

②法体系

特許制度に比べ、米国の商標制度はわかりづらいものとなっている。まず、各州に蓄積されたコモン・ローがある。次に各州の制定法があり、さらに連邦制定法としてのランハム法がある。

(i) コモン・ロー

商標を使用した者は、まずその使用をした州において、コモン・ローによる保護を受ける。

(ii) 州の制定法

次に、使用によって発生した権利（実体的な商標権）が、各州で定める制定法によって保護される。例えば、州によっては商標登録制度がある。

6) eBay Inc. v. MercExchange, L.L.C., 547 U.S.388 (2006).

(iii) 連邦制定法

さらに、商標が複数州にまたがり、または国際的に使用される場合、連邦商標登録による保護を受けることができる。

これら三者で解釈上の矛盾がある場合は、(iii)、(ii)、(i)の順に優先される。しかし、制定法の解釈は、しばしばコモン・ローに基づいて行われるため、裁判所の判断は日本にも増して重要な意味を持っている。この点に十分な注意が必要である。

③保護対象

米国では、自己の商品やサービスを、他人のそれらと識別可能なものであれば、極めて広範なものが登録される。日本の商標法で「商標」と認められるものにとどまらず、匂いの登録例もある。例えば、プルメリアという花の香りは、糸の商標として登録されている。「商標」を柔軟に捉えないと、思いもよらぬ侵害警告を受けることがある。

商標以外に、商品やその包装の全体的な印象、デザイン、外観など全体的なイメージがtrade dress(トレード・ドレス)として保護される。レストランの内装や外観の類似をめぐって争われた事件において、1992年最高裁は原告の主張を認めた[7]。

「トレードネーム」(日本で商号に当たるもの)は、個人の財産権と認識され、連邦登録の対象にはならない。しかし、財産権の侵害として連邦裁判所に救済を求めることができる。また、トレードネームの登録を認める州もある。米国で事業展開する場合、商標に関しては、とりわけ州制定法の確認が必要である。

④使用主義

使用主義は米国商標制度の大きな特徴である。沿革からわかるとおり、もともと商標はコモン・ローによって保護されてきたので、ランハム法の導入にあたっても、「商標に関する権利は最先に商標を使用した者に与えられる」原則が維持されている。日本その他多くの国が採用する、出願が早い方が登録による保護を受ける「先願主義」とは異なる。

米国では、商標を最先に使用していれば、原理上は保護される。商標が登

7) Two Pesos, Inc. v. Taco Cabana, Inc., 505 U.S. 763 (1992).

録されることと（使用によって）商標権を得ることは別である。そうであっても、重要な商標は連邦商標登録を受けることが望ましい。登録を受ければ、商標権の有効性が推定され、全米にわたって自己の商標が先行商標であることを通知したとみなされ、仮にその商標を特定の州だけで使用していても、その商標登録出願日において、全米にわたってその商標を使用したものとみなされる。さらに、税関による侵害品の差止めを請求できるようになる。

なお、米国以外で採用される「登録主義」（商標は登録を受けて商標権が発生するという主義）との整合性を高めるために、一部、登録主義的な規定がある。1988年のランハム法改正により、従来の「使用に基づく出願」だけでなく、“intent to use application”（使用の意図に基づく出願）が可能になった。出願にあたっては、使用の意図や他人による使用がないことを陳述する。米国特許商標庁が登録可能と判断すれば、出願人に登録許可通知を発行する。出願人は6ヵ月以内（場合によりトータルで3年まで延長可能）に使用陳述書と商標見本を出し、最終的に正式な登録を受けることができる。

⑤その他の特徴

日本にはないコンセント制度がある。米国では、先行登録商標と後に出願された商標登録出願が混同を生ずると判断されそうなとき、混同を生ずるおそれが存在しない理由や公衆の混同を回避するための両当事者間の取決め等を記載した、コンセント（同意書）を提出することができる。コンセントが提出されると、米国特許商標庁は十分な理由なく出願を拒絶することはできない。

インターネットの利用により、コモン・ロー上の権利の確立が容易になっている。ウェブサイトで特定の商品やサービスを宣伝し、受注もしているような場合、全米にわたるコモン・ローによる保護を受けることができる。また、連邦商標登録の基礎（すなわち使用の事実）とすることもできる。

商標権の侵害とされる範囲が広く、単に類似の商標を類似の商品・サービスについて使用する場合にとどまらず、商標権者と提携関係があるように見せかけたり、著名な商標をまったく違う商品につけてdilution（希釈化）を図ったり、著名商標をパロディー的に用いて「汚す」行為も侵害行為とされる。

3）著作権法

米国ではかつて、未発行の著作物は各州におけるコモン・ロー上の著作権により保護し、発行後の著作物は連邦著作権法により保護していたが、1976年に制定された現在の連邦著作権法により、発行済みか否かを問わず"fixed"（固定された）著作物が保護対象となり、連邦著作権法による保護に一元化された。そのため、現在、州の著作権法は未固定の著作物を保護対象とする点において特徴を残すのみである。「固定された」とは、有形の表現媒体に記録されたという意味であり、米国著作権法の1つの特徴となっている（通常、米国著作権法といえば連邦著作権法を指す）。Copyright Act of 1976（著作権に関する連邦法）はU.S.C.（合衆国法典）のTitle 17（第17編）に規定されている［17 U.S.C.］。

米国著作権法第102条(a)によれば、保護対象となる著作物は、expression（表現物）であること、original（オリジナル）であること、及び有形物に固定されていることが基本的な要件である。

表現物であることの要件に関して、判例で確立してきたいくつかの特徴がある。まず、「アイデアと表現の二分理論」[8]の下、表現を保護してその背景にあるアイデアは保護しない（逆にアイデアを保護して表現を保護しないのが特許法である）。また、「マージ理論」[9]の下、アイデアが表現に直結している（アイデアと表現がマージしている）ものについては、アイデア利用の自由を確保するために、その表現は著作権では保護しない。

さらに、「ありふれた情景の理論」[10]の下、あるトピックを表現するために必須であるか標準的なものを用いただけでは、著作権によっては保護しない。この理論は、特にプログラムの著作物について、マージ理論よりも頻繁に適用されるところとなった。

米国著作権法にはさらにfair use（フェア・ユース／公正利用）について規定がある（著作権法第107条）。フェア・ユース（公正利用）であれば、許可なく著作物を利用できる。フェア・ユースかどうかは、目的が非営利かどうか、教育的かどうか、著作物のうち実際に利用される量や実質性がどの程度か、その著作物の市場性に与える影響がどの程度かなどのファクターを総合

8）Baker v. Selden, 101 U.S. 99 (1879).
9）*Ibid.*
10）Alexander v. Haley, 460 F.Supp. 40 (S.D.N.Y. 1978).

的に勘案して判断される。米国著作権法のフェア・ユースは包括的な権利制限規定であって、公正利用に当たるかどうかは裁判所がケース・バイ・ケースで判断するのに対して、日本の著作権法は、公正利用の包括規定を設けず、公正利用と考えられる行為を個別的に限定列挙している。

米国における著作権の存続期間は、著作物が創作された時期、著作物の種類などにより異なる。一例として、1978年1月1日以降に創作された著作物については、原則は著作者の生存期間及びその著作者の死後70年である。いわゆる「70年ルール」である。

Practical Advice

1）不公正行為

米国では伝統的に「正義」が重視される。知的財産関連法においても、関係者は自ら真実を語るという姿勢に立脚しており、誠実に行動する者を保護し、誠実義務に違反する者を罰するという基本的な考え方がある。米国でのビジネスにあたっては何をおいても、まずこの文化の違いを十分に認識する必要があり、会社のためを思ってやったことが後々、裁判で不公正行為やfraud（詐欺的行為）とされて、特許権の権利行使不能などの不利益を被ることがないように注意しなければならない。特許出願における誠実義務として、特許性に関する情報を米国特許商標庁に開示する義務がある。米国の特許侵害訴訟では、ディスカバリー制度を用いて、相手方の情報を広く収集することができるため、被告から特許審査過程における情報開示義務違反が抗弁として主張されることも多いので、特に注意が必要である。

2）宣誓書と共同発明

米国特許出願においては、発明者は、自分が特許出願に係る発明を発明した本人であることを宣言するdeclaration（宣言書）に署名する。共同発明者がいる場合は、共同発明者全員の署名が必要になる。共同発明者の1人でも出願時に記載や署名が漏れていると、特許が無効になることがあるため注意が必要である。また、発明に実質的に寄与していない者が「共同発明者」としてあげられていると、その人は「真の発明者」ではないため、宣言書に虚偽があるということになり、特許権の行使ができなくなることがある。発明者の認定にあたっては十分な注意が必要であり、発明に実質的に関与していない研究室の大学教授や職場の上司等を、単なる日本人的な義理感情から「発明者」とすることがないようにしなければならない。

|R|E|V|I|E|W|Q|U|E|S|T|I|O|N|S|

18-1 **米国でなされた発明**

Q **日本企業の従業員が米国滞在中に研究開発を行って発明をした。帰国後、特許出願することを考えているが、留意すべきことがあるか？**

A 米国に出張していた会社員が帰国後、特許出願する場合は、それが米国でなされた発明でないか、事前によく確認する必要がある。仮に従業者が米国出張していたときに思いついたアイデアであっても、それが米国滞在中に発明として完成した場合、日本でなく米国を第一国として特許出願する義務がある（米国第一国出願義務）。この義務を果たさず、日本に先に特許出願した場合は、米国では特許を取得することができなくなる。

18-2 **海外から届いた特許侵害警告書**

Q **米国から特許侵害の警告レターが送られてきた。どうすればよいか？**

A 警告書には特許侵害の事実を相手に認識させ、故意侵害の根拠とする意味がある。警告書を無視して被疑侵害製品の製造・販売を続けた場合、裁判所が故意侵害を認定する可能性が生じる。米国では、損害賠償額を3倍まで増額する懲罰的賠償も認められる。特許侵害訴訟や知的財産権の専門家に直ちに相談すべきである。具体的には、自社製品と特許の内容を精査し、特許の無効性、侵害の有無について慎重に判断し、専門家に鑑定を求める。また、訴訟に備えて、特許を無効にすることのできる先行技術を調査し、特許を対外的に無効にするために、特許付与後異議申立や当事者系審判の利用を検討する。

〔青木 武司〕

第19章

刑法

Criminal Law

POINTS

- 法源は州と連邦の制定法が基本。州によっては、common law（判例法）の犯罪もある。連邦レベルでは判例法による犯罪はない。
- 同一の行為が州法と連邦法の各構成要件に同時に該当する場合に、州、国の両方が訴追することは、州と連邦の二重の主権構造の帰結であって、double jeopardy（二重の危険の制約）に反しないとされている。
- 刑事手続に関しては、憲法上、due process（法に基づく適正手続）条項をはじめ、さまざまな権利が認められており、裁判所は違法捜査に対しては厳格である。
- 日本の刑事司法と大きく異なる点として、答弁取引に象徴されるように、米国では刑事手続においても、訴追側と捜査対象者との間で、証拠の収集から処分に至るまでのあらゆる段階において交渉、取引が行われる。
- 会社が刑事責任を問われる場合、罰金は巨額になることが多い。また、その行為をした役員や従業員などの個人も刑事責任を免れないのが通常であり、実刑判決も珍しくない。

KEY LEGAL TERMS

felony【重罪】 殺人、放火、強姦、武器を使用した強盗、脱税などの罪。1年以上の拘禁刑、または死刑と刑罰も重い。

misdemeanor【軽罪】 重罪に比して刑責が軽いとされる暴行、不法侵入などの罪。罰則としては罰金か短期の拘禁を予定しているもの。交通違反などはmisdemeanorにも当たらないとする州もある。

conspiracy【共謀罪】 2人以上の者が一定の犯罪を行うことを合意し、その犯罪に向けた準備行為を共謀者のうちの誰かが行った場合（合意のほかにこれを要求するのが多数州）に成立する犯罪。

plea bargain【答弁取引】 刑事処分を決めるにあたって、被告人が自身の有罪を認めることと引換えに、訴追側が罪名を縮小したり、刑を減軽することを約束する取引のこと。

Basic Rules

1）概説

①法源—コモン・ローの国

米国では、刑法も判例法（コモン・ロー、裁判所によるルールの定立）によって発展してきた犯罪があるが、昨今の傾向としては、既存の判例法を包括的に制定法化することで黙示的にあるいは制定法で明示的に定めることにより、判例法による犯罪を廃止する州が増えている[1]。なお、連邦レベルでの判例法による犯罪は存在しない。

なお、Model Penal Code（モデル刑法）は、American Law Institute（アメリカ法律協会）によって作られたもので、これをすべて採用している州もあれば、一部だけを取り入れている州もあり、まったく取り入れていない州もある。モデル刑法そのものは、法ではなく、いわゆるソフト・ローであって、刑法の起草者に大きな影響を与えているとともに、解釈のガイドラインとして最も権威がある。

②連邦国家—フェデラリズム

同一の行為が、州法と連邦法のそれぞれの犯罪に該当する場合において、州で無罪判決を得た被告人があらためて連邦法に基づいて起訴されることは、憲法の「二重の危険の制約」に反するものではない[2]。もっとも、州によっては連邦レベルで刑事裁判がなされた後に同一行為について州裁判所で起訴することを、制定法ないし判例法で制限しているところもある。

また、同一の行為につき複数の州、あるいは連邦で犯罪が成立する場合に、必ずしもすべての州（連邦）が起訴するとは限らず、関連する州の（連邦）の担当検察官の協議によってどこで起訴するかを決定することも多い。この場合、刑罰の軽重（より重いところで起訴）、州の捜査機関の専門性・経験のレベル、その時々の人的資源のゆとり状況、その犯罪を処罰すべき州の利益・

1）Steven Emanuel, *Criminal Law*, Aspen Publishers, P.25.
2）U.S. v. Lanza, 260 U.S. 377 (1922).

政策などを総合的に考慮して決められる。

2）犯罪の基本的な要素

犯罪が成立するためには、actus reus（禁止された行為＝guilty act：悪い行為）を行ったことと、その行為時に一定のmens rea（内心状態＝guilty mind：悪い内心）であったことが必要である。このほかに、causation（因果関係）とresult（結果）を必要とする犯罪が多いが、conspiracy（共謀罪）をみればわかるように、これら2つを要件としない犯罪類型もある。

■ Actus Reus（犯罪行為）

犯罪成立のためには、通常何らかの作為（物理的な身体の動き）が必要である。omission（不作為）が犯罪行為と認められるためには、(1)ある行為義務があり、(2)その義務を生じさせる具体的事実の認識があって、(3)義務となっている行為をすることが合理的に可能であることが必要である。例えば、確定申告をする義務があるのにしない、子どもに危険が迫っているのに親がそれをみながら放置するなどである。

■ Mens Rea（内心）

どのような内心が必要かは犯罪ごとに定められている。モデル刑法では内心を次の4つのレベルに定めている。

・Purposefully（意図的に）
自己の行為によりある結果が生じることを意図して、あるいは望んでその行為をする場合。害意がある場合。

・Knowingly（認識して）
自己の行為によりある結果が生じる蓋然性の認識があってその行為をする場合。

・Recklessly（無謀に）
自己の行為によりある結果が生じる実質的危険、あるいは正当化し得ない危険があることを認識しながらその行為をする場合をいい、遵法精神を持った合理的な人がとるであろう行動からの逸脱の程度が大きい場合。重過失。

・Negligently（過失ないし不注意で）

自己の行為によりある結果が生じる実質的危険、あるいは正当化し得ない危険があることを認識すべきだった（のにこれを認識せずに行動した）場合。過失。

これらのほかに、コモン・ロー上、intentionally（故意に）、maliciously（悪意に）、willfully（意図的に）など内心に関する用語がほかにいくつもある。英単語として一般につけられている訳語と、その用語の持つ法律上の概念とではかい離があるので注意が必要である。簡単に概念を整理すると、おおむねintentionallyは、purposefullyとknowinglyの両者を含む概念で日本法上の「故意」に近く、maliciouslyは、intentionallyとrecklesslyの両者を含む概念なので「故意または重過失」となり、willfullyは、knowinglyと同じと解されることが多い。

内心状態による犯罪区分として、strict liability crime（厳格責任犯罪。no intent crimeとよばれることもある）という区分もある。これは犯罪構成要件事実のすべてについて認識している必要まではない類型で、行政法規や規制にかかる犯罪が多い。厳格責任犯罪は、法文上knowingly、intentionallyなど、主観面に関する文言がなく、例えば、statutory rape（法定強姦）において相手方の年齢が10歳であることを知らなかったとしても、また、仮に相手方の同意があっても性交すれば犯罪になる。

3）主な防御方法—Defenses（犯罪阻却事由）

刑事手続における被告人の防御方法としては、心神喪失、錯誤、強迫、正当防衛、緊急避難、罠などがある。

■ Insanity（心神喪失）

行為の善悪を判断し得ない者や自己の行為を制御し得ない者について刑罰を科しても、犯罪抑制や応報という刑事司法の目的は達成し得ないので、古くからこの防御が認められている。何が心神喪失に当たるかの要件は、州によって異なる。

■ **Mistake**（錯誤）

法律についての錯誤（誤認）は防御とはならないが、犯罪事実の一部について錯誤は防御と認められる。特別故意犯（例えば未遂犯）においては、錯誤が合理的かどうかを問うことなくこの防御が認められるが、一般故意犯においては、合理的な錯誤のみ防御となる。例えば、夜道を歩くDにVがおもちゃの拳銃を突き出し、金を出せといったために、Dは所持していた銃でVを撃って殺したとする。Vのおもちゃが、誰からみても拳銃にみえたのであれば、正当防衛となるが、どうみてもこれがおもちゃであれば正当防衛とはならない。

■ **Duress**（強迫）

一般的にこの防御は、犯罪により引き起こされる害の方が、強迫内容の害より小さいことにより正当化されるといわれる。それゆえ、故意の殺人においては、強迫の防御は認められていない。強迫内容（例えば「お前の子どもを殺す」など）が引き起こされることを合理的に信じた場合でなければならず、不合理に信じた場合は認められない。

■ **Self-defense / Defense of Others**（正当防衛）

人により不法な有形力が行使された場合に、自己または第三者を防御することが認められている。この場合、防御の方法が過剰であってはならない。また州によっては、逃げることが容易ならば逃げなければならないとして、被告人が回避できなかったという要件を課しているところもある。

■ **Necessity**（緊急避難）

人為的な害悪によるのではなく、それ以外の事象により犯罪行為をせざるを得なかった場合に認められる防御である。犯罪結果による害が、避けようとした害に比して小さい場合でなければならない。例えば、重体の子どもを救急センターに自家用車で運ぶ際にスピード違反をするなど。

■ **Entrapment**（罠）

捜査機関が、行為者に犯罪行為をするように誘引した場合に認められる防御方法である。米国では、そもそもおとり捜査が認められているので、罠という防御がどのような場合に成立するのか不思議に思えなくもないが、連邦最高裁判所と多数の州では、(1)捜査機関が犯罪を計画、誘引し、(2)被告人がその種の犯罪性向がなかった（のに捜査機関がこれを誘引して犯罪を行わせた）場合であるとしている[3]。

その他、被告人が、会社の仕事としてやったのだから個人としては刑事責任を負わない、という主張がなされることがあるが、このような主張は認められない。シャーマン法違反が問題となった事案で、役員がその役員としての職責でなした行為については、個人として同法違反に問われないとした下級審を覆した連邦最高裁判所判例がある[4]。

4) 企業の刑事責任、役員の刑事責任

上記のとおり、犯罪の要素として悪い行為と悪い内心が必要とのテーゼから、かつては、会社は「悪い内心」を持ちようがなく「悪い行為」もなし得ないから、刑事責任を問えないと解されていた。しかし、すべての犯罪要素についての悪い内心を必ずしも必要としないstrict liability（厳格責任）犯罪の考え方が発達、定着するにつれ、内心を問題とする犯罪についても会社の刑責を問う方向で会社の処罰範囲は拡大していき、20世紀初頭、連邦最高裁判所は、会社の幹部が行った違法なリベートの支払行為（故意を要する）について、会社に対して刑事責任を認めるに至った[5]。

いかなる場合に会社の役員や従業員がなした行為について会社が刑事責任を問われうるのかについて、代表的な考え方として、tort（不法行為法）において発展してきた判例法のRespondeat superior（使用者責任）とモデル刑法の規定［Model Penal Code §2.07］の2つがある。Respondeat superiorとは、ラテン語では「上の者に答えさせろ」という意味で、従業員や代理人が雇用ないし代理の範囲内でなした違法行為について、雇用主または本人に責任を負わせる法理[6]であり、vicarious liability（代位責任）の一種である。ある行

3) Sorrells v. U.S., 287 U.S. 435 (1932).
4) U.S. v. Wise, 370 U.S. 405 (1962).
5) New York Central & H.R.R. Co. v. U.S., 212 U.S. 481 (1909).
6) Bryan A. Garner, *Black's Law Dictionary 7th Edition*, West Group, 1999.

為が雇用や代理の範囲内にあるかどうかが重要である。次にモデル刑法においては、(1)立法者が明文で会社に対して刑事責任を負わせている場合で、行為者が会社のためにその会社における職責の範囲内で行った行為の場合、(2)法律上会社に一定の作為義務があるにもかかわらずその義務を怠る不作為がある場合、(3)会社のために、取締役会や役員がその職責の範囲内で、故意または重過失により犯罪行為をした場合に、会社が刑事責任を問われるとしている。

さらに、従業員のなした行為について、取締役や執行役員が刑事責任を問われることもある。単に取締役という地位にあったということのみで責任を負わせられることはないが、当該犯罪に関わる状況についてその役員が責任を負っていたかどうか、その状況をコントロールしうる権限と責任があったかどうかが問題であるとした、連邦最高裁判所の判例がある[7]。

5) ビジネスに関連して起こりやすい犯罪類型

ビジネスに関連して起こる犯罪類型はwhite collar crime(ホワイトカラー犯罪)とよばれている。複数人が関与することが通常なので、共謀罪が問題となりやすい。

■ **Conspiracy(共謀罪)**

共謀罪は、2人以上の者が、一定の犯罪を犯す意図でその犯罪を犯すことを合意したことで成立するとする州もあるが、合意に加え共謀者のうちの誰かがovert act(その罪を犯す意思を表象する行為)をしたことを要求し、その時点で犯罪の成立を認める州の方が多数説である。2人以上の者が関わることで法益を侵害する危険が高まることから、犯罪を抑止する趣旨で実行行為の前段階で処罰するものである。表象行為は、犯罪に向けた準備行為であればよく、例えば、2人で強盗を計画し、そのうちの1人が強盗のために目出し帽を購入すれば、共謀罪で処罰されうるのである。

■ **Embezzlement(横領)**

横領はコモン・ロー犯罪で、他人の財産を適法に占有する者が不法にそ

7) U.S. v. Park, 421 U.S. 658 (1975).

の財産のconversion(形態・性質を転換すること)で成立する。

■ **Bribery(贈収賄)**

公務員等の贈収賄を禁じるものとして、Bribery of Public Officials and Witnesses(公務員と証人に対する賄賂に関する法律)[18 U.S.C.§201]がある。同法においては、bribery(賄賂)[18 U.S.C.§201(b)]とgratuity(心付け)[18 U.S.C.§201(c)]が区別されている。前者は、供与された価値と公務員等の行為との間の対価性(quid pro quoといわれる)がある場合であるのに対し、後者はそうした関連が薄く、単なる謝意や特別な行為を意図せずになされた贈答などをも含むものである。連邦法なので当初は連邦レベルの公務員に限られていたが、1984年、連邦プログラムに基づいて年1万ドル以上の補助金などを連邦から受け取っている場合の州やローカルレベルでの公務員についても、適用範囲が拡大されている[18 U.S.C.§666]。なお、捜査当局が証言を得るために、共犯者に対してリニエンシー(制裁の減免)を与えることは心付けには当たらない[8]。海外の公務員に対する贈賄等ついては、FCPA(Foreign Corrupt Practices Act:海外腐敗行為防止法)[15 U.S.C.§78m]がある。

企業としては、接待や贈答のための金額、決済基準などを適正な範囲でルール化し、これを遵守させるよう社内体制を構築しておく必要がある。

■ **Perjury(偽証)**

偽証罪は、宣誓した者が虚偽の陳述をすることで成立するほか、裁判所における証言に限らず、また宣誓をしていなくとも偽証罪の制裁の下に作成された供述書等で、裁判所やその他の政府機関でおいて使用される文書における虚偽陳述についても偽証罪となる[18 U.S.C.§1621]。類似の規定にfalse declarations(虚偽申告罪)がある。これは、訴追側の立証を容易にすべく、争点となっている事実の主要な点において矛盾供述が2つあれば原則犯罪が成立し、1回目の供述時点でその事実が真実であると信じたことを被告が立証すれば、これが阻却されるという条文構造をとっている。訴追しやすくする反面、虚偽申告罪は連邦裁判所と大陪審で使用されるものに限定されている[18 U.S.C.§1623]。こうした刑事法規のほかに、例えば、

8) U.S. v. Singleton, 165 F.3d 1297 (10th Cir 1999).

確定申告における虚偽陳述など、虚偽の陳述・申告を処罰する規定は他の法規においても多数存在する。

■ Obstruction of Justice（司法妨害）

不正に、または暴行、強迫などにより司法の適正な運営に影響を与え、または妨げるなどした場合に、司法妨害罪が成立する［18 U.S.C.§1503］。刑事手続における証拠隠滅、改ざん、証言へ影響を及ぼす行為などの行為も罰せられる［18 U.S.C.§1512］。

企業が犯しやすいミスとして、自社とその役員ないし従業員が捜査対象となった場合において、証拠となりうる書類や電子メールを故意にあるいはうっかり破棄してしまい、それが後々当局に発覚して、司法妨害罪に問われてしまうことがある。もともとの罪よりも司法妨害罪の方が法定刑が重いことも多いので（10年以下の拘禁刑、刑事手続に関連した場合は20年以下の拘禁刑もありうる）、そのような事態は絶対に避けなければならない。したがって、一旦捜査の俎上に乗った企業は、初期の段階で、ファイル自動削除機能の停止などシステム上の対策をとるほか、役員・従業員など全関係者に対して証拠を破棄せず保全しておくよう注意喚起を行うとともに、これをモニターする必要がある。

◧ 刑事法以外の法規にも多数ある刑罰 ◧

反トラスト法、租税法、証券取引所法、環境関連法などさまざまな法域で、違反行為に対して罰金や拘禁刑の刑事罰を科しているものも多数ある。反トラスト関連法や上述のFCPAなどにみられるように、企業の利得額または損害額の2倍以下の罰金を科せるといった規定によって、日本企業が巨額の罰金の支払いを余儀なくされるケースも少なくない。

6）刑事手続の概要

刑事手続に関しては、due process（法に基づく適正手続）条項（合衆国憲法修正第5条）をはじめ、合衆国憲法上さまざまな権利が認められている。米国においては、誤判により無辜（むこ）の人ひとり処罰するくらいならば、多数の犯罪者を取り逃がす方がよっぽどましである、との価値観があり、捜査対象者に対する手続的保護が厚いといえる。もっとも、銃社会米国においては、犯行現場で武器を所持している犯人が刑事手続の俎上に乗る前段階で警察により射殺されることが、決して珍しくないという点も一応指摘しておく。

被告人は無罪と推定され、裁判においては訴追側が犯罪事実を、“beyond a reasonable doubt”(合理的な疑いを超える)まで立証しなければならない。ただし、basic facts(基本的な事実)が認められれば、構成要件事実の存在を陪審員が推認することは認められている。そのため、例えば、法文上knowingly(認識して)とある場合において、被告人が本当に知らなかったとしても、状況証拠から認識していたものとされて有罪とされるということも起こりうる。

■ 合衆国憲法修正第4条

合衆国憲法修正第4条は、unreasonable search and seizure(不合理な捜索差押及び逮捕)を禁じている。捜索差押及び逮捕をするには、単なるsuspicion(疑い)ではなく、罪を犯したことを疑うに足りるprobable cause(相当な理由)が必要で、裁判官の発行する令状に基づいて行うのが原則である。令状なしでの捜索差押が認められる場合については、適法な逮捕に伴って行う場合や、犯罪の証拠が明白に捜査官にみえている場合(プレインビュー)などいくつかの例外が判例上認められている。

■ 合衆国憲法修正第5条(自己負罪拒否特権、二重の危険、Due Process:法に基づく適正手続)

自己負罪拒否特権とは、その意思に反して自分が罪に問われうる事実を証言させられない権利である。これを実質的に保証するために、判例上発展してきた「ミランダ・ルール」というものがある。これは、捜査官が身体拘束下にある者を取り調べる前に、(1)終始黙秘できること、(2)証言はその者の不利益に利用されうること、(3)弁護士の立会いを求められること、(4)自分で弁護士を付することができなければ公的な弁護人を頼めることを告げなければならないとするルールである。ミランダ・ルールに違反して得られた自白は証拠能力が認められない。

一度裁判で有罪の危険にさらされたら、同一の犯罪について再び裁判にかけられないというdouble jeopardy（二重の危険の制約）や、生命、自由、財産を制約するには適正な手続きによらなければならないというdue process（法に基づく適正手続）も本条により保証されている。

■ 合衆国憲法修正第6条

speedy trial（迅速な裁判）、public trial（公開裁判）、trial by jury（陪審員による裁判）を受ける権利、弁護人を依頼する権利、証人を喚問してもらう権利などが認められている。

■ 合衆国憲法修正第8条（残虐な刑罰の禁止等）

本条により残虐で普通でない刑罰は禁じられている。何が残虐な刑罰に当たるかは、犯した罪に比して著しく不均衡な刑罰をいうとされている。死刑判決に対して、死刑執行の方法が残虐だとして本条を下に争われることが多い。

■ Exclusionary Rule（違法収集証拠の排除法則）

刑事裁判において、証拠が刑事被告人、被疑者に認められている諸権利を侵害した捜査によって得られた場合には、これを用いることを認めないとするルールで、判例法上発展してきた。この法則が、被疑者・被告人の諸権利を実質的に担保するものとして機能しているといえる。派生ルールとして第一次証拠（例えば自白調書）が違法に収集された場合には、これに基づいて発見できた第二次証拠（例えば隠していたナイフ）の証拠能力も否定される（fruit of poisonous tree doctrine：毒樹の果実の理論）。

Practical Advice

1）取引的な刑事司法

米国では、民事はもちろんのこと、刑事手続においても捜査当局と捜査対象者及びその弁護人との間で、証拠の収集や処分（起訴罪名、刑罰の範囲、処分対象者の範囲など）をどうするかなど、あらゆるプロセスにおいて交渉・取引がなされるのが通常である。これが米国の司法が取引的司法といわれるゆえんである。

■ **Plea Bargain（答弁取引）**

刑事手続における交渉・取引の中で、被告人にとって最も重要なのは、plea bargain（答弁取引）をしてguilty plea（有罪答弁）をするか、それとも裁判までいくかどうかの選択である。有罪答弁は、被告人が有罪であることを認めるのと引換えに、検察官は縮小した犯罪での起訴や（例えば強盗・窃盗）、刑の減軽を約束するものである。被告人は、有罪答弁に伴って陪審裁判を受ける権利、証人を尋問する権利、その他の手続き上の諸権利を放棄する。米国では、刑事事件の大半が、陪審員裁判に至る前にこの有罪答弁によって処理されるといわれている。

答弁取引は、捜査当局にとっては捜査に要する時間と手間の面から合理的であるとともに、検察官としては陪審員裁判に不可避的に存在する判決の見通しの不確実性を回避し、裁判では有罪にし得ないような被告人についても、立証のハードルを下げることで、有罪として事件処理を進めることができるといったメリットがある。また、被告人にとっても、いわば「判決の割引」が得られ、事件処理を迅速化するといったメリットがある。一方、デメリットとしては、ことに被告人が個人である場合、政府の豊富な人的経済的資源を背景に知識・経験豊富な検察官と、一個人である被告人（とその弁護人）との交渉能力が著しく不均衡であることや、弁護の質によって結果が左右されるため、資力が乏しく良質な弁護人を雇えない被告人の利益が保護されにくいこと、さらに無実の被告人がよくわからないまま有罪答弁に応じてしまう危険をはらんでいることなどが指摘されている。それゆえ、日本においてはこうした取引的な刑事手続は、真実をゆがめるものであり、日本人の法意識に合わないといった批判が根強い。

ただ、企業が捜査対象とされる局面においては、こうした答弁取引のメリットはもっと評価されてよい。なぜならば、企業は資金力が豊富で良質な弁護士チームを雇えることが多く、さらに社内の人材の活用もできるので、交渉力において劣るとはいえず、何より捜査が長引くことによる企業のレピュテーションリスクをできる限り軽減して、早期に事件を終結することで、早く本業に戻ることを可能にするからである。実際、日系企業が有罪答弁を行った例は、近年だけをみても相当数ある[9]。なお、交渉によっても主犯格の役員や従業員の刑事免責が得られることはほとんどなく、その者たちは米国での収監を覚悟しなければならない。

■ Deferred Prosecution Agreement（訴追延期合意）

有罪答弁と似たものにdeferred prosecution agreement（訴追延期合意）がある。これは、自ら社内の違法行為を把握した企業や捜査対象になった企業が、検察官との間で、違法行為を認めて捜査に協力し、コンプライアンス規定の見直しや役員交代その他の再発防止策の構築などの企業改革を行うことを約束し、一定の猶予期間にわたり外部の独立した第三者によるチェックなどを受け入れ、係る企業改革などの着実な実施が確認されれば、検察官が刑事処罰を見送るという、手続き上の運用である[10]。deferred prosecution agreementは訴追延期合意と直訳的に訳すのが一般的であるが、起訴はされるがその後の刑事手続の進行が延期されるという扱いなので、訳語としてはややミスリーディングといえる。

捜査当局の人的資源節約等のメリットは同じだが、plea（答弁）を伴わず有罪として刑罰を科されるものではない点で、有罪答弁とは異なる。企業にとっては前科がつかないことから、有罪となることによって免許取消といった不利益が予想される場合には、この方法の利用を検討すべきである。日系企業がこの方法を利用した例も少なくない[11]。

2) 企業の刑事責任と民事責任

捜査対象の企業が刑事責任を問われる局面においては、通常その行為をした役員や従業員も刑事責任を免れず、実刑判決がなされることも珍しくはない。そのような場合、企業と行為者の責任は刑事にとどまらない。すなわち、不法行為法あるいはその他の法規等の定めに従って、民事上の損害賠償責任を問われることも覚悟しなければならないのである。例えば、反トラスト法（シャーマン法、クレイトン法等）において、カルテルなどの問題が発生し

9) 例えば、2012年11月の米国司法省公表によると、自動車部品の価格カルテル、入札談合に関して日本の部品メーカーの現地子会社の幹部が有罪答弁を行い、1年1日の禁固刑及び2万ドルの罰金支払に同意した。一連の自動車部品をめぐる価格カルテル等の捜査に関連して、これを含め合計9社（うち日系6社）12人が有罪答弁を行ったか、これを行うことに同意し、罰金総額は7億9,000万ドルとされている。ほかにも日本企業が行った有罪答弁事例は多数ある。
10) 木目田裕、山田将之「企業のコンプライアンス体制の確立と米国の訴追延期合意」『旬刊商事法務』1801号、43頁。
11) 例えば、2012年1月の米国司法省公表によると、日本の商社がナイジェリアでのプラントプロジェクトに関してFCPA違反の疑いで5,460万ドルの和解金を支払う訴追延期合意をした。これにより同社は和解金の支払い、コンプライアンス体制の構築、外部の監視機関による2年間の監視、捜査への協力を約束した。同じ贈賄行為に関して訴追延期合意をした日系企業はもう1社ある。これらは米国司法省のウェブサイトで公表事例が英語で閲覧できる。

た商品の購入者（個人、事業者、政府など）は、被害を受けたとして損害額の3倍（treble damage：三倍賠償）を民事上請求しうることが認められている。米国では、クラス・アクションをはじめとして、個々には零細な損害であっても訴訟提起・遂行が経済的に割に合うような手続き上の仕掛けが存在し、集団訴訟を専門に扱う弁護士がよびかけて原告を募るということが広く行われているために、不本意にも、社会の耳目を集めてしまった企業は狙われやすい。さらに、関与した役員はもちろん、そうでない取締役に対しても監督義務違反などを基礎に会社に損害を与えたとして、株主代表訴訟を起こしてくることも考えられる。このように、一旦刑事手続の俎上に乗ってしまった企業は、その後のクラス・アクションや株主代表訴訟の民事損害賠償の荒波にさらされることになる。

3）弁護士顧客秘匿特権など

企業が捜査対象となった場合には、弁護士、ことに当局との交渉に長けた専門家が不可欠となるので、弁護士顧客秘匿特権について概説する。

弁護士顧客秘匿特権とは、依頼者が法的助言を得るために弁護士と行った秘匿のコミュニケーションは、その特権を依頼者が放棄した場合を除き、証拠開示の対象とされないとするルールである。これは、弁護士が依頼者の法的利益を最も有効適切に擁護するためには、両者間の自由なコミュニケーションが確保されることが大前提であることから、これを保護する趣旨である。保護の対象は、文書、口頭を問わない。弁護士とのコミュニケーションであればすべてが保護されるわけではなく、法的助言を受けるためのコミュニケーションのみが対象であるため、弁護士とビジネスの話をしても保護されない。また、秘匿扱いにしたコミュニケーションが対象なので、プライバシーに対する合理的な期待がないと認められると（例えば、弁護士からの回答の社内メールを多数の従業員にccで送るなど）、保護の範囲外となりうることから、秘匿管理には注意が必要である。

自然人ではない会社が依頼者の場合、会社を支配する側の経営者などハイレベルの者と弁護士のコミュニケーションは一般的にいって保護される。下位の従業員レベルの場合も、それが上位者の指示に基づくもので、当該従業員が弁護士とのコミュニケーションが、会社が法的アドバイスを得る目的でなされることを知っており、そのコミュニケーションが従業員の会社に対する義務の範囲で行われている場合には、保護の対象となるとした連邦最高裁判所の判例がある[12]。ただし、連邦最高裁判所の判例は、州の裁判所を拘束しないため、州によっては下位の従業員に対するコミュニケーションを保護しないところもあるので注意が必要である。

企業に不祥事があって捜査の対象となった場合において、弁護士を関与させて事実関係の調査をすることはよく行われるが、法的助言目的であることを明らかにした上で、できる限り高位の者からの聞き取りを行うとともに、その成果物の秘匿管理には十分留意し必要最小限の者で共有するよう気をつける。

弁護士顧客秘匿特権に類似するものに、連邦民事訴訟規則にワークプロダクト・ドクトリンというものがある。これは、訴訟を予期してその準備のために作成された書類、有形物は原則的には開示しなくてよいというルールである［Rule26 (b) (3)］。

|R|E|V|I|E|W|Q|U|E|S|T|I|O|N|S|

19-1 会社は役員個人の防御に要した弁護士費用を払うべきか

Q **役員がその役員としての地位に基づいてなした行為について、当局の捜査対象となってしまった。その役員から弁護士を雇いたいのだが、その費用は会社に払ってもらいたいと法務部が相談された。会社は払ってよいのか、あるいは払わなければいけないのか？**

A この問題は、基本的には取締役や役員の責任に関するindemnification (免責) の問題である。まずは、会社の準拠法に従って適用となる州法の会社法を参照する。多くの州において、このような場合に会社が合理的な範囲で費用の支払いをすることは許容 (may) されている。当該役員が無罪判決を得た場合には、会社に支払義務 (must) を課している州もある。続いて、定款ないしbylaws (附属定款) の規定を参照する必要がある。「当該役員

12) Upjohn co. v. U.S., 449 U.S. 383 (1981).

がgood faith（誠実）でかつ違法行為でないと合理的に信じて行動した場合」には、弁護士費用の負担をしなければならないといった規定があるかもしれない。さらに、当該役員と会社とが個別に免責に関する合意をしているかどうか、その場合はその契約内容も確認する必要がある。同時にD＆O insurance（会社役員賠償責任保険）でカバーされているかどうか、その保障範囲も参照すべきである。以上を踏まえて当該具体的事情に当てはめて、会社として支払義務が認められる可能性が高ければ、支払った方がよいであろう。支払いが許容的にとどまる場合、会社と役員個人の利益相反があるようなときは別であるが、そうでない限り戦略的にみて有能な弁護士を雇った方が会社の利益にかなうこともあると考えられる。

19-2 当局への情報開示と弁護士顧客秘匿特権の放棄

Q X社が南米のA国に工場を建設するために、A国政府の高官に賄賂を渡したという疑いに関して、外部の弁護士Bにより調査が行われた。そして、X社は司法省との交渉の過程で、この調査結果に基づく法的アドバイスを記載したレポート等一部資料を開示した。FCPA（連邦海外腐敗行為防止法）違反については、最終的に訴追延期合意をして終結したが、その後、X社に対して株主代表訴訟が提起され、この不祥事に関するその他の証拠類を開示するように原告が請求してきた。弁護士顧客秘匿特権を理由に開示を拒否することは認められるか？

A 政府機関に対して、本来であれば弁護士顧客秘匿特権の保護の対象となる情報を任意に開示した場合において、これが同特権の放棄として、他の第三者との関係においても当該事案に関する特権の主張が認められなくなるのか、それとも限定的な放棄であって、他の第三者との関係においてはなお特権の主張が可能なのかという問題である。連邦控訴裁判所の見解は分かれており、これを限定的な放棄と解したものもある[13]が、多数のサーキットにおいては一旦政府機関に対して放棄した以上、特権は他の第三者との関係でも当該事案全体について放棄したものと扱っている[14]。

〔吉田 美菜子〕

13）Diversified Industries v. Meredith, 572 F.2d 596 (8th Cir. 1978).
14）例えば、*In re* Martin Marietta Corporation, 856 F. 2d 619 (4th Cir 1988) *In re* Steinhardt Partners, L.P., 9 F.3d 230 (2nd Cir. 1993)等。

第20章

個人情報保護法

Privacy Laws

POINTS

- 米国には連邦法の個人情報保護法はなく、個別法で個人情報の保護が図られている。2021年11月現在、連邦データプライバシー法案の立法化がすすめられており、今後の状況をフォローする必要がある。
- 米国企業は、それぞれの会社がプライバシーポリシーで個人情報を保護することを公表している。ポリシー違反は、連邦取引委員会法（F T C法）5条に定める「不公正・欺瞞的行為または慣行（Unfair or Deceptive Acts or Practices）」にあたり、違反行為については、連邦取引委員会による排除措置命令、民事罰、提訴の対象となる。
- カリフォルニア州では、2020年1月にカリフォルニア州消費者プライバシー法（CCPA, California Consumer Privacy Act）が施行された。同法は、CPRA（California Privacy Rights Act）によって改正され、2023年1月1日に施行される。法執行は新設の保護当局であるCalifornia Privacy Protection Agencyが行う（2023年7月1日以降）。
- ニューヨーク州では、ハッキング禁止及び電子データセキュリティ改善に関する法律（Stop Hacks and Improve Electronic Data Security Act（SHIELD法））によって、ニューヨーク州居住者の個人情報を授受、収集、保有する場合には同法の遵守が求められる。
- バージニア州では、2021年にVirginia Consumer Data Protection Actが制定され（2023年1月1日施行）、各州で個人情報の法制化の動きがある。
- 米国向けにも事業を行っているグローバル事業者は、すでに対応している EU 一般データ保護規則（GDPR, General Data Protection Regulation）に加え、米国法への対応を行う必要がある。
- 委託業者に個人情報処理を委託する場合、クラウドサービスを利用する場合には特に注意して検討する必要がある。

KEY LEGAL TERMS

privacy shield【プライバシー・シールド】 EUは、EEA(欧州経済領域)から第三国への個人データの移転を原則違法としているが、十分性がある場合に例外的に適法としている。米国とEU間はプライバシー・シールドという個別企業の登録ベースで個人データ保護水準を担保する代替措置を設けていた。EU司法裁判所は2020年7月16日、米国内法上の個人データの保護はEU法上の保護と同等の水準とは認められないとして、プライバシー・シールドを無効とし、これに対して2020年11月に欧州委員会は標準契約条項(SCC)の改訂案を発表している。

sensitive personal information (SPI)【センシティブ個人情報】 CPRAにおける定義では、宗教、人種、健康データ、Social Security Number(社会保障番号)、運転免許証などの情報。

Basic Rules

1) カリフォルニア州CCPA/ CPRAにおける基本ルール

①個人情報の定義

特定の消費者や世帯を識別できる情報で、(1)実名、IPアドレス、Eメールアドレス、運転免許証番号、(2)購入製品情報、(3)位置情報(location data)、(4)職歴、(5)学歴、(6)インターネット利用情報などが含まれる。

⇒ CPRAにおいては、新たにSPIが定義され、例えばSPIの使用からオプトアウトできる、といった拡大された消費者の権利が認められた。求人応募者や人事情報、緊急連絡先など一部の個人情報はCCPAの一部の規定適用猶予が延長されている。

②対象事業者

カリフォルニア州consumer(消費者)の個人情報を取得するBusiness that does business in California(カリフォルニア州事業者)で以下の条件を1つ以上満たす事業者：

(i) 25百万ドル以上の年間売上高

(ii) 年間5万人、5万世帯、または5万装置以上の個人情報を取得などしている

(iii) 個人情報の売上が50%以上

⇒ CPRAにおいては、年間10万人以上の個人情報を取得する条件に変更され、個人情報の販売(sell)だけでなく、共有(share)も含まれるようになった。共有は、クロス・コンテクスト行動ターゲティング広告(cross-context behavioral advertising)のために消費者の個人情報を共有することと規定し、ターゲティング広告を行っている事業者にも規制をかけた。

③消費者の権利

(1)消費者は、取得される個人情報の種類、使用目的、個人情報が販売されるか共有されるかを開示するよう求める権利がある。

(2)消費者は、事業者が取得した個人情報の削除要請ができる。

(3)消費者は、事業者が取得した個人情報について、特定個人の情報を含めてどのような個人情報を保有しているかなどの情報開示請求ができる(個人情報のコピーを受ける権利は過去12ヵ月間に収集された情報)。

(4)消費者は、事業者が取得した個人情報を販売する場合、販売される情報について開示請求ができる。

(5)消費者は、事業者が第三者へ個人情報を提供あるいは販売することを差し止めるオプトアウト権がある。なお、販売は金銭のやりとりがない場合も販売扱いとなる。

⇒ CPRAにおいては、消費者は個人情報が正しくない場合に修正要求することができるようになった。さらに、事業者が個人情報を利用してターゲット広告などをする場合に消費者はオプトアウトでき、自動決定技術が使用されているか調べることができ、SPI利用制限ができるようになった。

④対象事業者の義務

(1)個人情報取得時までに、個人情報の種類・利用目的、第三者に提供する可能性があればそれを通知するプライバシーノーティスを行わないとならない。

(2)消費者のアクセス権として最低2通りの方法を用意しなければならない(通話料金無料電話がミニマムとして求められる。消費者とオンラインのみを通じて直接的な関係があり、オンラインを通じて個人情報を取得した場合はEメールアドレスのみで足りる)。

(3)消費者を差別してはならない。

(4)消費者からの個人情報修正要求や削除要求に対しては無償で45日以内に対応しなければならない。

(5)サービス提供者を用い、サービス提供者との書面契約で一定の条項を含む場合、サービス提供者による違反について対象事業者は責任を問われないとされており、下請業者やクラウド事業者を利用して事業を行う場合の重要な要件となる。

(6)プライバシーポリシーを12ヵ月ごとに更新する義務がある。

⇒　CPRAにおいては、取得時に開示された目的について、合理的な期間を超えて個人情報を保有することが禁止され、取得される個人情報の種類、使用目的、個人情報が販売されるか共有されるかを通知する義務が課された(ウェブサイトで示してもよい)。個人情報とSPIを分けて示し、さらに個人情報とSPIの保有期間も通知しなければならず、事業者が個人情報を販売あるいは共有される場合には契約作成義務が課された(CCPAでは義務でない)。

⑤個人情報機関の新設

⇒　CPRAによってカリフォルニア州のプライバシー保護法令の執行を専門に扱う行政機関としてCalifornia Privacy Protection Agencyが新設された。

2) ニューヨーク州SHIELD法

SHIELD法は2019年7月25日に成立した(データ侵害通知改正は同年10月23日施行、データセキュリティの要請に係る改正は2020年3月21日施行)。ニューヨーク州居住者に関する個人情報等を受領、収集、保有する事業者は、SHIELD法を遵守しなければならない。企業の所在地や規模による制限はない。企業はSHIELD法に基づき、サイバーセキュリティデータに関するデータセキュリティ体制を構築し、データ違反の場合には通知義務がある。ただし、CCPAのように個人にはSHIELD法によるデータ開示請求などの権利はない。SHIELD法では、他州がpersonal informationという用語を使っているのに対して、private informationを使っている。その定義内容は、「自然人に関する情報であり、名前や番号、あるいは他の識別情報で個人を識別できるもの」とした上で、(1) Social Securiy Number、運転免許証番号、運転不免許証番号 (non-driver's license number)、クレジットカード番号、(2) Eメールアドレスとパスワードの組み合わせなどであり、以前の法より広い概念である。

Practical Advice

1) GDPRとの比較

GDPRは、自然人の名前、識別番号、位置情報、オンラインにおける識別情報といった個人が識別できる個人データ (personal data) を処理 (processing) するにあたり、保護する。データ管理者 (EU居住者からデータ収集する組織)、データ処理者 (データ管理者の代理としてデータ処理する組織) または、データ主体 (個人) がEU域内に拠点をおく場合に適用される。さらにGDPRは、EU居住者の個人データを収集または処理する場合は、EU域外に拠点をおく組織にも適用される。事前に許諾を得た場合を除き、個人データを使用することを禁止しており、第三者提供にあたっては情報収集時に同意を取得する必要がある。

2) 企業はどのように個人情報保護法に対応するか

企業は、ある州で事業を行う場合、その州で求められる個人情報取扱事業者としての義務を履行し、社内のプライバシー体制を構築する。さらに、社外向けのプライバシーポリシーを制定し、公表する必要がある。また、ベンダー (例：業務の一部を第三者に委託するような場合) との契約関係においては、本人が負担している義務と同様の義務を遵守させるためにDPA (Data Processing Agreement) を締結する。なお、GDPRが先行して制定されていたため、欧州に加え米国向け事業を行っている事業者は、GDPRに加え、米国法対応の修正契約を締結することが必要になる。

3) COPRA（Consumer Online Privacy Rights Act）への対応

米国連邦データプライバシー法案では、COPRAが最も有力で、この枠組みが維持されて最短で2022年に立法化される可能性が高いとされる（2021年11月現在）。COPRAでは、規制対象を米国商取引に従事しているまたは商取引に影響を与える個人、組合または企業としており、日本企業が日本から米国在住個人の対象データを収集している場合に適用される可能性がある。また、違反者に対する訴訟を提起する権利を誰が持つのか（個人が企業に訴訟できるのか、司法長官のみが企業に訴訟できるのか）といった点などの動向に注意が必要である[1]。また、連邦法が成立した場合、それぞれの州が制定した州の個人情報保護法との関連が問題となり、そのまま残るのであれば企業はそれぞれの州法に対応しなければならない。

4) 過去のFTC命令に違反した場合

FTC命令の違反ごとまたは違反している1日ごとに4万3,280ドル（インフレについて調整される）を上限とするが、同意命令による和解によって、より高額の民事制裁金の支払を命じることができる。これには、米国地方裁判所におけるFTCの民事訴訟と米国司法長官による民事訴訟がある。民事制裁金執行実例としては、Facebook（当時）に対して2020年に50億ドル（ユーザが自己のデータのプライバシーを管理することができる範囲の虚偽表示、第三者の開発者によるプライバシーリスクの適切な査定及び対処の不履行等による2012年FTCの同意命令違反）、LifeLockに対して2015年に1億ドル（消費者の個人情報を保護することをLifeLockに要求し、LifeLockによる欺瞞的な広告を禁じた2010年成立のFTCとの和解契約に対する不服従罪として2015年にアリゾナ連邦裁判所にてFTCから提訴された）などの例があげられる。さらに、州の司法長官は、その州の居住者の利益が悪影響を受けていると考える理由がある場合、州の居住者に代わって民事訴訟を起こすことができる。また、個人による民事訴訟（クラスアクション等）が提起される可能性もある。

1) COPRAの動向については「米国連邦データプライバシー法案の概要」（2021年6月日本貿易振興機構サンフランシスコ事務所）を参照されたい。同資料はFTC法の執行についても参考となる。

|R|E|V|I|E|W|Q|U|E|S|T|I|O|N|S|

20-1 Data Processing AgreementのCCPA対応

Q GDPRに対応したData Processing Agreementが締結されているが、CCPA対応にするにはどのようにしたらよいか。

A CCPAによる義務をデータ保護に対する追加義務対象とし、個人情報の転売禁止や契約の目的達成のために必要な範囲でかつ個別契約で自己が負担しているのと同じ義務を負担させる契約を締結しない限り、第三者に情報を開示しないことなどを追加的に取り決める。

20-2 CPRA対応した契約内容

Q カリフォルニア州で個人情報を取り扱う業務を業者に業務委託する場合、CPRAに対応するために契約にどのような条件を盛り込むべきか？

A 例えば、個人情報は、特定目的だけに販売あるいは開示されることについて明記し、CPRA上求められている義務についてと同様の義務を業者に課し、個人情報の不正利用が発覚した場合に直ちに報告させることなどを盛り込む必要がある。

20-3 CPRAにおけるサービスプロバイダ・コントラクター

Q GDPRにはデータプロセッサーの概念があるが、CPRAにおいてはどうか？

A GDPRでは、コントローラーはデータ管理者として個人データ取扱いの目的と手段を決定する法人等であり、管理者によって保証を示すことのできる者として用いられたプロセッサーはデータ処理者としてコントローラーに代わって個人データを処理する法人等（クラウドストレージプロバイダなど）である。GDPRはこれら両者に適用される。一方、CCPAでは他の企業が収集した個人情報をその企業と交わした契約書に記載された目的でのみ処理する企業をサービスプロバイダとした（例としてデバイスIDを利用して広告ターゲティングを行うこと）。CPRAでは事業者が一定の事項が規定された書面契約によって消費者の個人情報を事業上の目的で利用可能とした企業をコントラクターとしており、両者の区別が必要である。

〔吉川　達夫〕

第21章
証拠法
Rules of Evidence

POINTS

- 証拠法は、裁判所で証拠として許容できるかを取り決める。
- 証拠法の法源は、コモン・ロー、連邦証拠規則(Federal Rules of Evidence)、それぞれの州の証拠規則である。
- 民事訴訟で必要とされる説得責任は、「証拠の優越」である。刑事訴訟における犯罪事実については、「合理的な疑いを超える証明」が必要とされる。
- 連邦証拠規則において、証拠として認められるには、「関連性」、つまり一定の証明力と重要性の両方が必要である。しかし、関連性があっても除外条件にあてはまると排除される。
- 相手方が反対尋問できないため、伝聞証拠は原則トライアル(正式事実審理)において証拠として採用されない。

KEY LEGAL TERMS

clear and convincing proof【明白かつ説得的な証明】 preponderance of evidence(証拠の優越)よりは高く、proof beyond a reasonable doubt(合理的な疑いを超える証明)より低い程度の立証程度。例えば特許法における「特許推定」[35U.S.C.§282]を覆す場合にはこの「明白かつ説得的な証明」が必要とされる。

foundation【ファンデーション】 証拠が許容されるための前提条件。

hearsay rule【伝聞証拠原則】 宣誓して裁判所で行われていない陳述は伝聞証拠として証拠採用されないが、例外要件を満たせば証拠として認められる。

materiality【重要性】 その事実が訴えを決定するにあたり重要であること。証明力があっても関連性がなければ証拠として採用されない。

preponderance of evidence【証拠の優越】 証拠による証明度合いに

おいて、相手方の証拠よりも説得性があること。単なる優越（mere preponderance）でもよいとされる。More-likely-than-not原則あるいは50％超原則ともいう。

probative value【証明力】 その証拠が、それがない場合に比べると事実をより推認させ、あるいはより推認させない傾向を有すること。

proof beyond a reasonable doubt【合理的な疑いを超える証明】「疑わしきは被告人の利益に」原則により、犯罪事実を証明しなければならない基準。

relevance【証拠の関連性】 関連性のある証拠は採用できること。

Basic Rules

1）証拠

証拠が裁判所において認められ（admissible）、採用されるためには、2つの要件、つまり証拠の証明力（証拠がない場合に比べて高めたり低めたりする傾向にあること）と重要性（訴訟における判断に影響力があること）が必要である（連邦証拠規則401条）。関連性のある証拠は採用可能であり、関連性がなければ採用できない（同規則402条）。ただし、関連性があっても「不当な偏見、争点の混乱、不当な遅延、陪審の誤解、時間の無駄、不必要な累積的証拠の理由（これら単独あるいは複数）」により、危険性が証拠の価値を上回る場合は除外される（同規則403条）。

2）和解申出や和解交渉

和解申出や和解交渉があったことの証拠は、紛争となった請求に関する有効性や不一致な発言や矛盾による弾劾を証明あるいは否定する場合に使用することができない（同規則408条）。

3）秘匿特権

連邦証拠規則は、米国裁判所によって根拠と経験から解釈されるコモン・ローによって秘匿特権が与えられるとし（同規則501条）、具体的な秘匿特権の例としては、弁護士依頼人間秘匿特権（同規則502条）が条文として規定されている。連邦証拠規則の議会提出原案には他の秘匿特権が規定されていたが、そのすべてが削除された。コモン・ローによる秘匿特権とは、医者患者間秘匿特権や夫婦間秘匿特権などである。たとえ連邦裁判所の案件であっても、民事訴訟では州における秘匿特権を適用させると定めることで、フォーラムショッピング（法廷地漁り）によるインセンティブをなくした。

4）伝聞証拠

①伝聞証拠の原則

連邦証拠規則によると、伝聞証拠は原則として証拠として採用されない（同規則802条）。伝聞証拠とは、宣言者が当該事件の裁判所手続外において行う陳述であり（他の裁判手続における陳述は含まない）、陳述（口頭あるいは書面）で主張された事項の真実を証明する証拠を提出する場合である（同規則801条（c））。連邦憲法は、証人対面条項（修正6条confrontation clause）によって、「すべての刑事訴追において、被告人が自己に不利な証人との対面を求める権利を有する」と規定する。これにより、伝聞証拠は公判廷外でなされた供述として証拠として許容されない。

伝聞証拠の原則は、連邦憲法修正第6条の証人対面条項に関連性がある。Crawford判決（連邦最高裁判決2004年）において、伝聞証拠と証人対面条項の関係について重要な判断が示された。単に伝聞証拠の例外を満たすだけでは、証人対面条項の要求を満たさず、証拠宣言者の所在不明（unavailability）と証人対面（cross-examination）があったことを必要とすることを原則としながらも、宣言証拠のみを証拠とすることができる要件が示された。

なお、証言的供述（testimonial）は証人対面権の対象となり、非証言的供述（non-testimonial）は伝聞証拠の例外に当てはまれば、証人対面権がなくとも証拠として採用できるとされた。例えば、消防署への911電話記録は非証言的供述である。

②証人の宣誓が可能でも、宣誓なしで証拠として採用できる場合の伝聞証拠例外（同規則803条）

宣言者が宣誓をしない伝聞証拠は証拠とされないのが原則であるが、証人の宣誓が可能でも宣誓なしで証拠として採用できる場合は、以下のとおりである。

(1)現在の感覚の印象、(2)興奮した発言、(3)当時存在した精神的、感情的、身体的状況、(4)医療診断または治療のために作成された陳述、(5)記録された記憶(証人がかつて知っていたが記憶が十分なく、記憶が新しいときに作成されたものであり、証人の知識を正確に記しているもの)、(6)定期業務記録、(7)定期業務記録がないことの証拠、(8)公的記録、(9)公的出生記録、(10)公的記録がないことの証拠、(11)宗教機関による家族関係に関する記録、(12)婚姻や洗礼等の記録、(13)家系図、(14)資産の持分に関する記録、(15) 資産の持分に関する記録に含まれる陳述、(16)過去の証言、(17)市場報告書等、(18)著名な定期刊行物等における陳述、(19)個人や家系図に関する評判、(20)境界、一般史などに関わる評判(なお、一般史とは、国、州、地域にとって重要な歴史的出来事)、(21)性格に対する評判、(22)過去の犯罪における判決、(23)個人、家族、一般史、境界を含む判決

③証人の宣誓が不可能で、宣誓なく証拠として採用できる場合の伝聞証拠例外(同規則804条)

証人の宣誓が不可能であるという定義は、以下のとおりである。

(1)非開示特権の理由により裁判所から証言を免除された者、(2)裁判所の命令にかかわらず証言を拒否する場合、(3)主題に関して記憶がないと証言する者、(4)死亡あるいは病気等で証言できない者、(5)証言を求める者が手続き等で出廷できない者(例えば域外に居住する者とされる)

Declarant(宣誓者)が宣誓をしない伝聞証拠は証拠とされない原則にかかわらず、証人の宣誓が不可能である場合に、伝聞証拠として証拠として採用されるものは、以下のとおりである。

(1)以前の証言、(2)瀕死の陳述、(3)利益に反する陳述、(4)本人あるいは家系に関する陳述、(5)同規則807条に定める伝聞証拠残留例外(residual exception)、(6)証人の宣誓が利用できない不法な状況を生み出した当事者に対する陳述

④伝聞証拠残余例外(同規則807条)

同規則803条や804条によることでは伝聞証拠が証拠として認められない場合にも、状況を総合的に見て証言には信頼性があり、他の証拠に比べて合理的な努力をしても得難く、証拠として許容することが正義の利益に適う場合は伝聞証拠であっても証拠として認められる。

5) 口頭証拠排除原則 (Parol Evidence Rule)

口頭証拠排除原則は、コモン・ローの法則である。当事者が契約書を作成した場合、当該契約書の内容と矛盾する他の証拠(口頭による約束やEメールなどを含む)は、裁判所で証拠として扱われないとする法則である。

6) 証拠の真正性もしくは同一性の証明(同規則901条)

証拠の真正性もしくは同一性の証明を定めた同規則901条においては、証拠物(real evidence)や展示証拠(demonstrative evidence)について、ファンデーションとして真正性もしくは同一性が要求される。

7) 2017年連邦証拠規則改正

①電子的に記録された情報の自己検認(同規則902条(13))

電子的に記録された情報(Record generated by an Electronic Process or System)を真正に自己検認(Self-Authentication)する方法が改正された。従来の規定では、コンピュータ管理者が証人として宣誓証言する必要があったが、同規則902条(11)条(国内の記録)あるいは(12)条(国外の記録)の要件を満たす認証(certification)により、業務記録と同じ方法で自己検認できるため、簡易に証拠とすることが可能になった。

②電子機器からのデータコピーについての自己検認(同規則902条(14))

電子機器、ストレージ、メディア、ファイルからコピーしたデータについては、デジタル識別のプロセスによって認証されることによって自己検認できる。2017年改正における連邦証拠規則Committee Noteにおいては、以下のとおり説明されている。まず、費用が極めてかかるデータコピーのファンデーション証人によらずして証拠として成立することにした。その方法として「ハッシュ値 (hash value)」が使われる。ハッシュ値は、元のデータの長さによらず一定の長さとなっており、同じデータからは必ず同じハッシュ値が得られることから、同じファイルデータであることの証明ができる。ハッシュ値が同じかどうかを確認した者が証明することで電子機器からのデータコピーが同一かどうかを示すことができ、ファンデーション証人は不要となった。

Practical Advice

1) 口頭証拠排除原則

口頭証拠排除原則を明確にした英文契約条項としてEntire Agreement Clauseを契約書に盛り込むことが重要である。契約締結時までの取り決めや合意事項、書面 (例：議事録) などは、契約締結によって一切その効力がなくなることを規定する。なお、この条項によっても契約締結後の証拠までを排除するものではないことに注意すべきである。

Example 21-1：Entire Agreement Clause契約例

The terms and conditions of this Agreement constitute the entire agreement between the parties and supersede all previous agreements, whether oral or written, between the parties with respect to the subject matter hereof.

2) 訴訟ホールド (Litigation Hold)

2006年12月に連邦民事訴訟法が改正され、Eメールなどを含んだ電子データもe-Discoveryの開示対象となり、証拠としてデジタルデータを提出しなければならない局面が増えた。一方、証拠を隠滅した場合は補償的賠償に加えて懲罰的賠償の支払いが命令されたケースがある。このようなケースを防ぐための対応策は、訴訟発生時点あるいは訴訟発生が見込まれた時点で、法務部が社内に対し、訴訟ホールド (Litigation Hold) という書類保管命令を命ずることである。

|R|E|V|I|E|W|Q|U|E|S|T|I|O|N|S|

21-1 probative value要件

Q 裁判所における証人による以下の証言はどちらが証拠として採用されるか？

（1）「事故は２年前の昔のことであるからはっきりとは覚えていないが、このことはよく覚えている。自動車のブレーキライトが何度も点滅したが車は全く減速しなかった。」

（2）「事故の場所にいたことは事実であるが、この事故の状況ははっきりとは覚えていない。運転手がブレーキを踏んでいたらしいが、止まらなかったのだから自動車は故障していたということだ。」

A (1) は証言がない場合に比べると事実をより推認させ、あるいはより推認させない傾向を有するが (同規則401条)、(2) は証拠の関連性がないため、(1) が採用される。

21-2 materialityとrelevance要件

Q 裁判所における証人による以下のいずれの証言が証拠として採用されるか？

（1）「自動車事故直前に朝食にシリアルを食べた。」

（2）「自動車事故直前の朝食でアレルギー症状がでた。」

A (1) は証言がない場合に比べると事実をより推認させ、あるいはより推認させない傾向を有せず、重要性がなく、関連性もないが、(2) はアレルギー症状による証人の証言能力について重要性があり、関連性があるといえるため、(2) が採用される。

21-3 hearsay要件

Q 裁判所において、以下の証言は証拠として採用されるか？

（1）証人Xによる「A氏が自動車事故でブレーキライトが点滅したと言っていた」という陳述。

（2）証人Yによる「自動車事故でブレーキライトが点滅したと証言したA氏は自身に色覚異常がある発言をした」という陳述。

A (1) は伝聞証拠であり採用されないが、(2) はA氏に色覚異常があるかの伝聞証拠ではなく、A氏が色覚異常であると発言したことの証言であり、伝聞証拠ではない。さらに、実際にその発言を行った立証であり、色覚異常が実際あるかどうかの証拠ではないので (2) が証拠として採用される。

21-4 Hearsay例外

Q X宛のYからの11月24日付「Xさん、1ヵ月後に休暇になりNYから飛び立ってクリスマスにようやくLAで会えるなんて嬉しい。Yより。」というEメールをXが証拠として裁判所に提出し、Eメールが真正とされた場合、証拠として採用されるか。

（1）YがクリスマスにLAにいたという証拠として採用できる。

（2）Xの意図でなくYの意図として証拠として採用できる。

（3）Hearsayとして証拠として採用できない。

A (2) は、連邦証拠規則803 (3) によって、宣言者であるYの行動を示し、心理状態についての宣言として認められる証拠となる。なお、YがクリスマスにLAにいたという証拠にはならないし、伝聞証拠として証拠として認められないわけでもない。

〔吉川　達夫〕

英文索引

Abbreviations

和文索引

和文索引

和文索引

著者略歴

編著者

吉川 達夫（よしかわ たつお）

ニューヨーク州弁護士。伊藤忠商事株式会社法務部、Apple Japan法務本部長、VMware株式会社法務本部長、WeWork Regional General Counsel, Japan、米国Tanium Inc. Legal Consultantを経て、米国上場IT企業の日本法人Senior Legal Counsel。駒澤大学法科大学院、国士舘大学21世紀アジア学部非常勤講師。元Temple Law School日本校客員教授。上智大学法学部卒、Georgetown Univ. Law School修了（LL.M.）。

主な著作

『令和4年度　自分で進める　弁護士のための確定申告と税務』（共著、第一法規、2022年）、『実務がわかるハンドブック企業法務[改訂第3版]』（編著、第一法規、2021年）、『ライセンス契約のすべて 基礎編　改訂版』（編著、第一法規、2020年）、『ライセンス契約のすべて 実務応用編　改訂版』（編著、第一法規、2020年）、『これ1冊でわかる会社運営と書式対応の基本』（編著、第一法規、2019年）、『国際ビジネス法務[第2版]』（編著、第一法規、2018年）、『ダウンロードできる英文契約書の作成実務』（編著、中央経済社、2018年）

飯田 浩司（いいだ ひろし）

ニューヨーク州弁護士。松下電工株式会社（現パナソニック株式会社）法務部課長、ファイザー株式会社取締役、コロムビアミュージックエンタテインメント株式会社（現日本コロムビア株式会社）執行役などを経て、明治学院大学経済学部、大学院法と経営学研究科教授、同志社大学大学院法学研究科、同大学院ビジネス研究科非常勤講師。同志社大学文学部社会学科、同法学部卒、Georgetown Univ. Law School修了（LL.M.）。

主な著作

『実務がわかるハンドブック企業法務[改訂第3版]』（編著、第一法規、2021年）、『ライセンス契約のすべて 基礎編　改訂版』（編著、第一法規、2020年）、『ダウンロードできる英文契約書の作成実務』（編著、中央経済社、2018年）、『国際取引法と契約実務[第3版]』（共著、中央経済社、2013年）、『アメリカ法制度と訴訟実務』（共訳、レクシスネクシス・ジャパン、2007年）、『英和対訳アメリカ連邦民事訴訟規則』（共訳、レクシスネクシス・ジャパン、2005年）

著　者（担当章順）

吉田 美菜子（よしだ みなこ）

弁護士、カリフォルニア州弁護士。日産自動車株式会社（海外統括本部ほか）に勤務した後に弁護士となり、隼あすか法律事務所を経て、現在はマイル法律事務所。Georgetown Univ. Law School修了（LL.M.）。

主な著作

『非公開化の法務・税務』（共著、税務経理協会、2013年）、『金融商品と不法行為』（共著、三協法規出版、2012年）

増田 好剛（ますだ よしたけ）

弁護士。EY弁護士法人。早稲田大学法学部卒、University of Michigan Law School修了（LL.M.）、Catholic University of Leuven修了（LL.M.）。

内田 芳樹（うちだ よしき）

ニューヨーク州弁護士。東京銀行営業企画部法務室、東京三菱銀行法務部コンプライアンス室、大手監査法人Legal Advisory部門日本代表を経て、MDPビジネスアドバイザリー株式会社代表取締役。George Washington Univ. National Law Center修了（M.C.L.）、Georgetown Univ. Law School（LL.M.）修了。

主な著作

『地域活性化とリレーションシップバンキング』（共著、金融財政事情研究会、2010年）等

山崎 ふみ（やまざき ふみ）

弁護士。ベーカー＆マッケンジー法律事務所。慶應義塾大学法科大学院修了。

主な著作

『令和4年度　自分で進める　弁護士のための確定申告と税務』（共著、第一法規、2022年）、『これ1冊でわかる会社運営と書式対応の基本』（共著、第一法規、2019年）、『汚染リスク不動産取引の法務・会計・税務』（共著、中央経済社、2012年）

原田 真（はらだ まこと）

弁護士。株式会社村田製作所、東京丸の内法律事務所を経て、アクセス総合法律事務所。一橋大学経済学部卒、同大学法科大学院修了。

主な著作

『実務がわかるハンドブック企業法務[改訂第3版]』（共著、第一法規、2021年）、『これ1冊でわかる会社運営と書式対応の基本』（共著、第一法規、2019年）、「基礎から学べる！著作権早わかり講座」（共著、第一法規、2014年）

山浦 勝男（やまうら かつお）

損害保険仲立人。株式会社クボタ法務部長、Blue Planet-works, Inc. General Counselを経て、現在はグローリー株式会社法務部専門部長。Wake Forest Univ. Law School修了（LL.M.）。

主な著作

『ライセンス契約のすべて 実務応用編　改訂版』（共著、第一法規、2020年）、『国際ビジネス法務［第2版］』（共著、第一法規、2018年）、『英文契約書の法実務』（共著、三協法規出版、2012年）

小原 孝 (こはら たかし)

ニューヨーク州弁護士。大阪ガス株式会社所属。関西大学法学部卒、豪州Bond Univ. Business School修了(MBA)、米国Temple Univ. Law School修了(LL.M.)。

主な著作

『電子商取引法ハンドブック[第2版]』(共著、中央経済社、2012年)

宮川 裕光 (みやかわ ひろみつ)

弁護士、ニューヨーク州弁護士。外国法共同事業ジョーンズ・デイ法律事務所パートナー。慶應義塾大学法学部法律学科卒、University of Virginia School of Law修了(LL.M.)。

主な著作

『実務がわかるハンドブック企業法務[改訂第3版]』(共著、第一法規、2021年)、「EUにおける民事訴訟制度」(『公正取引』2013年2月号・No.748、公正取引協会)、「5つの新興国における、企業結合の届出・審査制度の比較」(『ビジネス法務』2012年12月号、中央経済社)、『米国・EU・中国競争法比較ガイドブック』(中央経済社、2010年)等

青木 武司 (あおき たけし)

弁理士。プライムワークス国際特許事務所パートナー。東京大学工学部計数工学科卒、一橋大学大学院国際企業戦略研究科修士課程修了(経営法修士)。

主な著作

『実務がわかるハンドブック企業法務[改訂第3版]』(共著、第一法規、2021年)、『ライセンス契約のすべて 実務応用編　改訂版』(共著、第一法規、2020年)、『ケースブック アメリカ法概説』(共著、レクシスネクシス・ジャパン、2007年)

本書は、2013年8月6日に、レクシスネクシス・ジャパン株式会社より初版第1刷が発行されたものです。

サービス・インフォメーション

通話無料

①商品に関するご照会・お申込みのご依頼
TEL 0120(203)694／FAX 0120(302)640

②ご住所・ご名義等各種変更のご連絡
TEL 0120(203)696／FAX 0120(202)974

③請求・お支払いに関するご照会・ご要望
TEL 0120(203)695／FAX 0120(202)973

●フリーダイヤル(TEL)の受付時間は、土・日・祝日を除く9:00～17:30です。

●FAXは24時間受け付けておりますので、あわせてご利用ください。

ハンドブック　アメリカ・ビジネス法　第2版

2018年3月30日　初版発行
2018年5月30日　初版第2刷発行
2022年3月5日　第2版発行

編　著　吉川達夫
　　　　飯田浩司
発行者　田中英弥

発行所　第一法規株式会社
〒107-8560　東京都港区南青山2-11-17
ホームページ　https://www.daiichihoki.co.jp/

HB米ビジネス2　ISBN 978-4-474-07704-1　C2034 (0)